TENNESSEANS

IN THE

CHEROKEE WAR

James L. Douthat

Heritage Books
2026

HERITAGE BOOKS
AN IMPRINT OF HERITAGE BOOKS, INC.

Books, CDs, and more—Worldwide

For our listing of thousands of titles see our website
at
www.HeritageBooks.com

A Facsimile Reprint
Published 2026 by
HERITAGE BOOKS, INC.
Publishing Division
5810 Ruatan Street
Berwyn Heights, MD 20740

Originally published 2017
Mountain Press
Signal Mountain, Tennessee

International Standard Book Number
Paperbound: 978-0-7884-8507-7

INTRODUCTION:

The term Cherokee War is a misnomer. This was not really a war but an accompany service. These militia units were called up by the Governors of four states, i.e. Tennessee, North Carolina, Georgia and Alabama with Tennessee giving the majority of the support. The call went out from the Governor, and then the county commander issued the order for various Captains to call up his men for the purpose intended. It is worth noting that in one of the Georgia units the Captain would not allow the men to bring their guns as he wanted no violence.

These units would escort the Cherokee from various places to a fort assigned to them and there protect the Cherokee from angry white settlers until they were taken west to the territory assigned to each tribe. From the Chattanooga area, which was the gathering place for a majority of the Cherokee, they were sent west via boat, wagon train or companies with military escort. Only in rare cases did the militia unit go west. The U. S. Military took over that responsibility. In a few cases, the Cherokee traveled alone west and no militia or military units went with them.

The search of the Captains and where they were at the time of the call up gives a clue as to where all of the men in their unit came from. The Captains were like a Justice of the Peace in later times as they were over a section of the county to help police the area, collect the taxes and hold the elections. At this time, each area could call up the men in that area to serve for a short time in the militia. Every man over sixteen years of age was required to be in the militia unit. There were a few exceptions however, for some classes of men like politicians, ministers and those unsuitable for service.

At this time of the Native American removal, some of these units were sent south in the Second Seminole War. One unit in particular from Rhea County was under the leadership of Captain Richard Waterhouse. Captain Waterhouse left a diary of his adventures into Florida. They marched and fought insects, unknown monsters of the lakes and river called alligators and raided village after village, but never saw the first Seminole. He delighted in the strange fruits found there and the wonderful open lands that would be good for farming. He had a good eye for property as he owned tens of thousands of acres in Tennessee.

Make note of the Matthew Brady map on the cover to see how the counties were aligned at the time. Note the four units from Hamilton were only for that part of the county north of the Tennessee River as those lands south of the River were Cherokee lands. In Bledsoe County you took in portions of Sequatchie, Cumberland and Van Buren Counties in their units. Know your county history before you make assumptions about the Captains and where they were from.

Good searching with this volume.

CAPTAINS

ANDERSON, Josiah E. - Captain/Brig. General from White/Marion Co., TN

BART, Abram - McMinn Co.

BATTLES, Joel - Davidson Co.

BATTLES, William A. - Davidson Co.

BOYD, Elliott H. - Bledsoe Co.

BYRD, Joseph - Colonel - Washington Co.

CALDWELL, Thomas J. - Monroe Co.

CANNON, Benjamin B. - Hamilton Co. - unit mustered in at Athens but were from Hamilton Co.

CHAMPION, Willis - Marion/Franklin Cos.

CHERRY, Benjamin - Franklin Co.

CHILES, John - Captain

COOKE, H. W. - McMinn Co.

CUNNINGHAM, Benjamin - Blount Co.

CUNNINGHAM, Moses - Sevier/McMinn Cos.

DEARING, William L. B. - Warren Co.

DODSON, N. P. - White Co.

DOSSETT, Andrew - Campbell Co.

DULANEY, J. R. - Major - Sullivan Co.

ELLIOTT, John - McMinn/Sevier Cos.

DUNLAP, R. G. - Brig. General

ELLIS, John - Franklin Co.

FAIN, Richard G. - Hawkins Co.

FARRIS, Sanders - Franklin Co.

FEAZELL, Samuel - Greene Co.

GILLESPIE, James T. - Rhea/Bledsoe Cos.

GREGG, Abraham - Sullivan Co.

HEMBREE, Joel - Cocke Co.

HICKEY, James - East Tennessee

HICKMAN, John P. - Major - Armstrong's Brig.

HILL, Robert - Greene Co.

HOWELL, John H. - White Co.

HUDLOW, George W. - Bedford Co/Middle Tennessee

HUNTER, Ephraim - Lieut. Colonel - Marshall Co.

HURST, Lew R. - McMinn Co.

LAFFERY, George W. - Marion Co.

MAUPIN, Ayres - Campbell Co.

McCLELLAN, Abraham - Hamilton Co.

McLIN, John H. - Captain

McMULLEN, Joseph W. - Cocke Co.

MEEK, Adam K. - Jefferson Co.

MORROW, James - Captain

NEELY, R. P. - Knox Co.

NETHERLANDS, Richard - Sullilvan Co.

PARHAM, Shamwell - Bledsoe Co.

PEAKE, Jacob - Hamilton Co. - went West

PEARSON, I. W. - Monroe Co.

POWELL, John A. - Captain

PRIGMORE, Thomas - McMinn Co.

ROBINSON, Joseph - Captain

ROGER, David S. - 3rd TN Mtd. Inf. - Hawkins Co.

ROGER, John - 1st TN Mtd. Inf. -Claiborne Co.

SCRUGG, Frederic - Sevier Co.

SIMPSON, James K. - Captain

STANDEFER, William I. - Captain

TALBOTT, John - Jefferson Co.

TEDFORD, James - Captain 2nd TN Mtd.

TEDFORD, Robert A. - 1st TN Inf.

TERRY, Scott - Bledsoe Co.

VERNON, Miles - Captain

WALLACE, A. - Captain

WATERHOUSE, Richard - Rhea/Bledsoe Cos.

WEAR, Erskine K. - Captain

WEST, Samuel - Giles Co.

WILDS, Darlow A. [Darlin Abajiah] - Hamilton Co. - west to Florida in 2nd Seminole War

WILLIAMS, James - Captain

YOAKUM, Henderson - Hamilton Co.

****

CHEROKEE WAR

General Winfield Scott commanded 2000 United States Troops to escort the Cherokee west from their homes in the east. The two regiments of artillery, the Second and Third, were stationed at the military post at Ross's Landing. The Third Regiment was commanded by Colonel Gates. The Second Regiment of Artillery was commanded by Colonel William Lindsay. Other officers of the Second Regiment were: Major M. M. Payne, Lieut. John Mackey, Lieut. Richard Peyton and Dr. Joel Martin.

Several Militia organizations of Tennessee were ordered to join the troops at Ross's Landing and among the companies was one which was commanded by Captain Jacob Peake who went west with the U. S. Troops.

GENERAL WILLIAM LAUDERDALE

General William Lauderdale, born in Virginia migrated to Sumner County, Tennessee early in life and there came into acquaintance with Andrew Jackson. He served as a Lieutenant in the Tennessee Volunteers under Jackson when sent to New Orleans in 1812, but his unit was discharged before they saw combat. However, this placed Lauderdale into the inner circle of Jackson confidants. He left his Goose Creek plantation in Hartsville again to fight in the Creek War and became the chief Quartermaster in the campaign that ended in the Battle of New Orleans in 1815. He took up arms again in the Cherokee War and in the fall of 1837 he formed a battalion of mounted spies to proceed into Florida to search out the Seminoles. With this knowledge he established a fort on the New River and the name of Fort Lauderdale remains to today. His troops were ordered to Baton Rouge and there they were mustered out. General Lauderdale died there of pulmonary disorder on 11 May 1837. The following units went with Lauderdale to Florida in the Second Seminole War - Cherry, Dearing, Elliott, Ferris, Waterhouse and Wild Companies.

TENNESSEANS IN CHEROKEE WAR

Giving the name of soldier, rank, and unit in which he served.

****

A

ACREE, Urish - Pvt. - McClellan's Co. - 2nd TN Mtd.

ACTOLON, Newton - Pvt - Hudlow's Co. - 1st TN Inf.

ADAMS, Henry - Pvt - Powell's Co. - 1st TN Mtd. Inf.

ADAMS, James G. - Pvt. - Co. Hickey;'s - 1st TN

ADAMS, Jesse - Pvt. - Powell's Co. - 1st TN Mtd. Inf.

ADAMS, William - Pvt. - Boyd's Co. - 3rd TN Mtd. Mil.

ADCOCK, J. C. - Pvt - Pearson's Co. - Lindsay's Reg't TN Mtd. Vols.

ADCOCK, Joshua - Pvt - Wear's Co. - 2nd TN Mtd. Inf.

ADDAMS, James - Pvt - Caldwell's Co. - 1st TN Mtd. Inf.

ADDISON, Jackson - Pvt. - Vernon's Co. - Lindsay's Reg't TN Mtd. Vols.

ADKASON, Absalom - Lieut. - Hambree's Co. - 2nd TN Mtd. Inf.

ADKSAON, James - Pvt. - Hembree's Co. - 2nd TN Mtd. Inf.

ADKASSON, Absalom - 2nd Lieut - Hembree's Co. - 2nd TN Mtd. Inf.

ADKERSON, James - Pvt - Hembree's Co. - 2nd TN Mtd. Inf.

ADKISON, Absalom - 1st Lieut - Hembree's Co. - Lindsay's Reg't

ADKISON, Absalom - Lieut - Hembree's Co. - 2nd TN Mtd. Inf.

ADKISS, Martin - Pvt - William's Co. - 1st TN Mtd. Inf.

AGEE, Alford - 1st Sgt. - Hankin's Co. - 2nd TN Mtd. Vol.

AGEE, Calvin - Pvt. - Vernon's Co. - Lindsay's Reg't.

AHART, Burris - Pvt. - Peak's Co. - Lindsay's Reg't

AIKIN, Thomas - Pvt - Hembree's Co. - Lindsay's Reg't

AILER, John F. - Pvt - Ferris' & Cherry's Co. - Lauderdales' Btn.

AIRHEART, Michael, Pvt - McMillin's Co. - 1st TN Mtd. Mil.

AKERS, Thomas - Pvt - Hembree's Co. - Lindsay's Reg't.

ALDERMAN, Isaac - Pvt. - Meek's Co. - 3rd TN Mtd. Mil.

ALEXANDER, Edwin - Pvt. - Howell's Co. - 1st TN Inf.

ALEXANDER, G. E. - Pvt. - Wallace's Co. - 3rd Bat'n TN Inf.

ALEXANDER, George - Pvt. - Talbott's Co. - 2nd TN Mtd. Inf.

ALEXANDER, George B. - Pvt. - Dearing's Co. - Lauderdale's Bat'n.

ALEXANDER, James J. - Pvt. - Gillespie's Co. TN Mtd. Inf.

ALEXANDER, Jeremiah - Pvt. - Laffery's Co. - Lindsay's Reg't.

ALEXANDER, John - Pvt. - Laffery's Co. - Lindsay's Reg't.

ALEXANDER, Richard B. - Adj't - F & S Co. - Lauderdale's Bat'n.

ALEXANDER, William E. - Corp. - Neely's Co. - 3rd Bat'n TN Inf.

ALEXANDER, William J. - Pvt. - Dearing's Co. - Lauderdale's Bat'n.

ALLEN, Alfred - Pvt. - Howell's Co. - 1st TN Inf.

ALLEN, Gallawy - Pvt. - Hurst's Co. - 1st TN Mtd. Mil.

ALLEN, George - Pvt. - Hurst's Co. - 1st TN Mtd. Mil.

ALLEN, Hiram - Pvt - Cunningham's Co. - Lindsay;'s Reg't.

ALLEN, James - Pvt. - Hurst's Co. - 1st TN Mtd. Mil.

ALLEN, John - Pvt. - Vernon's Co. - Lindsay's Reg't.

ALLEN, John - Pvt - Hurst's Co. - 1st TN Mtd. Mil.

ALLEN, John W. - Pvt. - Hill's Co. - 1st TN Inf.

ALLEN, Lee P. - Ferrier - Cunningham's Co. - Lindsay's Reg't.

ALLEN, Reuben - Pvt. - Ellis' & Peak's Co.

ALLEN, Reuben - Pvt. - Peak's Co. - Lindsay's Reg't.

ALLEN, Robert - Pvt. - Parham's Co. - 1st TN Mtd. Inf.

ALLEN, Robert C. - Pvt. - Wallace's Co. - 3rd Bat'n TN Inf.

ALLEN, Will - Pvt. - Tedford's Co. - 2nd TN Mtd. Mil.

ALLEY, Alfred - Pvt - Wallace's Co. - 2nd Bat'n TN Inf.

ALLEY, Carrall - Pvt - Hembree's Co. - Lindsay's Reg't.

ALLIN, Reubin - Pvt. - Peak's Co. - Lindsay's Reg't.

ALLIS, Robert C. - Pvt. - Wallace's Co. - 3rd Bat't TN Inf.

ALLMAN, George P. - Pvt. - Y oakum's Co. - 1st TN Inf.

ALLMAN, Hardon - Pvt - Yoakum's Co. - 1st TN Inf.

ALLS, Benjamin J. - Pvt. - Parham's Co. - 1st TN Inf.

ALLS, John R. - Pvt. - Parham's Co. - 1st TN Mtd. Inf.

ALLY, Carroll - Pvt. - Hembree's Co. - Lindsay's Reg't.

ALMAN, Lebron - Sgt. - Wallace's Co. - 3rd Bat'n TN Inf.

ALMANY, Valentine - Pvt. - Grogg's Co. - 2nd Bat'n. TN Inf.

ALMON, Lebron - Sgt. - Wallace's Co. - 3rd Bat'n TN Inf.

ALVERSON, John C. - Pvt. - 2nd Mtd. Reg't TN

AMOS, James - Pvt. - Wallace's Co. - 3rd Bat'n TN Inf.

ANDERSON, Alfred P. - Pvt. - Champion's Co. - 1st TN Mtd. Mil.

ANDERSON, Alfred P. - Pvt. - Cherry's Co. - Lauderdale's Bat'n.

ANDERSON, Benjamin - Pvt. - Feazell's Co. - 1st TN Inf.

ANDERSON, Daniel - Pvt - Roger's Co. - 1st TN Mtd. Inf.

ANDERSON, Henry - Pvt. Netherland's Co. - 2nd TN Mtd. Mil.

ANDERSON, James - Pvt. - Maupin's Co. - 2nd TN Mtd. Mil.

ANDERSON, James - Pvt. - Morrow's Co. - 1st TN

****

Mtd. Inf.

ANDERSON, James - Pvt. - Champion's Co. - 1st TN Mtd. Mill.

ANDERSON, Josiah E. - Captain - Anderson's Co. - 1st TN Mtd. Inf.

ANDERSON, Josiah E. - Brig. Q.M. - 2nd Brigade Mtd. TN.

ANDERSON, Peter - Pvt. - Champion's Co. - 1st TN Mtd. Mil.

ANDERSON, Pleasant E. - 2nd Corp. - Parham's Co. - 1st TN Mtd. Inf.

ANDERSON, Samuel - 1st Crop. - Morrow's Co. - 1st TN Mtd. Inf.

ANDERSON, Samuel - Pvt. - Cherry's Co. - Lauderdale's Bat'n.

ANDERSON, Samuel B. - Pvt. - Champion's Co. - 1st TN Mtd. Mil.

ANDERSON, Thomas F. - 1st Corp. - Caldwell's Co. - Lindsay's Reg't.

ANDERSON, William - Pvt. - Netherland's Co. - 3rd TN Mtd. Mil.

ANDERSON, William - Sgt. - Champion's Co. - 1st TN Mtd. Mil.

ANDREWS, James - Pvt. - Wallace's Co. - 3rd Bat'n TN Inf.

ANGALY, John P. - McMillin's Co. - 1st TN Mtd. Mil.

ANGEL, James J. - Corp. - McCLELLAN's Co. - 2nd TN Mtd. Inf.

ANGELS, Joel F. - Pvt. - Powell's Co. - Lindsay's Reg't.

ANSHER, Enoch, Pvt. - Cannon's Co. - 1st TN Mtd. Inf.

ANTHONY, Joseph - Pvt. - Hembree's Co. - 2nd TN Mtd. Inf.

ANTRISON, Nicholas - Pvt. - Simpson's Co. - 1st TN Inf.

ANTRY, Riddick - Pvt. - Hickey's Co. - 1st TN Inf.

ARMSTRONG, John C. - Sgt. - Neely's Co. - 3rd Bat'n TN Inf.

ARMSTRONG, R. - Brig. Gen. - Staff Armstrong's Brid'g. - TN Mtd. Inf.

ARNET, Thomas - Pvt. - Fain's Co. - 1st TN Mtd. Inf.

ARNOLD, James E. - Pvt. - Prigmore's Co. - 1st TN Mtd. Mil.

ARNOLD, Thomas W. - Pvt. - Yoakum's Co. - 1st TN Inf.

ARTHUR, Ambrose - 1st Corp. - Laffery's Co. - Lindsay's Reg't.

ATCHLEY, James - Pvt. - Parham's Co. - 1st TN Mtd. Inf.

ATCHLEY, Miles - Pvt. - Vernon's Co. - Lindsay's Reg't.

ATCHLEY, Thomas F. - Pvt. - Vernon's Co. - 1st TN Mtd. Inf.

ATCHLEY, Thos. - Pvt. - Vernon's Co. - Lindsay's Reg't.

ATCHLEY, Thomas, Sr. - Pvt. - Vernon's Co. - 1st TN Mtd. Inf.

ATCHLY, James - Pvt. - Parham;'s Co. - 1st TN Mtd. Inf.

ATCHLY, Miles - Pvt. - Vernon's Co. - Lindsay's Reg't.

ATKINSON, Albert C. - Pvt. - Yoakum's Co. - 1st TN Inf.

ATTERSON, Jackson - Pvt. - Vernon's Co. - Lindsay's Reg't.

AULT, James A. - Pvt. - Wear's Co. - 2nd TN Mtd. Inf.

AULT, William - Pvt. - Boyd's Co. - 2nd TN Mtd. Inf.

AULTON, John - Pvt. - 2nd Mtd. TN.

AUSTIN, A.F.J.D. - Pvt. - Hudlow's Co. - 1st TN Inf.

AUSTIN, A. L. - Pvt. - Powell's Co. - 1st TN Inf.

AUSTIN, Calvin - Pvt. - Laffery's Co. - Lindsay's Reg't

AUSTIN, Calvin M. - Pvt. - Talbott's Co. - 2nd TN Mtd. Inf.

AUSTIN, George - Pvt. - Laffery's Co. - Lindsay's Reg't.

AUSTIN, James - Pvt. - Hind's Co. Lauderdale's Bat'n.

AUSTIN, John - Pvt. - Cherry's Co. - Lauderdale's Bat'n.

AUSTIN, Newton C. - Pvt. - Hill's Co. - 1st TN Inf.

AUSTON, Richard E. - Pvt. Anderson's Co. - 1st TN Mtd. Mil.

AUSWORTH, Richard C. - Pvt. Howell's Co. - 1st TN. Inf.

AUTRY, Riddick - Pvt. - Hiskey's [?] Co. - 1st TN Inf.

AVERY, John - 2nd Sgt. - Wild's Co. - Lauderdale's Bat'n.

AYERS, henry - Pvt. - Hembree's Co. - 2nd TN Mtd. Inf.

AYLE, John - Pvt. - Wear's Co. - 2nd TN Mtd. Inf.

AYRES, Anthony - Pvt. - Grogg's Co. - 3rd TN Mtd. Mil.

AYRES, Henry - Pvt. - Hembree's Co. - 2nd TN Mtd. Inf.

B

BACON, Allen S. - Pvt. Peak's Co. - 2nd TN Mtd. Inf.

BACON, Hezekiah - Pvt. - Peak's Co. - 2nd TN Mtd. Inf.

BACON, Josiah L. - Pvt. Peak's Co. - 2nd TN Mtd. Inf.

BAGGETT, Abraham - Pvt. - Ferris' Co. - Lauderdale's Btn.

BAILEY, Amos - Pvt. - Hembree's Co. - Lindsay's Reg't.

BAILEY, Edward E. - Pvt. - Morrow's Co. - 1st TN Mtd. Inf.

BAILEY, Edward E. - Pvt. - Powell's Co. - Lindsay's Reg't.

BAILEY, Eli - Pvt. - Hunter's & Miller's Co. - 1st TN Inf.

BAILEY, James - Pvt. Powell's Co. - Lindsay's Reg't.

BAILEY, James J. - Pvt. - Neely's Co. - 1st TN Btn.

BAILEY, John - Pvt. - Wallace's Co. - 3rd Btn.

BAILEY, John - Pvt. - Laffery's Co. - Lindsay's Reg't.

BAILEY/BAILY, Lewis - Pvt - Roger's Co. - 1st TN Mtd. Inf.

BAILEY/BAILY, William - 3rd Corp. - Roger's Co. - 1st TN Mtd. Inf.

BAILY, Edward E. - Pvt - Powell's Co. - Lindsay's Reg't.

BAILY, James - Pvt. - Powell's Co. - Lindsay's Reg't

BAKER, Calvin - Pvt. - Boyd's Co. - 1st TN Inf.

BAKER, Hiram - Pvt. - Anderson's Co. - 1st TN Mtd. Mil.

BAKER, Hugh - Pvt. - Vernon's Co. - Lindsay's Reg't

BAKER, Jacob - Pvt. - Hembree's Co. - Lindsay's Reg't.

BAKER, James - Pvt. - TN Inf.

BAKER, John - Pvt. - Meak's Co. - 3rd TN Mtd. Mil.

****

BAKER, John - Pvt. - Fain's Co. - 1st TN Mtd. Inf.

BAKER, John J. - Pvt - Dossett's Co. - 2nd TN Inf. Btn.

BAKER, Lewis - Pvt. - Powell's Co. - 1st TN Inf.

BAKER, Samuel - Pvt. - Ferris' Co. - Lauderdale's Btn.

BAKER, Thomas E. - Sgt. - Feazell;'s Co. - 1st TN Inf.

BAKER, William E. - 3rd Sgt. - Hembree's Co. - Lindsay's Reg't

BAKER, William H. - Pvt. - Hembree's Co. - 2nd TN Mtd. Inf.

BALCH, William - Pvt. - Hudlow's Co. - 1st TN Inf.

BALES, Calvin - Pvt. - Ellis' Co. - 2nd TN Mtd. Inf.

BALEY, Amos - Pvt. - Hembree's Co. - Lindsay's Reg't.

BALEY, James J. - Pvt. Neely's Co. - 3rd TN Btn.

BALEY, John - Pvt. - Wallace's Co. - 3rd TN Inf. Btn.

BALLAR, William L. - Pvt. Hill's Co. - 1st TN Inf.

BALLARD, Jesse - Pvt. - Ellis' Co. - 2nd TN Mtd. Inf.

BALLARD, Obed F. - Pvt. - Peak's Co. - Lindsay's Reg't

BALLARD, Seaton - Pvt. - Dossett's Co. - 3rd TN Btn.

BALLARD, Stephens - Pvt. - Maupin's Co. - 3rd TN Mtd. Mil.

BALLARD, William L. - Pvt. - Hill's Co. - 1st TN Inf.

BALLESTINE, John B. - Pvt. - Hill's Co. - 1st TN Inf.

BALY, James - Pvt. - Maupin's Co. - 2nd TN Mtd. Mil.

BARCLAY, Thomas M. - Pvt. - Morrow's Co. - 1st TN Mtd. Inf.

BARGER, George F. - Pvt. - Grogg's Co. - 3rd TN Inf. Btn.

BARKSDALE, Ralph E. - Pvt. - Morrow's Co. - Lindsay's Reg't

BARLES, Washington - Pvt. - Morrow's Co. - Lindsay's Reg't

BARLEY, John - Pvt. - Hickey's Co. - 1st TN Inf.

BARNARD, John A. - Ensign - Peak's Co. - Lindsay's Reg't

BARNARD, Lewis - Blacksmith - Peak's Co. - Lindsay's Reg't

BARNARD, William J. - Pvt. - Peak's Co. - Lindsay's Reg't

BARNES, James W. - Pvt. - Powell's Co. - 1st TN Inf.

BARNET, John W. - Ensign - Bart's Co. - 1st TN Mtd. Mil

BARNET, William - Pvt. - Dodson's Co. - Lindsay's Reg't

BARNWELL, James - Pvt. - Hill's Co. - 1st TN Inf.

BARR, Alexander M. - Pvt. - Wallace's Co. - 3rd TN Inf.

BARR, John - Pvt. - McClellan's Co. - 2nd TN Mtd. Inf.

BARROW, V. - Major - Staff- Armstrong's Brig.

BART, Abram - Captain - Bart's Co.- 1st TN Mtd.

BARTON, Asariah - 2nd Bugler - Gillespie's Co. - 2nd TN Mtd. Inf.

BARTON, John - Pvt. - Dearing's Co.- Lauderdale's Reg't

BASKET, William - Pvt. - Roger's Co. - 1st TN Mtd. Inf.

BASS, William - Pvt. - Ferrin's Co. - Lauderdale's Reg't

BATCH, William - Pvt. - Hudlow's Co. - 1st TN Inf.

BATES, James B. - Pvt. - McMillin's Co. - 1st TN

****

Mtd. Mil.

BATES, John E. - Corp. - Hunter's & Miller's Co.

BATES, Pleasant E. - Pvt. - Vernon's Co. - 1st TN Mtd. Inf.

BATES, Shurwood E. - 1st Lieut. - Hunter's Co. - 1st TN Mtd. Mil.

BATES, Sterling - Pvt. - Meak's Co. - 1st TN Mtd. Mil.

BATES, William S. - Pvt. - Hill's Co. - 1st TN Inf.

BATTIN, William S. - Pvt. - Yoakum's Co. - 1st TN Inf.

BATTIS, Daniel H. - Pvt. - Yoakum's Co. - 1st TN

BATTON, Daniel H. - Pvt. - Y oakum's Co. - 1st TN Inf.

BATTON, William S. - Pvt. - Yoakum's Co. - 1st TN Inf.

BAUGUS, Simon M. - 3rd Sgt. - Vernon's Co. - Lindsay's Reg't.

BAXTER, Barnet J. - Pvt. - Parham's Co. - 1st TN Mtd. Inf.

BAYLAY, James - Pvt. - Powell's Co. - Lindsay's Reg't

BAYLES, Reese - Pvt. - Morrow;'s Co. - 1st TN Mtd. Inf.

BAYLESS, John P. - Pvt. - Campbell's Co. - 1st TN Mtd. Inf.

BAYLESS, Washington P. - Pvt. - Campbell's Co. - 1st TN Mtd. Inf.

BAYLESS, Washington - Pvt - Morrow's Co. - 1st TN Mtd. Inf.

BAYLEY, Edward E. - Pvt. - Morrow's Co. - 1st TN Mtd. Inf.

BAYLEY, Edward E. - Pvt. - Powell's Co. - Lindsay's Reg't.

BAYS, Robert - 2nd Lieut. - Roger's Co. - 1st TN Mtd. Inf.

BEACHBOARD, William E. - Cunningham's Co. - Lindsay's Reg't

BEACHBORD, William E. - Pvt. - Hurst's Co. - 1st TN Mtd. Mil.

BEACHBORD, William M. - Pvt. - Cunningham's Co. - Lindsay's Reg't

BEACHER, John C. - Pvt. - Dossett's Co. - 3rd TN Inf.

BEAL, Elias - Pvt - Simpson's Co. - 1st TN Inf.

BEAL, John - Fifer - Fain's Co. - 1st TN Mtd. Inf.

BEAL, John - Fifer - F. & S. Co. - 1st TN Mtd. Inf.

BEALY, John - Pvt. - Neely's Co. - 2nd TN Inf.

BEAN, Edward - Pvt. - Cannon's Co. - 1st TN Mtd. Inf.

BEAN, Edward - Pvt. - Waterhouse's Co. - Lauderdale's Reg't.

BEAN, Isaac - Pvt. - Dodson's Co. - Lindsay's Reg't.

BEAN, Isaac - Pvt. - Waterhouse's Co. - Lauderdale's Reg't

BEAN, Leonidas - Pvt. - Waterhouse's Co. - Lauderdale's Reg't.

BEAN, Richard - Pvt. - Powell's Co. - Lindsay's Reg;'t

BEAN, Richard - Pvt - Bart's Co. - 1st TN Mtd. Mil.

BEAN, William - Pvt. - Fain's Co. - 1st TN Mtd. Inf.

BEARD, Archibald - Pvt. - Gillespie's Co. - 2nd TN Mtd. Inf.

BEARD, James - Pvt. - Caldwell's Co. - Lindsay's Reg't

BEARD, James A. - Pvt. - Neely's Co. - 3rd TN Inf.

BEARD, Stephen - Pvt. - Caldwell's Co. - 1st TN Mtd.

****

Inf.

BEATTY, John - Pvt. - Neely's Co. - 3rd TN Inf.

BEATY, John E. - Corp. - Hunter's Co. - 1st TN Inf.

BEATY, Sherwood W. - 1st Lieut. - Hunter's Co. - 1st TN Inf.

BECK, Samuel M. - Pvt. - Vernon's Co. - Lindsay's Reg't.

BECK, William - 2nd Lieut. - Laffery's Co. - Lindsay's Reg't.

BEELER, Armistead - Pvt. - Morrow's Co. - Lindsay's Reg't

BEELER, John - Pvt. - Simpson's Co. - 1st TN Inf.

BELL, Benjamin F. - Sgt. - Hill's Co. - 1st TN Inf.

BELL, George - Pvt. - Peak's Co. - Lindsay's Reg't

BELL, Hugh M. - Pvt. Yoakum's & McLin's Co.

BELL, Isaac - Pvt. - Hickey's Co. - 1st TN Inf.

BELL, John - Pvt. - Powell's Co. - Lindsay's Reg;'t

Bell, John H. G. - Corp. - Cherry's Co. - Lauderdale's Reg't

BELL, Thomas A. - Pvt. - Cherry's Co. - Lauderdale's Btn.

BELL, Uriah - Pvt. - Meek's Co. - 2nd TN Mtd. Mil.

BELL, William - Pvt. - Standefer's Co. - 1st TN Mtd. Inf.

BELLAH, John D. - Pvt. - Yoakum's & McLinn's Co.

BENNET, Rufus M. - 2nd Corp. - Morrow's Co. - 1st TN Mtd. Inf.

BENNET, William - Pvt. - Ferris' Co. - Lauderdale's Btn.

BENNETT, H. R.- Pvt. - Cherry's Co. - Lauderdale's Btn.

BENNETT, James D. - 1st Lieut. - Dearing's Co. - Lauderdale's Btn.

BENNETT, Wm. - Pvt. - Fariss's Co. - Lauderdale's Btn.

BENSON, John E. - Pvt. Yoakum's Co. - 1st TN Inf.

BENSON, Matthias - Pvt. - West's Co. - 1st TN Mtd. Inf.

BENTON, Elijah - Pvt. - Cunningham's Co. - Lindsay's Reg't.

BERRIER, Andrew L. - Pvt. Ellis' Co. - 2nd TN Mtd. Inf.

BERRY, Andrew L. - Pvt. - Ellis' Co. - 2nd TN Mtd. Inf.

BERRY, Jesse - Pvt. - Simpson's Co. - 1st TN Inf.

BERRY, Robert - Pvt. - Wear's Co .- 2nd TN Mtd. Inf.

BERRY, William - Pvt. - Roger's Co. - 1st TN Mtd. Inf.

BETTS, Isaac N. - Pvt. Hill's Co. - 1st TN Inf.

BEVINS, William - Pvt. - Morrow's Co. - Lindsay's Reg't Mtd.

BIBLE, George - Pvt. - Champion's Co. - 1st TN Mtd. Mil.

BIBLE, James - Pvt. - Scrugg's Co. - 3rd TN Mtd. Mil.

BIBLE, John M. C. - Pvt. - Champion's Co. - 1st TN Mtd Mil.

BICHNELL, Willis - Pvt. - Morrow's Co. - 1st TN Mtd. Inf.

BICKNEL, Willis - Pvt. - Morrow's Co. - 1st TN Mtd. Inf.

BIGGS, John - Pvt. - Talbott's Co. - 2nd TN Mtd. Inf.

BIGGS, John - Pvt. - Feezell's Co. - 1st TN Inf.

BIGGS, Reuben W.- Pvt. Cooke's Co. - 3rd Btn. TN Inf.

BIGGS, Thomas M. - Pvt. Cooke's Co.- 3rd Btn. TN Inf.

BIGS, John - Pvt. - Feezell's Co. - 1st TN Inf.

BILLINGS, George - Pvt. - Dearing's Co. - Lauderdale's Btn. TN Mtd. Inf.

BILLINGSLEY, Jacob - Pvt. - Terry's Co. - 1st TN Mtd. Inf.

BILLINGSLEY, Jacob - Pvt. - Elliott's Co. - Lauderdale's Btn. TN Mtd. Inf.

BILLINGSLEY, Jesse - 1st Sgt. - McMillan's Co. - 1st TN Mtd. Mil.

BILLINGSLEY, Nathan - Pvt. - Elliott's Co. - Lauderdale's Btn. TN Mtd. Inf.

BILLINGSLY, Jacob - Pvt. - Elliott's Co. - Lauderdale's Btn. TN Mtd. Inf.

BILLINGSLY, Nathan - Pvt - Elliott's Co. - Lauderdale's Btn. TN Mtd. Inf.

BINKLEY, Charles - Pvt. - Hill's Co. - 1st TN Inf.

BINKLEY, Franklin - Pvt. - Hill's Co. -1 st TN Inf.

BIRDWELL, Charles D. - Pvt. - Champion's Co.- 1st TN Mtd. Mil.

BISHOP, Eli - Pvt. - Dodson's Co. - Lindsay's Reg't TN Mtd.

BISHOP, James - Pvt. - Ellis's Co. - 2nd TN Mtd. Inf.

BISHOP, Massey - Pvt. - Peak's Co. - Lindsay's Reg't TN Mtd.

BIVENS, William - Pvt. - Morrow's Co. Lindsay's Reg't TN Mtd.

BIVINS, Elsberry - Pvt. - Rurst's Co. - 1st TN Mtd. Mil.

BIVINS, Joseph - Pvt. - Pearson's Co. - Lindsay's Reg't TN Mtd.

BIVINS, Wm. - Pvt. - Morrow's Co. - Lindsay's Reg't TN Mtd.

BLACK, David - Pvt. - Cunningham's Co. - 1st TN Mtd. Mil.

BLACK, James - Bugler - 2nd Mtd. Reg't TN

BLACK, John - Pvt. - 2nd Mtd. Reg't TN.

BLACK, John F. - Pvt. - Ferris's Co. - Lauderdale's Btn. TN Mtd. Inf.

BLACK, Samuel - Corp. - 2nd Mtd. Reg. TN

BLACKMAN, Nelson - Pvt. - Hudlow's Co. - 1st TN Inf.

BLACKMAN, William - Pvt. Hudlow's Co. -1 st TN Inf.

BLACKSTONE, Robert D. - Corp. - Peak's Co. - 2nd TN Mtd. Inf.

BLACKWELL, Brice M. G. - Pvt. - Hunter's & Miller's Co. -1st TN Inf.

BLACKWELL, George W. - Pvt. - Vernon's Co. - 1st TN Mtd. Inf.

BLACKWELL, James - Pvt. - Caldwell's Co. - 1st TN Mtd. Inf.

BLACKWELL, James M. - Pvt. - Vernon's Co. -1st TN Mtd. Inf.

BLACKWELL, Jeab - Pvt. - Vernon's Co. - 1st TN Mtd. Inf.

BLACKWELL, Jeremiah M. - Pvt. - Vernon's Co. - 1st TN Mtd. Inf.

BLACKWELL, Joseph D./B. [?] - Pvt. - Vernon's Co. - Lindsay's Reg't TN Mtd.

BLACKWELL, Nathan - Pvt. - Vernon's Co. - 1st TN Mtd. Inf.

BLACKWELL, Zachariah - Pvt. - Caldwell's Co. - 1st TN Mtd. Inf.

BLAGG, Israel - Pvt. - Boyd's Co. - 1st TN Inf.

BLAGG, Jefferson - Pvt. - Lafferry's Co. - Lindsay's Reg't TN Mtd.

BLAIR, Ellison J. - Pvt. - Caldwell's Co. - 1st TN Mtd. Inf.

BLAIR, Ellison T. - Corp - Caldwell's Co. - Lindsay's Reg't TN Mtd.

BLAIR, Johnson K. - Pvt. - Hill's Co. - 1st TN Inf.

BLAIR, Nathaniel B. - Pvt. - West's Co. - 2nd TN Mtd. Inf.

BLAIR, William - Pvt. - Hill's Co. - 1st TN Inf.

BLAIR, William H. - Pvt. - West's Co. - 2nd TN Mtd. Inf.

BLAKE, Joab - Pvt. - Talbott's Co. - 2nd TN Mtd. Inf.

BLAKE, Larkin H. - Pvt. - Hembree's Co. - Lindsay's Reg't TN Mtd.

BLAKE, William G. - Pvt. - Hembree's Co. - Lindsay's Reg't TN Mtd.

BLAKE, William M. - Pvt. - Peak's Co. - 2nd TN Mtd. Inf.

BLAKELEY, James - Pvt. - Meek's Co. - 3rd TN Mtd. Mil.

BLAKELY, James - n/a - William's Co. - 1st TN Mtd. Inf.

BLAKELY, John C. - Pvt. - Meek's Co. - 3rd TN Mtd. Mil.

BLAKELY, Joseph - 1st Sgt. - Meek's Co. - 3rd TN Mtd. Mil.

BLANKENSHIP, Isom - Sgt. - Tedford's Co. - 2nd TN Mtd. Mil.

BLANTON, Hiram H. - Pvt. - Dodson's Co. - Lindsay's Reg't TN Mtd.

BLANTON, Lewis - Pvt - Pearson's Co. - Lindsay's Reg't TN Mtd.

BLASIER, Jacob - Pvt. - West's Co. - 2nd TN Mtd. Inf.

BLAYLOCK, Richard - Pvt - Boyd's Co. - 1st TN Inf.

BLEDSEW, William M. - Pvt. - Dossett's Co. - 3rd Btn. TN Inf.

BLEDSOE, W. W. - Pvt. - Dossett's Co. - 3rd Btn. TN Inf.

BLEEDLOVE, John - Pvt. - Hembree's Co. - 2nd TN Mtd. Inf.

BLENNETT, Barnwell L. - 2nd Lieut. - Anderson's Co. - 1st TN Mtd. Mil.

BLEVENS, Christopher - Pvt. - Gregg's Co. - 2nd Btn. TN Inf.

BLEVENS, Moses - Pvt. - Vernon's Co. - Lindsay's Reg't TN Mtd.

BLEVENS, Phillip - Pvt. - Vernon's Co. - Lindsay's Reg't TN Mtd.

BLEVINS, Allen - Pvt. - Vernon's Co. - Lindsay's Reg't TN Mtd.

BLEVINS, Allen - Pvt. - McMillin's Co. - 1st TN Mtd. Mil.

BLEVINS, Christopher - Pvt. - Gregg's Co. - 3rd Btn. TN Inf.

BLEVINS, John - Pvt. - Fain's Co. - 1st TN Mtd. Inf.

BLEVINS, John W. - 2nd Lieut. - Vernon's Co. - Lindsay's Reg't TN Mtd.

BLEVINS, Moses - Pvt. - Vernon's Co. - Lindsay's Reg't TN Mtd.

BLEVINS, Philip - Pvt. - Vernon's Co. - Lindsay's Reg't TN Mtd.

BLEVINS, Samuel - 1st Sgt. - Vernon's Co. - Lindsay's Reg't TN MTd.

BLITHE, Andrew - Pvt. - Caldwell's Co. - 1st TN Mtd. Inf.

BLOOMER, Williams - 1st Sgt. - Roger's Co. - 1st TN Mtd. Inf.

BLYTH, Samuel M. - Pvt. - Peak''s Co. - Lindsay's Reg't TN Mtd.

BLYTHE, Samuel M. - Pvt. - Peak's Co. - Lindsay's Reg't TN Mtd.

BOATMAN, Richard, Jr. - Pvt - Wild's Co. - Lauderdale's Btn. TN Mtd. Inf.

BOAZ, Edmund - Pvt. - Hunter's Co. - 1st TN Inf.

BOGARD, C. C. - Pvt. - Wallace's Co. - 3rd Btn. TN Inf.

BOGASE, C. C. - Pvt. Wallace's Co. - 3rd Btn. TN Inf.

BOGGAS, Abijah - Ensign - Vernon's Co. - 1st TN Mtd. Inf.

BOGGAS, Simon M. - 3rd Sgt. - Vernon's Co. - Lindsay's Reg't TN Mtd.

BOGLE, Andrew - Pvt. - Cunningham's Co. - 2nd Tn Mtd. Mil.

BOGLE, John - Sgt. - Cunningham's Co. - 2nd Tn Mtd. Mil

BOLDEN, Henderson - Pvt. - Hembree's Co. - 2nd TN Mtd. Inf.

BOLDEN, Henderson - Pvt. - Hembree's Co. - Lindsay's Reg't TN Mtd.

BOLDEN, Larkin - Pvt. - Hembree's Co. - 2nd TN Mtd. Inf.

BOLEN, David - Pvt. - Vernon's Co. - Lindsay's Reg't TN Mtd.

BOLING, Henderson - Pvt. - Hembree's Co. - Lindsay's Reg't TN Mtd.

BOLING, Henderson - Pvt. - Hembree's Co. - 2nd TN Mtd. Inf.

BOLING, Joel - Hembree's Co. - Lindsay's Reg't TN Mtd.

BOLING, Larkin - Pvt. - Hembree's Co. - Lindsay's Reg't TN Mil.

BOLINGER, William - Pvt - Roger's Co. 3rd TN Mtd. Mil

BOLINGER, Frederick, Jr. - Pvt. - Roger's Co. - 3rd TN Mtd. Mil

BOLLINGER, Frederick, Sr. - Pvt. - Roger's Co. - 3rd TN Mtd. Mil.

BOND, George - Pvt. - Wear's Co. - 2nd TN Mtd. Inf.

BOND, Henry - Pvt. - Wear's Co. - 2nd TN Mtd. Inf.

BOND, Henry - Pvt. Cunningham's Co. - Lindsay's Reg't TN Mtd.

BOON, Allen - Pvt. - Cunningham's Co. - Lindsay's Reg't TN Mtd.

BOONE, Allen - n/a - Cunningham's Co. - Lindsay's Reg't TN Mtd.

BOOTH, B. - Sgt. - Staff, Armstrong's Brigade TN Mtd.

BORDEN, Lewis - Pvt. - Morrow's Co. - Lindsay's Reg't TN Mtd.

BORDEN, Marshal - Pvt. - Morrow's Co. - Lindsay's Reg't TN Mtd.]

BORDEN, William A. - Pvt. - Morrow's Co. - Lindsay's Reg't TN Mtd.

BOSTICK, John - Pvt - Cherry's Co. - Lauderdale's Btn TN Mtd. Inf.

BOSTICK, John C. - Corp. - Ferris's Co. - Lauderdale's Btn. TN Mtd. Inf.

BOSTICK, Littlebury - Pvt. - Ferris's Co. - Lauderdale's Btn. TN Mtd. Inf.

BOWEN, Joseph - Pvt. - Morrow's Co. - 1st TN Mtd. Inf.

BOWEN, Joseph - n/a - William's Co. - 1st TN Mtd. Inf.

BOWLEN, Alexander - Pvt. - William's Co. - 1st TN Mtd. Inf.

BOWLEN, David - Pvt. - Vernon's Co. - Lindsay's Reg't TN Mtd.

****

BOWLEY, George - Pvt - Fain's Co. - 1st TN Mtd. Inf.

BOWLEY, Jacob M. - Pvt. - Scurgg's Co. - 3rd TN Mtd. Mil.

BOWLING, Alexander - Pvt. - Morrow's Co. - 1st TN Mtd. Inf.

BOWLING, Henderson - Pvt - Hembree's Co. - Lindsay's Reg't TN Mtd.

BOWLING, Henderson - Pvt. - Hembree's Co. 2nd TN Mtd. Inf.

BOWLING, Joel - Pvt. Hembree's Co. - Lindsay's Reg't TN Mtd.

BOWLING, Joseph - Pvt. - Pearson's Co. - Lindsay's Reg't TN Mtd.

BOWLING, Joshua - Pvt. - Scrugg's Co. - 3rd TN Mtd. Mil.

BOWLING, Larkin - Pvt. - Hembree's Co. - 2nd TN Mtd. Inf.

BOWLING, Larkin - Pvt. - Hembree's Co. - Lindsay's Reg't TN Mtd.

BOWLLING, Thomas - Pvt. - Pearson's Co. - Lindsay's Reg't TN Mtd.

BOWMAN, John D. - Corp. - Wear's Co. - 2nd TN Mtd. Inf.

BOWMAN, Stephen D. - Pvt. - Gregg's Co. - 3rd Btn. TN Inf.

BOWMAN, William - Pvt. - Dossett's Co. - 3rd Btn. TN Inf.

BOWSER, Andrew - Pvt. - Gregg's Co. - 3rd Btn. TN Inf.

BOY, Reiston - Pvt. - McClellan's Co. - 2nd TN Mtd. Inf.

BOYCE, William C. - Pvt. Cherry's Co. - Lauderdale's Btn. TN Mtd. Inf.

BOYD, Bowman - Pvt. - Morrow's Co. - 1st TN Mtd. Inf.

BOYD, Elliott E. - Sgt. - Terry''s Co. - 1st TN Mtd. Inf.

BOYD, Elliott H. - Capt. - Boyd's Co. - 1st TN Inf.

BOYD, Erby - Pvt. - Wear's Co. - 2nd TN Mtd. Inf.

BOYD, Francis - Pvt. - Ferris's Co. - Lauderdale's Btn. TN Mtd. Inf.

BOYD, George W. - Pvt. Cherry's & Ferris's Co. - Lauderdale's Btn. TN Mtd. Inf.

BOYD, Hugh M. - Pvt. - Boyd's Co. -1st TN Inf.

BOYD, Hugh W. - Pvt. Boyd's Co. - 1st TN Inf.

BOYD, John - Pvt. - Powell's Co. - 1st TN Mtd. Inf.

BOYD, John H. - 2nd Lieut. - Wild's Co. - Lauderdale's Btn. TN Mtd. Inf.

BOYD, John L. - Pvt. - Powell's Co. - Lindsay's Reg't TN Mtd.

BOYD, Joseph - Capt. - Boyd's Co. - 2nd TN Mtd. Mil.

BOYD, Lilberz - Pvt. - William's Cop. - 1st TN Mtd.

BOYD, Librum - Pvt. - Roger's Co. - 1st TN Mtd. Inf.

BOYD, Samuel B.- Pvt. - Cooke's Co. - 3rd Btn. TN Inf.

BOYD, Semer - Pvt. - Terry's Co. - 1st TN Mtd. Inf.

BOYER, W. H. - Pvt. - Wallace's Co. - 3rd Btn. TN Inf.

BOYGESS, Simon H. - 3rd Sgt. - Vernon's Co. - Lindsay's Regt. TN Mtd.

BRACKET, Jesse - Pvt. Elliott's Co. - Lauderdale's Btn. TN Mtd. Inf.

BRACKETT, Richard - Pvt. Vernon's Co. - Lindsay's Reg't TN Mtd.

BRADDON, John B. - Pvt. - Cherry's Co. - Lauderdale's Btn. TN Mtd. Inf.

BRADFORD, David - Morrow's Co. - Lindsay's Reg't

TN Mtd.

BRADFORD, James - pvt. - Morrow's Co.- Lindsay's Reg't TN Mtd.

BRADFORD, Patton A. - 1st Lieut. - Campbell's Co. - 1st TN Mtd. Inf.

BRADLEY, Burwell B. - Pvt. - 2nd Mtd. Reg't TN.

BRADLEY, Daniel - Pvt. - Dearing's Co. - Lauderdale's Btn. TN Mtd. Inf.

BRADLEY, Drury L. - Ensign. - 2nd Mtd. Reg't TN.

BRADLEY, John - Pvt. - Ferris's Co. - Lauderdale's Btn Mtd. Inf.

BRADLEY, John J. - Pvt. - Hurst's Co. - 1st TN Mtd. Mil.

BRADLEY, John L. - Sgt. - Hurst's Co. - 1st TN Mtd. Mill.

BRADLEY, Washington - Pvt. - Caldwell's Co. - 1st TN Mtd. Inf.

BRADLEY, Washington - Bugler - Caldwell's Co. - Lindsay's Reg't TN Mtd.

BRADLEY, William - Pvt. - Caldwell's Co. - Lindsay's Reg't TN Mtd.

BRADLEY, William - Pvt. - Caldwell's Co. - 1st TN Mtd. Inf.

BRADLEY, William H.- Pvt. - Waterhouse's Co. - Lauderdale's Btn. TN Mtd. Inf.

BRADLOVE, John - Pvt. - hembree's Co. - Lindsay's Reg't TN Mtd.

BRADSHAW, James C. - Pvt. - Dearing's Co. - Lauderdale's Btn. TN Mtd. Inf.

BRADY, E. C. - 1st Lieut. - Wallace's Co.- 3rd Btn TN Inf.

BRAIDY, A. - Corp - Wallace's Co. 3rd Btn TN Inf.

BRAKE, Henry - Pvt. - Wallace's Co. - 3rd Btn. TN Inf.

BRAKEBILL, Henry - Pvt. - Cunningham's Co. - 2nd TN Mtd. Mil.

BRAKEBILL, William - Sgt. - Dodson's Co. - Lindsay's Reg't TN Mtd.

BRAKEBILL, William - Pvt. - Wear's Co. - 2nd TN Mtd. Inf.

BRAMHALL, Jacob - Pvt. - Wild's Co. - Lauderdale's Btn. TN Mtd. Inf.

BRAMHALL/BREMHAL, Jacob - Pvt. - Roger's Co. - 1st TN Mtd. Inf.

BRAMHAM, James - Pvt. - Tedford's Co. - 1st TN Inf.

BRANDON, John - Pvt. - Morrow's Co. - Lindsay's Reg't TN Mtd.

BRANDON, Nathan - Pvt. - Wallace's Co. - 3rd Btn. TN Inf.

BRANDON, William C. - Pvt. - Yoakum's & McLin's Co. - 1st TN Inf.

BRANHAM, Aaron - Pvt. - Body's Co. - 1st TN Inf.

BRANHAM, Calvin - Pvt. - Prigmore's Co. - 1st TN Mtd. Mil.

BRANHAM, George - Pvt. - Hickey's Co. - 1st TN Inf.

BRANHAM, James - Pvt. - Tedford's Co. - 1st TN Inf.

BRANHAM, Jefferson - Pvt. - Hickey's Co. - 1st TN Inf.

BRANHAM, William - Pvt. - Hembree's Co. - 2nd TN Mtd. Inf.

BRANHAM, William - Pvt. - Tedford's Co. - 1st TN Inf.

BRANNON, Jesse - Corp. - Dodson's Co. - Lindsay's Reg't TN Mtd.

BRANNON, Solomon - Pvt. - Elliott's Co. - Lauderdale's Btn. TN Mtd. Inf.

BRANNON, Williamson - 2nd Lieut. - Cherry's Co. - Lauderdale's Btn. TN Mtd. Inf.

****

BRANNUM, John - Pvt. - Caldwell's Co. - 1st TN Mtd. Inf.

BRANTLEY, Etheldred - Pvt. - Dearing's Co. - Lauderdale's Btn. TN Mtd. Inf.

BRANTLEY, J./Z. [?] - Pvt. - Neely's Co. - 3rd Btn. TN Inf.

BRANUN, John - Pvt. - Wild's Co. - Lauderdale's Btn. TN Mtd. Inf.

BRANUM, William - Pvt. - Caldwell's Co. - 1st TN Mtd. Inf.

BRASEEL, Egbert - Pvt. - Dearing's Co. - Lauderdale's Btn. TN Mtd. Inf.

BRASHEAR, James - Pvt. - Standefer's Co. - 1st TN Mtd. Inf.

BRATCHER, Joel - Pvt. - Simpson's Co. - 1st TN Inf.

BRAY, Edward P. - Pvt. - Dossett's Co. - 3rd Btn. TN Inf.

BRAZLETON, Isaac - Pvt. - McMillin's Co. - 1st TN Mtd. Mil.

BREADLOVE, John - Pvt. - Hembree's Co. - Lindsay's Reg't TN Mtd.

BREDAN, David A. - Pvt. - Wallace's Co. - 3rd Btn. TN Inf.

BREEDAN, Joseph F. - Pvt. - Peak/s Co. - Lindsay's Reg't TN Mtd.

BREEDEN, Thomas - Pvt. - Fain's Co. - 1st TN Mtd. Inf.

BREEDEN, William - Pvt. - peak's Co.- Lindsay's Reg't TN Mtd.

BREEDING, David A. - Pvt. - Wallace's Co.- 3rd Btn. TN Inf.

BREEDLOVE, John - Pvt. - Hembree's Co. - Lindsay's Reg;'t TN Mtd.

BREEDLOVE, Simpson - Pvt. - Hickey's Co. - 1st TN Inf.

BREVARD, Zebulon - Corp. - Yoakum's & McLin's Co. - 1st TN Inf.

BREWER, Ambrose - Pvt. - Roger's Co. - 1st TN Mtd. Inf.

BREWER, James C. - Pvt. - Hunter's & Miller's Co. - 1st TN Inf.

BREWER, Joab - Pvt. - Roger's Co. - 1st TN Mtd. Inf.

BREWER, John M. - Pvt. - Hill's Co. - 1st TN Inf.

BREWER, Morris - Pvt. - Netherland's Co. - 3rd TN Mtd. Mil.

BREWSTER, John D. - Pvt. - Tedford's Co. - 1st TN Inf.

BREWSTER, William - Pvt. - Powell's Co. - Lindsay's Reg't TN Mtd.

BRAIDY, A. - Corp. - Wallace's Co. - 3rd Btn. TN Inf.

BRICKER, David - Pvt. - West's Co. - 2nd TN Mtd. Inf.

BRICKLE, John - Pvt. - Wallace's Co. - 3rd Btn. TN Inf.

BRIDGE, Aaron - Pvt. - Vernon's Co. - Lindsay's Reg't TN Mtd.

BRIDGEMATERS, John - Pvt. - Fain's Co. - 1st TN Mtd. Inf.

BRIDGMAN, Benjamin F. - Corp. - Standefer's Co. - 1st TN Mtd. Inf.

BRIDWELL, Frederick - Pvt. - Dodson's Co. - Lindsay's Reg't TN Mtd.

BRIGHT, James - Pvt. - Gregg's Co. - 3rd Btn TN Inf.

BRIGHT, James - Pvt. - Gregg's Co. - 1st TN Inf.

BRIGHT, Thomas - Pvt. - Tedford's Co. - 1st TN Inf.

BRIM, Calvin - Pvt. - Dossett's Co. - 3rd Btn. TN Inf.

BRIMER, Aaron - Pvt. - Lafferry's Co. - Lindsay's Reg't TN Mtd.

BRIMER, James - Pvt - Laferry's Co. - Lindsay's Reg't TN Mtd.

BRITAIN/BRITTAN, Abraham - Pvt. Parham's Co. - 1st TN Mtd. Inf.

BRITTAIN, Van San - Pvt. - Roger's Co. - 1st TN Mtd. Inf.

BROCH, Prior - Pvt. - Bart's Co. - 1st TN Mtd. Mil.

BROCK, Andrew J. - Pvt. - Dossett's Co. - 2nd Btn. TN Inf.

BROCKES, Anderson - Pvt. - Cannon's Co. - 1st TN Mtd. Inf.

BROCKES, Warren - Pvt. - Feazell's Co. - 1st TN Inf.

BROGLES, John M. - Pvt. - Feazell's Co. - 1st TN Inf.

BROMLEY, Wm. - Pvt. - Boyd's Co. - 1st TN Inf.

BROOKES, Warren - Pvt. - Feazell's Co. - 1st TN Inf.

BROOKS, Anderson - Pvt. Cannon's Co. - 1st TN Mtd. Inf.

BROOKS, Andrew L. - Corp. - Simpson's Co. - 1st TN Inf.

BROOKS, Anthony - Pvt. - Fain's Co. - 1st TN Mtd. Inf.

BROOKS, John - Sgt. - Meek's Co. - 3rd TN Mtd. Mil.

BROOKS, Royal - Pvt. - Scruggs' Co. - 34rd TN Mtd. Mil.

BROOKS, Samuel - Pvt. - Hunter's & F. & S. - Cos. - 1st TN Inf.

BROOKS, Samuel - Pvt. - Elliott's Co. - Lauderdale's Btn. TN Mtd. Inf.

BROOKS, Wilson - Pvt. - Fain's Co. - 1st TN Mtd. Inf.

BROWN, Alexander H. - Ass't Sgt. - Staff, Armstrong's Brg. TN Mtd. Mil.

BROWN, Daniel P. - Pvt. - Hudlow's Co. - 1st TN Inf.

BROWN, David W. - Corp. - Scrugg's Co. - 3rd Mtd. Inf.

BROWN, David W. - Ensign - Feazell's Co. - 1st TN Inf.

BROWN, Edward - Pvt. - Simpson's Co. - 1st TN Inf.

BROWN, Edward - Pvt. - Dearing's Co. - Lauderdale's Btn. TN Mtd. Inf.

BROWN, Fleix - 1st Lieut. Meek's Co. - 3rd TN Mtd. Mil.

BROWN, Hiram B. - Pvt. - Neely's Co. - 3rd Btn. TN Inf.

BROWN, Hugh L. - Pvt. - Meek's Co. - 3rd TN Mtd. Mil

BROWN, Jackson - Pvt. - Campbell's Co. - 1st TN Mtd. Inf.

BROWN, James - Pvt. - Maupin's Co. - 2nd TN Mtd. Mil

BROWN, James - Pvt. Wear's Co. - 2nd TN Mtd. Inf.

BROWN, James M. - Pvt. - Yoakum's & McLin's Co. - 1st TN Inf.

BROWN, Jesse - Pvt. - Caldwell's Co. - Lindsay's Reg't TN Mtd.

BROWN, Jessee - Pvt. - Caldwell's Co. - 1st TN Mtd. Inf.

BROWN, John - Pvt. - Tedford's Co. - 1st TN Inf.

BROWN, John B. T. - Pvt. - Yoakum's & McLin's Co. - 1st TN Inf.

BROWN, Joseph - Pvt. - Waterhouse's Co. - Lauderdale's Btn. TN Mtd. Inf.

BROWN, Lewis B. - Pvt. - Feazell's Co. - 1st TN Inf.

BROWN, Luther - Pvt. - Netherland's Co. - 3rd TN Mtd. Mil.

BROWN, Perry - Corp. - Wallace's Co. - 3rd Btn. TN Inf.

BROWN, Robert - Corp. - Howell's Co. - 1st TN Inf.

BROWN, Samuel - Pvt. - Dearing's Co. - Lauderdale's Btn. TN Mtd. Inf.

BROWN, Silvester - Pvt. - Maupin's Co. - 2nd TN Mtd. Mil.

BROWN, Solsbury - Pvt. - Roger's Co. - 3rd TN Mtd. Mil.

BROWN, Thomas A. - Pvt. - Meek's Co. - 3rd TN Mtd. Mil.

BROWN, Wade C. - Pvt. - Ferris' Co. - Lauderdale's Btn. TN Mtd. Inf.

BROWN, William - Pvt. - Ellis' Co. - 2nd TN Mtd. Inf.

BROWN, William - Pvt. - Waterhouse''s Co. - Lauderdale's Btn. TN Mtd. Inf.

BROWN, William - Pvt. - Powell's Co. - Lindsay's Reg't TN Mtd.

BROWN, William - Dossett's 3rd Btn. TN Inf.

BROWN, William E. - Corp. - Hudlow's Co. - 1st TN Inf.

BROWNER, Henry - Pvt. - Cook's Co. - 3rd Btn. TN Inf.

BROWNER, Jesse - Pvt. - Tedford's Co. - 1st TN Inf.

BROYLES, Milton - Pvt. Scrugg's Co. - 3rd TN Mtd. Mil.

BROYLES/BRYLES, Nathan - Pvt. - Gillespie's Co. 2nd TN Mtd. Inf.

BROYLS, John M. - Pvt. - Feazell's Co. - 1st TN Inf.

BRUCE, Griffith - Pvt. - Howell's Co. - 1st TN Inf.

BRUMFIELD, Burrel - Pvt. - Tedford's Co. - 2nd TN Mtd. Mil.

BRUMHALL, Jacob - Pvt. - Wild's Co. - Lauderdale's Btn. TN Mtd. Inf.

BRUMLEY, Jesse - Pvt. - Dodson's Co. - Lindsay's Reg't TN 'Mtd.]

BRUMLEY, Larkin - Pvt. - Anderson's Co. - 1st TN Mtd. Mil.

BRUMLEY, William - Pvt. - Standefer's Co. - 1st TN Mtd. Inf.

BRUMLEY, William - Pvt. - Boyd's Co. - 1st TN Inf.

BRUMLEY, Willis - Pvt. - Anderson's Co. - 1st TN Mtd. Mil.

BRUMUM, William - Pvt. - Hembree's Co. - 2nd TN Mtd. Inf.

BRUSTER, John D. - Pvt. - Tedford's Co. - 1st TN Inf.

BRUSTER, William - Pvt. - Powell's Co. - Lindsay's Reg't TN Mtd.

BRUTON, David - Pvt. - Neely's Co. & F. & S. Co. - 3rd Btn. TN Inf.

BRYAN, Frederick B. - Pvt. - Yoakum's & McLinn's Co. - 1st TN Inf.

BRYAN, Thomas J. [Pvt. Wear's Co. -2 nd TN Mtd. Inf.

BRYANT, Brummet - Pvt. Hurst's Co. - 1st TN Mtd. Mil.

BRYANT, James - Pvt. - Wild's Co. - Lauderdale's Btn. TN Mtd. Inf.

BRYANT, James H. - Pvt. Hurst's Co. - 1st TN Mtd. Mil.

BRYANT, John - 1st Lieut. - Pearson's Co. - Lindsay's Reg't TN Mtd.

BRYANT, Joseph - Pvt. - Scrugg's Co. - 3rd TN Mtd. Mil.

BRYANT, Solomon B. - Pvt. - Cunningham's Co. - Lindsay's Reg't TN Mtd.

BRYANT, William T. - Yoakum's & McLin's Co. - 1st TN Inf.

BRYD, William - Sgt. - Peak'/s Co. - 2nd TN Mtd. Inf.

****

BUCHANAN, Alexander - Pvt. Hunter's Co. - 1st TN Inf.

BUCHANAN, Edward - Pvt. - Hill's Co. - 1st TN Inf.

BUCK, James - Pvt. - Hill's Co. - 1st TN Inf.

BUCKLES, Elli - Pvt. - Powell's Co. - 1st TN Mtd. Inf.

BULGIN, John J. - Pvt. - Feazell's Co. - 1st TN Inf.

BULLARD, John - Pvt. - Boyd's Co. - 1st TN Inf.

BULLARD, William - Pvt. - Boyd's Co. - 1st TN Inf.

BULLGRAN, John J. - Pvt. Feazell's Co. - 1st TN Inf.

BULLOCK, Henry - Ensign - McClellan's Co. - 2nd TN Mtd. Inf.

BULLOCK, Solomon R. - Pvt. - Hunter's & Miller's Co. - 1st TN Inf.

BUNCH, Henry M. - Cooke's Co. 3rd Btn. TN Inf.

BUNDY, Andrew J. - Pvt. - Dearing's Co. - Lauderdale's Btn. TN Mtd. Inf.

BUNDY, Nathan - Pvt. - Dearing's Co. - Lauderdale's Btn TN Mtd. Inf.

BUNTEN, Benjamin - Pvt. - Wild's Co. - Lauderdale's Btn. TN Mtd. Inf.

BUNTYN, Benjamin - Pvt. - Wild's Co. - Lauderdale's Btn. TN Mtd. Inf.

BUNYARD, Edward - Pvt. - Anderson's Co. - 1st TN Mtd. Mil.

BUNYARD, James - Pvt. - Anderson's Co. - 1st TN Mtd. Mil.

BUNYARD, James W. - Pvt. - Cannon's Co. - 1st TN Mtd. Inf.

BURCH, George - Pvt. - Prigmore's Co. - 1st TN Mtd. Mil.

BURCH, Henry L. - Pvt. - Robinson's Co. - TN Mtd.

BURCHELL, Alexander - n/a - William's Co. - 1st TN Mtd. Inf.

BURCHFIELD, Elias - Pvt. - Netherland's Co. - 2nd TN Mtd. Mil.

BURDILL, J. C. - Pvt. - Hudlow's Co. - 1st TN Inf.

BURGER, Abraham - Pvt. - Cunningham's Co. - Lindsay's Reg't TN Mtd.

BURGER, Adam - Pvt. - Bart's Co. - 1st TN Mtd. Mil.

BURGESS, Abraham - Pvt. - Cunningham's Co. - Lindsay's Reg't TN Mtd.

BURK, Albert, n/a - Peak's Co. - 2nd TN Mtd. Inf.

BURK, Elisha - Pvt. - Hurst's Co. - 1st TN Mtd. Mil.

BURK, John - Pvt. - Hurst's Co. - 1st TN Mtd. Mil.

BURK, Jonas - Pvt. - Bart's Co. - 1st TN Mtd. Mil.

BURK, Milton - Corp. - Peak's Co. - 2nd TN Mtd. Inf.

BURKETT, John S. - Corp. - Hunter's & Miller's Co. - 1st TN Inf.

BURKHALTER, Daniel B. - Pvt. - Anderson's Co. - 1st TN Mtd. Mil.

BURKHART, John L. - Pvt. - McClellan's Co. - 2nd TN Mtd. Inf.

BURKHART, John L. - 1st Sgt. - Netherland's Co. - 3rd TN Mtd. Mil.

BURNET, Absalom - Pvt. - Morrow's Co. - 1st TN Mtd. Inf.

BURNET, James M. - Pvt. - Scrugg's Co. - 2nd TN Mtd. Mil.

BURNET, John M. Pvt. - Scrugg's Co. - 2nd TN Mtd. Mil'

BURNETT, Azariah - Corp. - Elliott's Co. - Lauderdale's Btn. TN Mtd. Inf.

BURNETT, John - Sgt. - Prigmore's Co. - 1st TN Mtd. Mil.

BURNETT, John - Pvt. - Meek's Co. - 2nd TN Mtd. Mil.

BURNETT, John G. - Pvt. - McClellan's Co. - 2nd TN Mtd. Inf.

BURNITT, John G.- Pvt. - McClellan's Co. - 2nd TN Mtd. Inf.

BURNS, Joseph - Howell's Co. - 1st TN Inf.

BURRESS, John A. - Pvt. Caldwell's Co. - Lindsay's Reg;'t TN Mtd.

BURESS, William - 1st Sgt. - Caldwell's Co. - Lindsay's Reg't TN Mtd.

BURRIS, John A. - Caldwell's Co. - Lindsay's Reg't TN Mtd.

BURRIS, Reuben - Pvt. - Talbott's Co. - 2nd TN Mtd. Inf.

BURRIS, William - 1st Sgt. - Caldwell's Co. - 1st TN Mtd. Inf.

BURRIS, William H. - Pvt. - Cherry's Co. - Lauderdale's Btn. TN Mtd. Inf.

BURROWS, Anthony G. - Pvt. - Cherry's Co. - Lauderdale's Btn. TN Mtd. Inf.

BURROWS, Samuel - Corp. - Cherry's Co. - Lauderdale's Btn. TN Mtd. Inf.

BURT, Andrew I. - Pvt. - Champion's Co. - 1st TN Mtd. Mil.

BURTON, Hugh B. - Pvt. - Cooke's Co. - 3rd Btn Tn Inf.

BURWICK, William - Elliott's Co. - Lauderdale's Btn. TN Mtd. Inf.

BUSHONG, Jacob - Pvt. - McClellan's Co. - 2nd TN Mtd. Inf.

BUSHOP, Massey - Pvt. - Peak's Co. - Lindsay's Regt. TN Mtd.

BUSON, I. A. - Ass't. Surgeon

BUSSELL, William - Sgt. - Hembree's Co. - 2nd TN Mtd. Inf.

BUSSELL, William - Pvt. - Hembree's Co. - Lindsay's Regt. TN Mtd.

BUSSLE, William - Sgt. - Hembree's Co. - 2nd TN Mtd. Inf.

BUSTER, Francis - Pvt. - Vernon's Co. - 1st TN Mtd. Inf.

BUSTER, John - Pvt. - Vernon's Co. - 1st TN Mtd. Inf.

BUSTER, Samuel - Pvt. - Boyd's Co. - 1st TN Inf.

BUSTER, William - Pvt. - Vernon's Co. - Lindsay's Reg't TN Mtd.

BUTLER, William - Pvt. - Hudlow's Co. - 1st TN Inf.

BUTLER, William A. - Sgt. - Dossett's Co. - Btn. TN Inf.

BUTRAM, Andrew - Pvt. - Prigmore's Co. - 1st TN Mtd. Mil

BUTRAM, Harman - Pvt. - Prigmore's Co. - 1st TN Mtd. Mil.

BUTRAM, James - Pvt. - Prigmore's Co. - 1st TN Mtd. Mil.

BUTRAM, James - Sgt. - Prigmore's Co. - 1st TN Mtd. Mil

BUTT, William - Pvt. - Cooke's Co. - 3rd Btn. TN Inf.

BYRD, Jesse - Musician - Peak's Co. - 2nd TN Mtd. Inf.

BYRD, Joseph - Colonel - Peak's Co. - 2nd TN Mtd. Inf.

BYRON, Milton - Pvt. - Ferris' Co. - Lauderdale's Btn. TN Mtd. Inf.

C

***

CAFFEE, Michael W. - Pvt. - Boyd's Co. - 1st TN Inf.

CAFFEE, Robert, - Pvt. Vernon's Co. - 1st TN Mtd. Inf.

CAFFIN, Nathan T. [or L.] - Pvt. - Neely's Co. - 3rd Btn. TN Inf.

CAGLE, David - Pvt. - Terry's Co. - 1st TN Mtd. Inf.

CAGLE, Elisha - Pvt. - Ellis' Co. - 2nd TN Mtd. Inf.

CAGLE, John - Pvt. - Ellis' Co. - 2nd TN Mtd. Inf.

CAIN, Eli - Pvt. - McClellan's Co. - 2nd TN Mtd. Inf.

CAIN, George W. - Pvt. - Anderson's Co. - 1st TN Mtd. Mil.

CAIN, James M. - Corp. - Anderson's Co. - 1st TN Mtd. Mil.

CALDWELL, Alfred M. - Pvt. - Campbell's Co. - 1st TN Mtd. Inf.

CALDWELL, Benjamin F. - Pvt. - Caldwell's Co. - 1st TN Mtd. Inf.

CALDWELL, Hugh - Pvt. - Morrow's Co. - 1st TN Mtd. Inf.

CALDWELL, Jacob K. - Pvt. - Caldwell's Co. - Lindsay's Reg't TN Mtd.

CALDWELL, Robert - Pvt. - Morrow's Co. - 1st TN Mtd. Inf.

CALDWELL, Samuel - Pvt. - Caldwell's Co. - Lindsay's Reg't TN Mtd.

CALDWELL, Stephen D. - Pvt. - Caldwell's Co. - Lindsay's Reg't TN Mtd.

CALDWELL, Thomas J. - Captain - Caldwell's Co. - Lindsay's Reg't TN Mtd.

CALDWELL, William R. - Pvt. - Caldwell's Co. - 1st TN Mtd. Inf.

CLAHOUN, William - Pvt. - Pearson's Co. - Lindsay's Reg't TN Mtd.

CALLAGAH, William - Pvt. - Boyd's Co. - 2nd TN Mtd. Mil.

CALLAWAY/CALLOWAY, James - Pvt. - Hickey's Co. - 1st TN Inf.

CALLAWAY, John H. - Sgt. - Hurst's Co. - 1st TN Mtd. Mil.

CALLIS, John - Pvt. - Cunningham's Co. - 2nd TN Mtd. Mil.

CALVARD, Powers - Pvt. - Powell's Co. - Lindsay's Reg't TN Mtd.

CALVERT, James - Pvt. - Cannon's Co. - 1st TN Mtd. Inf.

CAMBLESS, John G. - Pvt. - Neely's Co. - 3rd Btn. TN Inf.

CAMERON, Harvey - Pvt. - Tedford's Co. - 1st TN Inf.

CAMERON, James - Pvt. - Powell's Co. - Lindsay's Reg't TN Mtd.

CAMPBELL, Amos - Pvt. - Dearing's Co. - Lauderdale's Btn. TN Mtd. Inf.

CAMPBELL, Anderson - Pvt. - Vernon's Co. - Lindsay's Reg't TN Mtd.

CAMPBELL, Archibald - Pvt. - Dearing's Co. - Lauderdale's Co. - Btn. TN Mtd. Inf.

CAMPBELL, James - Pvt. - Caldwell's Co. - Lindsay's Reg't TN Mtd.

CAMPBELL, James - n/a - William's Co. - 1st TN Mtd. Inf.

CAMPBELL, James - Pvt. - Hickey's Co. - 1st TN Inf.

CAMPBELL, James - Pvt. - Boyd's Co. - 2nd TN Mtd. Mil.

CAMPBELL, James M. - Pvt. - Byrd's & Peak's Co. - 2nd TN Mtd. Inf.

CAMPBELL, James M. - Sgt. - Morrow's Co. - 1st TN Mtd. Inf.

CAMPBELL, James O. - Pvt. - Wear's Co. 2nd TN Mtd. Inf.

CAMPBELL, Joseph - Pvt. - Cannon's Co. - 1st TN Mtd. Inf.

CAMPBELL, Joseph - Ensign - Simpson's Co. - 1st TN Inf.

CAMPBELL, Levi - Corp. - Fain's Co. - 1st TN Mtd. Inf.

CAMPBELL, Preston G. - Pvt. - Tedford's Co. 2nd TN Mtd. Mil.

CAMPBELL, Robert - Pvt. Neely's Co. - 3rd Btn. TN Inf.

CAMPBELL, Robert - Pvt - Neely's Co. - 1st TN Inf.

CAMPBELL, Thomas - Pvt. - Dearing's Co. - Lauderdale's Btn. TN Mtd. Inf.

CAMPBELL, Thomas - Pvt. - Cook's Co. - 3rd Btn. TN Inf.

CAMPBELL, Victor M. - Captain - Campbell's Co. - 1st TN Mtd. Inf.

CAMPBELL, William - Pvt. Maupin's Co. - 2nd TN Mtd. Mil.

CAMRON, George W. - Pvt. - Vernon's Co. - 1st TN Mtd. Inf.

CAMRON, James - Pvt. - Powell's Co. - Lindsay's Reg't TN Mtd.

CANAN, James - Pvt. - Prigmore's Co. - 1st TN Mtd. Mil.

CANAN, William - Pvt. - Prigmore's Co. - 1st TN Mtd. Mil.

CANDLER, Thomas J. - 1st Sgt. - Wild's Co. - Lauderdale's Btn TN Mtd. Inf.

CANDLER, Thomas J. - Pvt. - Cannon's Co. - 1st TN Mtd. Inf.

CANNON, Alexander - Pvt. - Morrow's Co. - Lindsay's Reg't TN Mtd.

CANNON, B. B. - Captain - Cannon's Co. - 1st TN Mtd. Inf.

CANNON, James - Pvt. - West's Co. - 2nd TN Mtd. Inf.

CANNON, James - Pvt. - Peak's Co. - Lindsay's Reg't TN Mtd.

CANNON, William - Pvt. - Robinson's Co. - TN Mtd.

CANNON, Wm. - Pvt. - Peak's Co. - Lindsay's Reg't TN Mtd.

CANTREL, Shade - Pvt. - Elliott's Co. - Lauderdale's Btn. TN Mtd. Inf.

CANTRELL, David - Musician - Pearson's Co. - Lindsay's Reg't TN Mtd.

CANTRELL, Nathan B. - Pvt. - Vernon's Co. - Lindsay's Reg't TN Mtd.

CANTRELL, Oba - Pvt. - Pearson's Co. - Lindsay's Reg't TN Mtd.

CANTRELL, Richard - Fifer - Cooke's Co. - 3rd Btn. TN Inf.

CANTRELL, Shade - Pvt. - Terry's Co. - 1st TN Mtd. Inf.

CAPE, David - Pvt. - Ellis' Co. - 2nd TN Mtd. Inf.

CAPE, David - Pvt. - Farris' & Wild's Co. - Lauderdale's Btn, TN Mtkd. Inf.

CAPS, James R. - Pvt. - Cooke's Co. - 3rd Btn. Tn Inf.

CARBELL, John P. H. - Pvt. - Y oakum's & McLin's Co. -1 st TN Inf.

CARDEN, Alfred - Pvt. - Caldwell's Co. - Lindsay's Reg't TN Mtd.

CARDEN, George W. - 2nd Sgt. - Hembree's Co. - 2nd TN Mtd. Inf.

CARDEN, James J. - Pvt. - Hickey's Co. - 1st TN Inf.

CARDEN, John - Pvt. - Boyd's - Co. - 2nd TN Mtd. Mil.

CARDER, David D. - Pvt. - Terry's Co. - 1st TN Mtd. Inf.

CARIN, Jones - Pvt. - Pearson's Co. - Lindsay's Reg't TN Mtd.

CARDIN, Jourdin - Pvt. - Pearson's Co. - Lindsay's Reg't TN Mtd.

CARDON, James - Pvt. - Gregg's Co. - 3rd Btn. TN Inf.

CARLISLE, William G. - Corp. - Hill's Co. - 1st TN Inf.

CARLOCK, Lemuel - Sgt. - Bart's Co. - 1st TN Mtd. Mil.

CARLOCK, Lemuel L. - Pvt. - Cunningham's Co. - Lindsay's Reg't TN Mtd.

CARLTON, Alfred - Pvt. - Anderson's Co. - 1st TN Mtd. Mil.

CARLTON, Auston - Pvt. - Anderson's Co. - 1st TN Mtd. Mil.

CARLTON, Joseph W. - Hudlow's Co. - 1st TN Inf.

CARMACK, Jesse - Pvt. - Boyd's Co. - 1st TN Inf.

CARMACK, Lewis - Pvt. - Terry's Co. - 1st TN Mtd. Inf.

CARMAN, James - Pvt. - Meek's Co. - 3rd TN Mtd. Mil.

CARMAN, John - Pvt. - Meek's Co. - 3rd TN Mtd. Mil.

CARNEY, William P. - Feazell's Co. - 1st TN Inf.

CARPENTER, John H. - Pvt. - Hudlow's Co. - 1st TN Inf.

CARR, Andrew - Pvt. - Gregg's Co. - 3rd Btn. TN Inf.

CARR, John - Pvt. - Morrow's Co. - Lindsay's Reg't Mtd.

CARR, Robert B. - Pvt. - Pearson's Co. - Lindsay's Reg't TN Mtd.

CARR, Samuel - Pvt. - Tedford's Co. - 1st TN Inf.

CARREL, Isaac - Pvt. - Cherry's Co. - Lauderdale's Btn. TN Mtd. Inf.

CARRIGER, Nicholas - Sgt. - Powell's Co. - 1st TN Mtd. Inf.

CARROLL, Isaac - Pvt. - Cherry's Co. - Lauderdale's Btn. TN Mtd. Inf.

CARROLL, John - Pvt. - Roger's Co. - 3rd TN Mtd. Mil.

CARROLL, Samuel - Pvt. - Roger's Co. 3rd TN Mtd. Mil.

CARSON, James - 2nd Lieut. - Cherry's Co. - Lauderdale's Btn. TN Mtd. Inf.

CARSON, Terry - Pvt. - Cherry's Co. –Lauderdale's Btn. TN Mtd. Inf.

CARTER, Alford M. - Pvt. - Elliott's Co. - Lauderdale's Btn. TN Mtd. Inf.

CARTER, Alfred M. - Sgt. - McMillan's Co. - 1st TN Mtd. Mil.

CARTER, Allen - Pvt. - Howell's Co. -1 st TN Inf.

CARTER, Campbell, Pvt. - Boyd's Co. - 2nd Tn Mtd. Mil.

CARTER, Daniel B. - Pvt. - Talbott's Co. - 2nd TN Mtd. Inf.

CARTER, E. Crocket - Pvt. - Scrugg's Co. - 3rd TN Mtd. Inf.

CARTER, Edmond - Pvt. - Cunningham's Co. - Lindsay's Reg't TN Mtd.

CARTER, Edmund - Pvt. - Bart's Co. - 1st TN Mtd. Mil.

CARTER, Erasmus - Pvt. - Cunningham's Co. - Lindsay's Reg't TN Mtd.

CARTER, James - 2nd Corp. - Morrow's Co. - Lindsay's Reg't TN Mtd.

CARTER, Jesse - Pvt. - Wear's Co. - 2nd TN Mtd. Inf.

CARTER, John - Pvt. - Hickey's Co. - 1st TN Inf.

CARTER, Landon P. - Pvt. - Terry's Co. - 1st TN Mtd. Inf.

CARTER, Moses L. - n/a - Byrd's & Peak's Co. - 2nd TN Mtd. Inf.

CARTER, Richard - Pvt. - Boyd's Co. - 1st TN Inf.

CARTER, Valentine S. - Pvt. - Morrow's Co. - Lindsay's Reg't TN Mtd.

CARTER, William - 1st Sgt. - Cunningham's Co. - Lindsay's Reg't TN Mtd.

CARTER, William E. - Pvt. - Tedford's Co. - 1st TN Inf.

CARTER, Wiolliam E. - Corp. - Hill's Co. - 1st TN Inf.

CARTRITE, Thomas - Pvt. - Tedford's Co. - 2nd TN Mtd. Mil.

CARTWRIGHT, Jesse - Pvt. - McMillan's Co. - 1st TN Mtd. Mil.

CASADA, Wiley - Pvt. - Campbell's Co. - 1st TN Mtd. Inf.

CASEY, John - Pvt. - Peak's Co. - Lindsay's Reg't TN Mtd.

CASEY, John - Pvt. - Byrd's & Peak's Co. - 2nd TN Mtd. Inf.

CASEY, R. D. - 1st Lieut. - Neely's Co. - 3rd Btn TN Inf.

CASEY, Zadock W. - Pvt. - Neely's Co. – 3rd Btn TN Inf.

CASSIDAY, William - Pvt. - Morrow's Co. - 1st TN Mtd. Inf.

CAST, William - Pvt. - Morrow's Co. - 1st TN Mtd. Inf.

CASTEEL/CASTULE, Andrew - Pvt. - Gillespie's Co. - 2nd TN Mtd. Inf.

CASTEEL, Daniel - Corp. - Boyd's Co. - 2nd TN Mtd. Mil.

CASTEEL, Henry L. - Pvt. - Bart's Co. - 1st TN Mtd. Mil.

CASTEEL, John - Pvt. - Cannon's Co. - 1st TN Mtd. Inf.

CASTEEELE, Freeland - 3rd Corp. - Gillespie's Co. - 2nd TN Mtd. Inf.

CASTLE, George W. - Corp. - McMillan's Co. - 1st TN Mtd. Mil.

CASY, John - Pvt. - Peak's Co. - Lindsay's Reg't TN Mtd.

CASY, R. E. - Lieut. - Neely's Co. - 3rd Btn. TN Inf.

CASY, Z. W. - Pvt. - Neely's Co. - 3rd Btn. TN Inf.

CATCHUM, John - Pvt. - Elliott's Co. - Lauderdale's Btn. TN Mtd. Inf.

CATE/CATES, A. I. - Pvt. - Meek's Co. -3rd TN Mtd. Mil.

CATE, Andrew J. - Pvt. - Morrow's Co. - Lindsay's Reg't TN Mtd.

CATE, Charles - 1st Lieut. - Hurst's Co. - 1st TN Mtd. Mil.

CATE, Commodore B. M. - Pvt. - Ellis' Co. - 2nd TN Mtd. Inf.

CATE, James - Pvt. - Hurst's Co. - 1st TN Mtd. Mil.

CATE, James - Pvt. - Dodson's Co. - Lindsay's Reg't TN Mtd.

CATHEY, Samuel B. - Pvt. - Terry's Co. - 1st TN Mtd. Inf.

CAUGHRON, John - Pvt. - Hurst's Co. - 1st TN Mtd. Mil.

CAVEN/CAVIN, Ananias - Pvt. - Roger's Co. - 1st TN Mtd. Inf.

CAVET, Rufus M. - Pvt. - Campbell's Co. - 1st TN Mtd. Inf.

CAWLEY, Charles - Pvt. - Hill's Co. - 1st TN Inf.

CAWLEY, William C. - Pvt. - Vernon's Co. - 1st TN Inf.

CAWOOD, Thomas - Pvt. - McClellan's Co. - 2nd TN Mtd. Inf.

CEBURN, Isaac R. - Pvt. - Hill's Co. - 1st TN Inf.

CEEK, Philip - Pvt. - Roger's Co. - 3rd TN Mtd. Mil.

CADWELL, Jefferson - Pvt. - Hickey's Co. - 1st TN Inf.

CADWELL, John - Pvt. - Hill's Co. - 1st TN Inf.

CADWELL, William - Pvt. - Hembree's Co. - 2nd TN Mtd. Inf.

CHADWICK, Uriah - Pvt. - Boyd's Co. - 2nd TN Mtd. Mil.

CHADWICK, William O. - Pvt. - Wild's Co. - Lauderdale's Btn. TN Mtd. Inf.

CHAFFIN/CHAFIN, Jesse - Pvt. - Neely's Co. - 3rd Btn. TN Inf.

CHAFIN, Nathan T. - Pvt. - Neely's Co. - 3rd Btn. TN Inf.

CHALTON, George W. - Corp. - Vernon's Co. - 1st TN Mtd. Inf.

CHAMBERLIN, David - Pvt. - Dearing's Co. - Lauderdale's Btn. TN Mtd. Inf.

CHAMBERS, George - Pvt. - Parham's Co. - 1st TN Mtd. Inf.

CHAMBERS, John - Pvt. - Cunningham;'s Co. - Lindsay's Reg't TN Mtd.

CHAMLISS/CHAMNESS, John H. - Sgt. - Neely's Co. - 3rd Btn. TN Inf.

CHAMNESS, John G. - Pvt. - Neely's Co. - 3rd Btn TN Inf.

CHAMPION, Willis - Captain - Champion's Co. - 1st TN Mtd. Mil.

CHAMPLAIN, Samuel F. - Pvt. - Parham's Co. - 1st TN Mtd. Inf.

CHANDLER, Bartley - Pvt. - West's Co. - 2nd TN Mtd. Inf.

CHANDLER, Benjamin - Pvt. - West's Co. - 2nd TN Mtd. Inf.

CHANDLER, Stephen - Pvt. - Gillespie's Co. - 2nd TN Mtd. Inf.

CHANDLER, William - Pvt. - Neely's Co. - 3rd Btn. TN Inf.

CHAPMAN, Samuel M. - Pvt. - 2nd Mtd. Reg't TN

CHARLTON, Dawson B. - Sgt. - Howell's Co. - 1st TN I(nf.

CHASTAIN, Jacin - Pvt. - Campbell's Co. - 1st TN Mtd. Inf.

CHASTAIN, William - Pvt. - Vernon's Co. - Lindsay's Reg't TN Mtd.

CHATTEN, George W. - Corp. - Vernon's Co. - 1st TN Mtd. Inf.

CHEEK, James - Pvt. - Simpson's Co. - 1st TN Inf.

CHERREY, Henry G. - Pvt. - Wallace's Co. - 3rd Btn. TN Inf.

CHERRY, Benjamin - Captain - Cherry's Co. - Lauderdale's Btn. TN Mtd. Inf.

CHERRY, George W. - Pvt. - Cherry's Co. - Lauderdale's Btn. TN Mtd. Inf.

CHERRY, Thomas J. - Pvt. - Wallace's Co. - 3rd Btn. TN Inf.

CHESHER, Edmond - n/a - William's Co. - 1st TN Mtd. Inf.

CHESHER, John - n/a - William's Co. - 1st TN Mtd. Inf.

CHESNEY, Sterling - Pvt. - Morrow's Co. - 1st TN Mtd. Inf.

CHESSER, John - Pvt. - Morrow's Co. - 1st TN Mtd. Inf.

CHILDERS, Calvin L. - Pvt. - Dossett's Co. - 3rd Btn. TN Inf.

CHILDERS, William - Pvt. - Meek's Co. - 3rd TN Mtd. Mil.

CHILDERS, William - n/a - Byrd's & Peak's Co. - 2nd TN Mtd. Inf.

CHILDERS, William L. - n/a - Byrd's & Peak's Co. - 2nd TN Mtd. Inf.

CHILDRES, Calvin L. - Pvt. - Dossett's Co. - 3rd Btn. TN Inf.

CHILDRESS, Henry - Musician - Netherland's Co. - 3rd TN Mtd. Mil.

CHILDRESS, Zachariah - Pvt. - Wallace's Co. - 3rd Btn. TN Inf.

CHILES, Coffee - Pvt. - 2nd Mtd. Regt. TN

CHILES, Henry - Pvt. - 2nd Mtd. Regt. TN.

CHILES, John - Captain - 2nd Mtd. Regt. TN

CHILES, John C.- Pvt. - Dossett's Co. -3rd Btn. TN Inf.

CHILES, Roland - Pvt. - Dossett's Co. - 3rd Btn. TN Inf.

CHILES, Rolen - Pvt. - 2nd Mtd Reg't TN Inf.

CHILLENT, Thomas A. - Pvt. - Hill's Co. - 1st TN Inf.

CHILTON, Isabel R. - Pvt. - Waterhouse's Co. - Lauderdale's Btn. TN Mtd. Inf.

CHILTON, John G. - Pvt. - Hunter's Co. - 1st TN Inf.

CHILTON, John S. - Pvt. - Hunter's Co. - 1st TN Inf.

CHINN, Francis - Pvt. - Morrow's Co. - 1st TN Mtd. Inf.

CHITWOOD, Andrew - Corp. - Dodson's Co. - Lindsay's Reg't TN Mtd.

CHITWOOD, William - Pvt. - Dossett's Co. - 3rd Btn. TN Inf.

CHOAT, Thomas - Pvt. - Standefer's Co. - 1st TN Mtd. Inf.

CHRISTIAN, Alexander - Pvt. - Hunter's & Miller's Co. - 1st TN Inf.

CHRISTIAN, Alexander - Pvt. - Bart's Co. - 1st TN Mtd. Mil.

CHRISTIAN, Clinton - Pvt. - Robinson's Co. - TN Mtd.

CHRISTIAN, John - Pvt. - Roger's Co. - 1st TN Mtd. Inf.

CHRISTIAN, Lemuel L. - Pvt. - Standefer's Co. - 1st TN Mtd.

CHRISTIAN, Mitlin - Pvt. - Prigmore's Co. - 1st TN Mtd. Mil.

CHRISTIAN, William - Pvt. - Standefer's Co. - 1st TN Mtd. Inf.

CHRISTIANBERY/CHRISTIANBURG, William - Hunter's & Miller's Co. - 1st TN Inf.

CLABOUGH, Cumberland - Pvt. - West's Co. - 2nd TN Mtd. Inf.

CLACK, Mosourie - Pvt. - Gillespie's Co. - 2nd TN Mtd. Inf.

CLACK, William M. - Corp. - Boyd's Co. - 1st TN Inf.

CLARDY, Michael - Pvt. - 2nd Mtd. Reg't TN.

CLARK, John M. - Pvt. - 2nd Mtd. Reg't TN.

CLARK, William - Pvt. - 2nd Mtd. Reg't TN.

CLARKSON, James M. - n/a - William's Co. - 1st TN Mtd. Inf.

CLARKSON, William N. - Corp. - Simpson's Co. - 1st TN Inf.

****

CLARKSON, William N. - n/a - William's Co. - 1st TN Mtd. Inf.

CLAWDES, Henry - Pvt. - Hickey's Co. - 1st TN Inf.

CLAXTON, Jeremiah - Pvt. - Hunter's & Miller's Co. - 1st TN Inf.

CLAXTON, Martin - Pvt. - Hunter's Co. - 1st TN Inf.

CLAYTON, John - Pvt. - Caldwell's Co. - Lindsay's Reg't TN Mtd.

CLEMMANS, James - Pvt. - Boyd's Co. - 1st TN Inf.

CLEMMINGS, William L. - Pvt. - Caldwell's Co. - 1st TN Mtd. Inf.

CLIBORNE, Madison - Pvt. - Morrow's Co. - 1st TN Mtd. Inf.

CLIBOURNE, William - Pvt. - Tedford's Co. - 1st TN Inf.

CLIFF, T. J. - Pvt. - Neely's Co. -3rd Btn. TN Inf.

CLIFFEN/CLIFFIN, Green - Pvt. - Ellis' Co. - 2nd TN Mtd. Inf.

CLIFTON, Perry - Ensign - Tedford's Co. - 1st TN Inf.

CLIFTON, Samuel - Pvt. - Dearing's Co. - Lauderdale's Btn. TN Mtd. Inf.

CLIFTON, William - Pvt. - Tedford's Co. - 1st TN Inf.

CLIM, William - Pvt. - Fain's Co. - 1st Tn Mtd. Inf.

CLINE, John - Pvt. - Ferris' Co. - Lauderdale's Btn. TN Mtd. Inf.

CLINE, John L. - 1st Sgt. - William's Co. - 1st TN Mtd. Inf.

CLOUD, Frank - Pvt. - Prigmore's Co. - 1st TN Mtd. Mil.

CLOUD, james - 2nd Lieut. - Prigmore's Co. - 1st Tn Mtd. Mil.

CLOUD, James - Pvt. - Peak's Co. - Lindsay's Reg't TN Mtd.

CLOUD, James O. B. - Sgt. - Netherland's Co. - 3rd TN Mtd. Mil.

CLOUDS, Henry - Pvt. - Hickey's Co. - 1st TN Inf.

CLUCK, Adam - Pvt. - Talbott's Co. - 2nd TN Mtd. Inf.

CLUCK, Benjamin - Sgt. - Talbott's Co. - 2nd TN Mtd. Inf.

CLUCK, John - Corp. - Talbott's Co. - 2nd Tn Mtd. Inf.

CLYBURN, Leonard - Pvt - Meek's Co. - 3rd Tn Mtd. Mil.

CLYBURN, William - Pvt. - Tedford's Co. - 1st TN Inf.

COAL, Joseph A.- Pvt. - meek's Co. -3rd TN Mtd. Mil.

COAN, Samuel - Pvt. - Prigmore's Co. - 1st TN Mtd. Mil.

COATS, Henry - Pvt. - Hudlow's Co. - 1st TN Inf.

COBB, Alford F. - Corp. - 2nd Mtd. Reg't TN.

COBB, James - Pvt. - Wild's Co. - Lauderdale's Co. Btn. TN Mtd. Inf.

COBB, Milton - Pvt. - 2nd Mtd. Reg't TN

COBB, William - Pvt. Wild's Co. - Lauderdale's Btn. TN Mtd. Inf.

COCHRAN/CHCHRANE, Robert - Pvt. - Tedford's Co. - 1st TN Inf.

COOKE, Thomas S. - 1st Lieut. - William's Co. - 1st TN Mtd. Inf.

COCKRAN/COCKRANN, Jonathan - Pvt. - Wild's Co. - Lauderdale's Btn TN Mtd. Inf.

COFER/COFFER, George W. - Pvt. - Hembree's Co. - Lindsay's Reg't TN Mtd.

COFER, John - Pvt. Hembree's Co. - Lindsay's Reg't TN Mtd.

COFER, Joseph - Pvt. - Hembree's Co. 2nd TN Mtd. Inf.

COFER, Thomas - n/a - Byrd's & Peak's Co. - 2nd TN Mtd. Inf.

COFFEE, Auesburn - Pvt. - Roger's Co. - 1st TN Mtd. Inf.

COFFROTH, John B. - Pvt. - Cherry's Co. - Lauderdale's Btn. TN Mtd. Inf.

COGBURN/COGGBURN, John - Pvt. - Hickey's Co. - 1st TN Inf.

COKER, A. D. - Pvt. - Boyd's Co. - 2nd TN Mtd. Mil.

CKER, Anthony D. - Pvt. - Caldwell's Co. - Lindsay's Reg't TN Mtd.

COKEr, John - Pvt. - Caldwell's Co. - Lindsay's Reg't TN Mtd.

COKER, John H. - Pvt. - Boyd's Co. - 2nd TN Mtd. Mil.

COKER, Joseph - Corp. - Pearson's Co. - Lindsay's Reg't TN Mtd.

COLBERSON, Thomas H. - Pvt. - Powell;'s Co. - 1st TN Mtd. Inf.

COLE, James M. - Pvt. - Wallace's Co. - 3rd Btn. TN Inf.

COLE, Moses E. - Corp. - Cooke's Co. - 3rd Btn TN Inf.

COLEMAN, Jackson - Pvt. - Terry's Co. - 1st TN Mtd. Inf.

COLEMAN, Thomas R. - Pvt. - Dossett's Co. - 3rd Btn. TN Inf.

COLEMAN, Thomas W. - Pvt. - Pearson's Co. - Lindsay's Reg't TN Mtd.

COLLETT, Anderson - Pvt. - Maupin's Co. - 2nd TN Mtd. Mil.

COLLIER, Bannister - Pvt. - Bart's Co. - 1st TN Mtd. Mil.

COLLINS, Edmond - n/a - William's Co. - 1st TN Mtd. Inf.

COLLINS, Hollen - Pvt. - Hunter's & Miller's Co. - 1st TN Inf.

COLLINS, James E. - Pvt. - Vernon's Co. - 1st TN Mtd. Inf.

COLLINS, James P. - 1st Lieut. - Gillespie's Co. - 2nd TN Mtd. Inf.

COLLINS, Solomon - Caldwell's Co. - 1st TN Mtd. Inf.

COLLINS, Thomas - Pvt. - Boyd's Co. - 1st TN Inf.

COLLINS, William - Pvt. - Cunningham's Co. - Lindsay's Reg't TN Mtd.

COLVARD, Powers, Bugler - Powell's Co. - Lindsay's Reg't TN Mtd.

COLVIT, Stephen - Pvt. - Caldwell's Co. - 1st TN Mtd. Inf.

COLWELL, William C. - Pvt. - Boyd's Co. - 1st TN Inf.

COMBS, James A. - Pvt. - Hickey's Co. - 1st TN Inf.

COMBS, Thomas - Sgt. - Hickey's Co. - 1st TN Inf.

COMMER, William - Pvt. - Maupin's Co. - 2nd TN Mtd. Mil.

COMPTON, Henderson - Pvt. – Gillespie's Co. - 2nd TN Mtd. Inf.

COMPTON, William - Pvt. - Cannon's Co. - 1st TN Mtd. Inf.

COMPTON, William - Sgt. - Wild's Co. - Lauderdale;'s Btn. TN Mtd. Inf.

COMPTON, Zachariah - Ensign - Gillespie's Co. - 2nd TN Mtd. Inf.

CONANT, James - Pvt. - Netherland's Co. - 3rd TN Mtd. Mil.

CONDLEY, Silas - Pvt. - Waterhouse's Co. - Lauderdale's Btn. TN Mtd. Inf.

CONDRAY, Lillburn - Pvt. - Wild's Co. - Lauderdale's Ctn. TN Mtd. Inf.

CONKIN, Moses - Pvt. - Gregg's Co. - 3rd Btn TN Inf.

CONNER, James C. - 1st Sgt. - Laffery's Co. - Lindsay's Reg't TN Mtd.

CONNER, John - Pvt. - Pearson's Co. - Lindsay's Reg't TN Mtd.

CONNER, Thomas - Pvt. - Wild's Co. - Lauderdale's Btn. TN Mtd.

CONNER, William - Pvt. - Pearson's Co. - Lindsay's Reg't TN Mtd.

CONNER, William - Pvt. - Wild's Co. - Lauderdale's Btn. TN Mtd. Inf.

CONNER, William L. - 3rd Sgt. - Laffery's Co. - Lindsay's Reg't TN Mtd.

Constable, Jacob H. - Pvt. - Powell's Co. - 1st TN Mtd. Inf.

COOK, George - farrier - Caldwell's Co. - Lindsay's Reg't TN Mtd.

COOK, Jacob - Pvt. - West's Co. - 2nd TN Mtd. Inf.

COOK, John - Pvt. - Cunningham's Co. - Lindsay's Reg't TN Mtd.

COOK, Michael - Pvt. - Dodson's Co. - Lindsay's Reg't TN Mtd.

COOK, Newton - Pvt. - Tedford's Co. - 1st TN Inf.

COOKE, H. W. - Captain - Cooke's Co. - 3rd Btn. TN Inf.

COOKE, H. W. - Adjt. - F. & S. Co. - 3rd Btn TN Inf.

COOKE, J. J. - Sgt. - Cooke's Co. - 3rd Btn. TN Inf.

COOKEY, Ephraim - Pvt. - Dearing's Co. - Lauderdale's Btn. TN Mtd. Inf.

COOKSEY, Hiram O. - Pvt. - Dearing's Co. - Lauderdale's Btn. TN Mtd. Inf.

COOPER, Asariah - Ensign - Hembree's Co. - Lindsay's Reg't TN Mtd.

COOPER, Isaac - Pvt. - Powell's Co. - Lindsay's Reg't TN Mtd.

COOPER, Isaac - Pvt. - Dossett's Co. - 3rd Btn. TN Inf.

COOPER, Joseph - Pvt. - Ferris' Co. - Lauderdale's Co. - Btn. TN Mtd. Inf.

COOPER, Joseph - Pvt. - Hembree's Co. - Lindsay's Reg't TN Mtd.

COOPER, Plesent [sic] - Pvt. - Anderson's Co. -1 st TN Mtd. Mil.

COOPER, Robert - Pvt. - Wallace's Co. - 3rd Btn. TN Inf.

COOPER, Robert L. - Pvt. - Dodson's Co. - Lindsay's Reg't TN Mtd.

COOPER, Samuel - Pvt. - 2nd Mtd. Reg't TN.

COOPER, Thomas - Pvt. - Dodson's Co. - Lindsay's Reg't TN Mtd.

COOPER, William - Pvt. - Standefer's Co. - 1st TN Mtd. Inf.

COPELAND/COOPLAND, Hamilton - Pvt. - Feazell's Co. - 1st TN Inf.

COPECK, Aron - Pvt. - Prigmore's Co. - 1st TN Mtd. Mil.

COPELIN, Edward - Pvt. - Cannon's Co. - 1st TN Mtd. Inf.

COPELIN, James M. - Pvt. - Cannon's Co. - 1st TN Mtd. Inf.

COPPENGER, Austin A. - Corp. - Standefer's Co. - 1st TN Mtd. Inf.

COPPINGER, Smith - Pvt. - Standefer's Co. - 1st TN Mtd. Inf.

CORBETT, Calvin - Pvt. - Laffery's Co. - Lindsay's Reg't TN Mtd.

CORBETT/CORBITT, John - Pvt. - Hudlow's Co. - 1st TN Inf.

CORBETT, Tyner W. - Pvt. - Laffery's Co. - Lindsay's Reg't TN Mtd.

CORBETT, Tyner W. - Pvt. - Cannon's Co. - 1st TN Mtd. Inf.

CORDER, David - Pvt. - Waterhouse's Co. - Lauderdale's Btn. TN Mtd. Inf.

CORDON, Isaac - Pvt. - Scrugg's Co. - 3rd TN Mtd. Mil.

CORDON, James - Pvt. - Gregg's Co. - 1st TN Inf.

CORN, John - Pvt. - Pearson's Co. - Lindsay's Reg't TN Mtd.

CORNETT, Asa - Pvt. - Boyd's Co. - 2nd TN Mtd. Mil.

CORNETT, John - Pvt. - Wild's Co. - Lauderdale's Btn. TN Mtd. Inf.

CORNETT, William - Pvt. - Wild's Co. - Lauderdale's Btn. TN Mtd. Inf.

COTNER/COTTER, George W. - Pvt. - Hunter's & Miller's Co. - 1st TN Inf.

COTNER, Sterling - n/a - William's Co. - 1st TN Mtd. Inf.

COTTON, Hiram - Pvt. - Cherry's Co. - Lauderdale's Btn. TN Mtd. Inf.

COUCH, George - Pvt. - Dodson's Co. - Lindsay's Reg't TN Mtd.

COUCH, James - Pvt. - Pearson's Co. - Lindsay's Reg't TN Mtd.

COUCH, Sylvanus - Bugler - Cannon's Co. - 1st TN Mtd. Inf.

COUGHRAN, Moses - Pvt. - Standefer's Co. - 1st TN Mtd. Inf.

COUKIN, James P. - 2nd Lieut. - Netherland's Co. - 3rd TN Mtd. Mil.

COURTNEY, John - Pvt. - Fain's Co. - 1st TN Mtd. Inf.

COVEINGTON, Daniel - Pvt. - Cunningham;'s Co. - 2nd TN Mtd. Mil.

COVEY, Robert - Pvt. - Meek's Co. - 3rd TN Mtd. Mil.

COVY, Jesse - Pvt. - Cherry's Co. - Lauderdale's Btn. TN Mtd. Inf.

COWAN, Charles N. - Pvt. - Powell;'s Co. - Lindsay's Reg't Mtd.

COWAN, Morgan - Pvt. - West's Co. -2nd TN Mtd. Inf.

COWARD, Benjamin - Pvt. - 2nd Mtd. Reg't TN

COWARD, Orville - Pvt. - Fain's Co. - 1st TN Mtd. Inf.

COWEN, Charles N. - Pvt. - Fain's Co. - 1st TN Mtd. Inf.

COWEN, Charles N. - Pvt. - Powell's Co. - Lindsay's Reg't TN Mtd.

COWEN, Thomas I. - Pvt. - Campbell's Co. - 1st TN Mtd. Inf.

COWGILL, Thompson - Pvt. - Hill's Co. - 1st TN Inf.

COX, A. - Quarter Master

COX, Abraham - Pvt. - Vernon's & F. & S. Co. - 1st TN Mtd. Inf.

COX, Amos - Pvt. - Boyd's Co. - 1st TN Inf.

COX, Brewis - Pvt. - Tedford's Co. - 1st TN Inf.

COX, Cadamus - Pvt. - Roger's Co. - 3rd TN Mtd. Mil.

COX, David Y. - Pvt. - Gregg's Co. - 3rd Btn. TN Inf.

COX, George W. - Pvt. - McMillan's Co. - 1st TN Mtd. Mil.

COX, James - 2nd Lieut. Meek's Co. - 3rd TN Mtd. Mil.

COX, Jesse - Pvt. - Tedford's Co. - 1st TN Inf.

COX, John - Pvt. - Wear's Co. - 2nd TN Mtd. Inf.

COX, John - Pvt. - 2nd Mtd. Reg't TN.

COX, John R.- Pvt. - Cunningham's Co. - Lindsay;'s Reg't TN Mtd

COX, Joseph - Pvt. - 2nd Mtd. Reg't TN

COX, Nelson J. - n/a - William's Co. - 1st TN Mtd. Inf.

COX, Thomas E. - Pvt. - Cunningham's Co. - Lindsay's Reg't TN Mtd.

COX, William - Pvt. - Gillespie's Co. - 2nd TN Mtd. Inf.

COX, William H. - Pvt. - Talbott's Co. - 2nd TN Mtd. Inf.

COX, William R. - Pvt. - Yoakum's & McLin's Co. - 1st TN Inf.

CRABTREE, Anderson - Pvt. - Cooke's Co. - 2nd Btn. TN Inf.

CRABTREE, Hiram - Pvt. - Cooke's Co. - 2nd Btn. TN Inf.

CRAFT, Jesse - Pvt. - McClellan's Co. - 2nd TN Mtd. Inf.

CRAM, Charles - n/a - William's Co. - 1st TN Mtd. Inf.

CRANE, Hiram H. - Pvt. - Ferris' Co. - Lauderdale's Btn. TN Mtd. Inf.

CRATEN, James - Pvt. - Ferris' Co. - Lauderdale's Btn. TN Mtd. Inf.

CRAVENS, Daniel - Pvt. - Parham's Co. - 1st TN Mtd. Inf.

CRAVENS, Parks - Pvt. - Parham's Co. - 1st TN Mtd. Inf.

CRAWFORD, James - Corp - Gregg's Co. - 3rd Btn. TN Inf.

CRAWFORD, James G. - Pvt. - Gillespie's Co. - 2nd TN Mtd. Inf.

CRAWFORD, John - Pvt. - Gillespie's Co. - 2nd TN Mtd. Inf.

CRAWFORD, Jonathan - Pvt. - Waterhouse's Co. - Lauderdale's Btn. TN Mtd. Inf.

CRAWFORD, Robert A. - Corp. - Feazell's Co. - 1st TN Inf.

CRAWFORD, Thomas - Pvt. - Pearson's Co. - Lindsay's Reg't TN Mtd.

CRAWFORD, Thomas - Pvt. - Hudlow's Co. - 1st TN Inf.

CRAWFORD, William - Pvt. - Cunningham's Co. - Lindsay's Reg't TN Mtd.

CRAWLEY, Stephen H. - n/a - Byrd's & Peak's Co. - 2nd TN Mtd. Inf.

CREWES/CREWS, John - Pvt. - Parham's Co. - 1st TN Mtd. Inf.

CREWES/CREWS, Joseph - Pvt. - Parham's Co. - 1st TN Mtd. Inf.

CREWS, Johnston - Pvt. - Cunningham;'s Co. - Lindsay's Reg't TN Mtd.

CRICHFIELD, Daniel - Pvt. - Roger's Co. - 3rd TN Ltd. Mil.

CRICHFIELD, Hiram - Pvt. - Roger's Co. - 3rd TN Ltd. Mil.

CRICHFIELD, Jacob - Pvt. - Roger's Co. -3rd TN Mtd. Mil

CRICHFIELD, James - Pvt. - Roger's Co. -3rd TN Ltd. Mil.

CRICHFIELD, Joshua - Pvt. - Roger's Co. -3rd TN Mtd. Mil

CRITENDEN/CRITTENDEN, Jacob E. - Pvt. - Vernon's Co. - Lindsay's TN Mtd.

CROCKET, James W. - Pvt. - Wallace's Co. -3rd Btn. TN Inf.

CROCKETT, Leander - Pvt. - Gregg's Co. - 3rd Btn. TN Inf.

CROMWELL, John - Pvt. - Tedford's Co. - 2nd TN Mtd. Mil.

CROMWELL, John B. - Pvt. - Dodson's Co. - Lindsay's Reg't TN Mtd.

CROSS, Abm. B. - Pvt. - Gregg's Co. - 1st TN Inf.

CROSS, Elijah - Pvt. - Powell's Co. - Lindsay's Reg't TN Mtd.

CROSS, Ransom - Pvt. - Feazell's Co. - 1st TN Inf.

CROSS, Samuel - Pvt. - McClellan's Co. - 2nd TN Mtd. Inf.

CROSS, Samuel L. - Pvt. - Gregg's Co. - 3rd Btn. TN Inf.

CROSS, Thomas J. - Pvt. - McClellan's Co. -2nd TN Mtd. Inf.

CROSS, Zachariah - Pvt. - Powell's Co. - Lindsay's Reg't TN Mtd.

CROW/CROWS, Denson - Pvt. - Parham's Co. - 1st TN Mtd. Inf.

CROW, John H. - Pvt. - Hurst's Co. - 1st TN Mtd. Mil.

CROW, Robert N. - Pvt. - 2nd Mtd. Reg't TN.

CROW, William - Pvt. - 2nd Mtd. Reg't TN.

CROW, Wilson - Pvt. - Hickey's Co. - 1st TN Inf.

CROW, Wilson - Pvt. - Vernon's Co. - 1st TN Mtd. Inf.

CROWE, Isaac S. - Pvt. - Wallace's Co. - 3rd Btn. TN Inf.

CROWE, Russel - Pvt. - Talbott's Co. - 2nd TN Mtd. Inf.

CROWFORD, Robert A. - Corp. - Feazell's Co. - 1st TN Inf.

CROWS, Isaac L. - Corp. - Powell's Co. - 1st TN Mtd. Inf.

CRUGENTON, Jonah - Pvt. - Netherland's Co. - 2nd TN Mtd. Inf.

CRUDGINGTON, Josiah - Pvt. - Gregg's Co. - 3rd Btn. TN Inf.

CRUDGINGTON, William - Corp - Vernon's Co. - Lindsay's Reg't TN Mtd.

CRUISE, Johnson - Pvt. - Cunningham's Co. - Lindsay's TN Mtd.

CRUMPLER, Wiley - Pvt. - Hunter's Co. - 1st TN Inf.

CRUMWELL, John D. - Pvt. - Dodson's Co. - Lindsay's TN Mtd.

CRUDGENTON, John H. - Pvt. - Waterhouse's Co. - Lauderdale's Btn. TN Mtd. Inf.

CULBERSON, Thomas H. - Pvt. - Powell's Co. - 1st TN Mtd. Inf.

CULBERTSON, John - Pvt. - Wallace's Co. - 3rd Btn. TN Inf.

CUMMINGS, Leroy - Pvt. - Cannon's Co. - 1st TN Mtd. Inf.

CUNNINGHAM, Benjamin - Captain - Cunningham's Cop. - 2nd TN Mtd. Mil.

CUNNINGHAM, David - Pvt. - Campbell's Co. - 1st TN Mtd. Inf.

CUNNINGHAM, David - Pvt. - Caldwell's Co. - 1st TN Mtd. Inf.

CUNNINGHAM, James M. - Pvt. -Waterhouse's Co. - Lauderdale's Btn. TN Mtd.

CUNNINGHAM, Moses - Pvt. - Bart's Co. - 1st TN Mtd. Mil.

CUNNINGHAM, Moses - Captain - Cunningham's Co. - Lindsay's Reg't TN Mtd.

****

CUNNINGHAM, Moses - Major - F. & S. - 1st TN Mtd. Inf.

CUNNINGHAM, Pleasant H. - Pvt. - Champion's Co. - 1st TN Mtd. Mil.

CUNNINGHAM, William J. - Pvt. - Hudlow's Co. - 1st TN Inf.

CUPP, Ransom - Pvt. - Dossett's Co. - 3rd Btn. TN Inf.

CURL/CURLE, Abraham - Pvt. - Dossett's Co. - 3rd Btn. TN Mtd.

CURLE/CURLEYS, William - Pvt. - Neely's Co. - 3rd Btn. TN Inf.

CURREN, George W. - Pvt. - Hill's Co. - 1st TN Inf.

CURRY, Isaac - Pvt. - Cannon's Co. - 1st TN Mtd. Inf.

CURRY, Thomas - Pvt. - Howell's Co. - 1st TN Inf.

CURAN, John - Pvt. - Morrow's Co. - 1st TN Mtd. Inf.

CURTIS, David - Pvt. - Anderson's Co. - 1st TN Mtd. Mil.

CURTIS, John - Pvt. - Cooke's Co. - 34d Btn. TN Inf.

CURTIS, Samuel C. - Pvt. - Caldwell's Co. - Lindsay's Reg't TN Mtd.

CURTON, John - Pvt. - Morrow's Co. - 1st TN Mtd. Inf.

CURTON, William - Sgt. - Scrugg's Co. - 3rd TN Mtd. Mil.

CUSICK, Anderson - Pvt. - West's Co. - 2nd TN Mtd. Inf.

CUSICK, James - Pvt. - Cunningham's Co. - 2nd TN Mtd. Mil

CUSTER, Elbert W. - Pvt. - Ferris' Co. - Lauderdale's B tn. TN Mtd. Inf.

CUSTER, John W. - Pvt. - Ferris' Co. - Lauderdale's Btn. TN Mtd. Inf.

D

DAILE, Abel - Pvt. Simpson's Co. - 1st TN Inf.

DALE, James J. - Corp. - Dossett's Co. - 3rd Btn. TN Inf.

DALLIS, Robert - 2nd Lieut. - Dearing's Co. - Lauderdale's Btn. TN Mtd. Inf.

DALTON, Meredith - Pvt. - Simpson's Co. - 1st TN Inf.

DALTON, William S. - Corp. - Terry's Co. - 1st TN Mtd. Inf.

DANIEL, Nicholas - Pvt. - Peak's Co. - Lindsay's TN Mtd.

DANIEL/DANIELS, Thomas - Pvt. - Peak's Co. - Lindsay's TN Mtd.

DANIELS, Nicholas - Pvt. - Peak's Co. - Lindsay's Reg't TN Mtd.

DANIELS, Solomon - Pvt. - Vernon's Co. - 1st TN Mtd. Inf.

DARDEN, James - Pvt. - Wallace's Co. - 3rd Btn. TN Inf.

DARDIS, William I. - Pvt. - Ferris' Co. - Lauderdale's Btn. TN Mtd. Inf.

DARE, Jesse - n/a - Byrd's & Peak's Co. - 2nd TN Mtd. Inf.

DARIS, Pleasant - Pvt. - Boyd's Co. - 1st TN Inf.

DARWIN, Thomas C. - Pvt. - Gillespie's Co. - 2nd TN Mtd. Inf.

DAUGAN, William - Pvt. - Bart's Co. - 1st TN Mtd. Mil.

DAUGHERTY, Henry - Pvt. - Laffery's Co. - Lindsay's Reg't TN Mtd.

DAUGHTRY, Arthur - Sgt. - Cannon's Co. - 1st TN Mtd. Inf.

DAUGHTRY, Henry - Pvt. - Laffery's Co. - Lindsay's Reg't TN Mtd.

DAUGHTRY, Jno. - Pvt. - Laffery's Co. - Lindsay's TN Mtd.

DAUGHTRY, John - Pvt. - Cannon's Co. - 1st TN Mtd. Inf.

DAVICE, Owen B. - Pvt. - Peak's Co. - Lindsay's TN Mtd.

DAVICE, Samuel H. - Pvt. - Peak's Co. - Lindsay's TN Mtd.

DAVICE, William J. S. - Pvt. - Peak's Co. - Lindsay's TN Mtd.

DAVIDSON, James - Pvt. - Ferris' Co. - Lauderdale's Btn. TN Mtd. Inf.

DAVIDSON, John - Pvt. - Ferris' Co. - Lauderdale's Btn. TN Mtd. Inf.

DAVIS, A. H. - n/a - Byrd's & Peak's Co. - 2nd TN Mtd. Inf.

DAVIS, Alexander - Pvt. - Vernon's Co. - 1st TN Mtd. Inf.

DAVIS, Anthony - Sgt. - Dodson's Co. - Lindsay's Reg't TN Mtd.

DAVIS, Barney - Pvt. - Cannon's Co. - 1st TN Mtd. Inf.

DAVIS, Benjamin - Corp - Pearson's Co. - Lindsay's Reg't TN Mtd.

DAVIS, Benjamin F. - Pvt. - Cannon's Co. -1 st TN Mtd. Inf.

DAVIS, Britten - Pvt. - Hurst's Co. - 1st TN Mtd. Mil.

DAVIS, Charles T. P. - Sgt. - Wear's Co. - 2nd TN Mtd. Inf.

DAVIS, Clem - Pvt. - Scrugg's Co., - 3rd TN Mtd. Mil.

DAVIS, Daniel B. - Pvt. - McClellan's Co. - 3rd TN Mtd. Inf.

DAVIS, Elbert - Pvt. - Vernon's Co. - 1st TN Mtd. Inf.

DAVIS, Elison - Pvt. - Wallace's Co., 3rd Btn. TN Inf.

DAVIS, Ephraim - Pvt. - Scrugg's Co., 3rd TN Mtd. Mil.

DAVIS, George - Pvt. - Morrow's Co., - Lindsay's Reg't TN Mtd.

DAVIS, George - Pvt.. - Gregg's Co. - 3rd Btn. TN Inf.

DAVIS, George B. - Pvt. - Wild's Co., Lauderdale's Btn. TN Mtd. Inf.

DAVIS, Henry B. - Corp. - Campbell's Co. - 1st TN Mtd. Inf.

DAVIS, Iredell - Pvt. Campbell's Co. - 1st TN Mtd. Inf.

DAVIS, James - Pvt. - Fain's Co. - 1st TN Mtd. Inf.

DAVIS, James - Pvt. - Cannon's Co. - 1st TN Mtd. Inf.

DAVIS, James - 1st Corp. - Ellis' Co. - 2nd TN Mtd. Inf.

DAVIS, James M. - Pvt. - Cooke's Co. - 3rd Btn. TN Inf.

DAVIS, James W. - Pvt. - Hunter's Co. - 1st TN Inf.

DAVIS, Jesse S. M. - Pvt. - Hunter's & Miller's Co. - 1st TN Inf.

DAVIS, Jessee A. - Pvt. - Cooke's Co. - 3rd Btn. TN Inf.

DAVIS, John - Pvt. - Anderson's Co. - 1st TN Mtd. Mil.

DAVIS, John - Pvt.- Cherry's Co. - Lauderdale's Btn. TN Mtd. Inf.

DAVIS, John - Pvt. - Vernon's Co. - Lindsay's Reg't TN Mtd.

DAVIS, John C. - Pvt. - Waterhouse's Co. - Lauder-dale's Btn. TN Mtd. Inf.

DAVIS, John H. - Pvt. - Morrow's Co. - Lindsay's

****

Reg't TN Mtd.

DAVIS, John P. - Pvt. - Cannon's Co. - 1st TN Mtd. Inf.

DAVIS, Joseph M. - Pvt. - Cooke's Co., - 3rd Btn. TN Inf.

DAVIS, Mathias - Drummer - Hudlow's Co. - 1st TN Inf.

DAVIS, Michael - Pvt. - Vernon's Co., - Lindsay's Reg't TN Mtd.

DAVIS, Owen S. - Pvt. - Peak's Co. - Lindsay's Reg't TN Mtd.

DAVIS, Pleasant - Pvt. - Boyd's Co. - 1st TN Inf.

DAVIS, Pleasant - Pvt. - Gillespie's Co. - 2nd TN Mtd. Inf.

DAVIS, Robert - Sgt. - Pearson's Co. - Lindsay's Reg't TN Mtd.

DAVIS, Samuel H. - Pvt. - Peak's Co. - Lindsay's Reg't TN Mtd.

DAVIS, Samuel H. - Pvt. - Byrd's & Peak's Co. - 2nd TN Mtd. Inf.

DAVIS, Thomas - Pvt. - Cunningham's Co. - 2nd TN Mtd. Mil.

DAVIS, Thomas - Pvt. - Scrugg's Co. - 3rd TN Mtd. Mil.

DAVIS, Thomas - Pvt. - Wallace's Co. - 3rd. Btn. Mtd. Inf.

DAVIS, Thomas C. - 1st Lieut. - Wear's Co. - 2nd TN Mtd. Inf.

DAVIS, Timothy - Pvt. - Terry's Co. - 1st TN Mtd. Inf.

DAVIS, Wesley - Pvt. - Cannon's Co. - 1st TN Mtd. Inf.

DAVIS, Willey - Pvt. - Wallace's Co. - 3rd Btn. TN Inf.

DAVIS, William - Pvt. - Anderson's Co. - 1st TN Mtd. Mil.

DAVIS, William H. - Pvt. - Terry's Co. - 1st TN Mtd. Inf.

DAVIS, William J. S. - Pvt. - Peak's Co. - Lindsay's Reg't TN Mtd.

DAVIS, William J. S. - Pvt. - Byrd's Co. - 2nd TN Mtd. Inf.

DAVIS, Willis W. - Pvt. - Dodson's Co. - Lindsay's Reg't TN Mtd.

DAVIS, Wm. L. - Pvt. Cooke's Co. - 3rd Btn. TN Inf.

DAWSON, Isaac A. - Pvt. - Morrow's Co. - 1st TN Mtd. Inf.

DAWSON, James C. - Pvt. - Neely's Co. - 1st TN Inf.

DAY, Andrew J. - Pvt. - Feazell's Co. - 1st TN Inf.

DAY, Elias - Pvt. - Maupin's Co. -2nd TN Mtd. Mil

DAY, John - Pvt. - Hickey's Co., 1st TN Inf.

DEAKINS, James - Pvt. - Anderson's Co. P 1st TN Mtd. Mil.

DEAN, Wiley - Pvt. - Neely's Co. - 1st TN Inf.

DEANER, William - 1st Lieut. - Cunningham's Co. - 2nd TN Mtd. Mil.

DEARING, William L. B. - Captain - Dearing's Co. - Lauderdale's Btn. TN Mtd. Inf.

DEARMAN, I. L. - Pvt. - Bart's Co. - 1st TN Mtd. Mil.

DEARMAN, John L. - Pvt. - Cunningham's Co. - Lindsay's Regt. TN Mtd.

DEARMAND, James - Pvt. Morrow's Co. - 1st TN Mtd. Inf.

DEARMAND, William H. - Pvt. - Morrow's Co. - 1st TN Mtd. Inf.

DEARMON, Ellison - Pvt. - McMillin's Co. - 1st TN Mtd. Mil.

DEARMON, John A. - Pvt. - McMillin's Co. - 1st TN Mtd. Mil.

DEARMON, John L. - Pvt. - Cunningham's Co. - Lindsay's TN Mtd.

DEARMOND, James - Pvt. - Morrow's Co. - 1st TN Mtd. Inf.

DEARMOND, William H. - Pvt. Morrow's Co. - 1st TN Mtd. Inf.

DEATER, James - Pvt. - 2nd Mtd. Reg't TN

DEATHERAGE/DETHEREDGE, Andrew J. - Pvt. - Peak's Co. - Lindsay's Reg't TN Mtd.

DEATHERAGE/DETHEREDGE, George W. - Pvt. - Peak's Co. - Lindsay's Reg't TN Mtd.

DEATHRAGE, Abner - Pvt. - Byrd's Co. - 2nd TN Mtd. Inf.

DEATHRAGE, Andrew J. - 2nd Corporal - Byrd's Co. - 2nd Tn Mtd. Inf.

DEATHREDGE, Andrew I. - Pvt. Peak's Co. - Lindsay's TN Mtd.

DEATHREDGE, George W. - Pvt. - Peak's Co. - Lindsay's TN Mtd.

DELANEY, John R. - Pvt. - McClellan's & F. & S. Co. - 2nd Tn Mtd. Inf.

DELOCK, Thomas C. - Pvt. - Howell's Co., 1st TN Inf.

DELOSIER, Gilford - Pvt. - Hembree's Co. - Lindsay's Reg't TN Mtd.

DENISON, Samuel I. - Pvt. - Hill's Co. - 1st TN Inf.

DENNING, J. A. - Pvt. - Cooke's Co. - 3rd Btn. TN Inf.

DENNIS, Hezekiah - Pvt. - Cannon's Co. - 1st TN Mtd. Inf.

DENNIS, Jesse J. - Pvt. - Hurst's Co. - 1st TN Mtd. Mil.

DENNIS, Jesse J. - Pvt. - Cunningham;'s Co. - Lindsay's Reg't TN Mtd.

DENNISON, Samuel I. - Pvt. - Hill's Co. - 1st TN Inf.

DENTON, Isaac - Pvt. - Caldwell's Co. - 1st TN Mtd. Inf.

DENTON, Jefferson - Pvt. - Hurst's Co. - 1st TN Mtd. Mil.

DENTON, Jonas - Pvt. - Terry's Co. - 1st TN Mtd. Inf.

DEPUE, George - Pvt. - Roger's Co. - 1st TN Mtd. Inf.

DERICK, Cornelius - Pvt. - Bart's Co. - 1st TN Mtd. Mil.

DESHOM, Isaac R. - Pvt. - Neely's Co. - 3rd Btn. TN Inf.

DETHERON, Jacob, Jr. - Pvt. - Elliott's Co. - Lauderdale's Btn. TN Mtd.

DETHERON, Jacob, Sr. - Pvt. - Elliott's Co. - Lauderdale's Btn. TN Mtd.

DICKENSON, Casander - Pvt. - Howell's Co. - 1st TN Inf.

DICKINSON, W. G. - Doctor - Staff, Armstrong's Bri'g TN Mtd. Inf.

DICKSON, John C. - n/a - Staff, Armstrong's Bri'g TN Mtd. Mil

DICKSON, William - Pvt. - Maupin's Co. - 2nd TN Mtd. Mil.

DIEL, David - Pvt. - Tedford's Co. - 1st TN Inf.

DIER, William - Pvt. - Caldwell's Co. - Lindsay's TN Mtd.

DIKES, Jesse - Corporal - Roger's Co. - 3rd TN Mtd. Mil.

DIKES, William - Pvt. - Roger's Co. - 3rd Tn Mtd. Mil.

DILDAY, Elias - Pvt. - Bart's Co. - 1st TN Mtd. Mil

DILL, John - Pvt. - Standefer's Co. - 1st TN Mtd. Inf.

DILL, Joseph - Pvt. - Terry's Co. - 1st TN Mtd. Inf.

DILLIAN, Hugh - Pvt. - Byrd's & Peak's Co. - 2nd Tn Mtd. Inf.

DIRROX, James - Pvt. - Hudlow's Co. - 1st TN Inf.

DISHAUGH, Isaac R. - Pvt. - Neely's Co. - 3rd Btn. TN Inf.

DITMARE, John - Pvt. - Cunningham's Co. - Lindsay's TN Mtd.

DITMORE, Caleb - Pvt. - Pearson's Co. - Lindsay's Reg't TN Mtd.

DITMORE, I. H. - Pvt. - Bart's Co. - 1st TN Mtd. Mil.

DITMORE, John - Corporal - Cunningham;'s Co. - Lindsay's Reg't TN Mtd.

DIXON, Thomas - Pvt. - Ferris' Co. - Lauderdale's Btn. TN Mtd. Inf.

DOAKE/DOKE, S. M. - Ass't Surgeon - F. & S. Co. - Lauderdale's Btn. TN Mtd. Inf.

DOAN, Joseph - Pvt. - Netherland's Co. - 3rd TN Mtd. Mil.

DOBBS/DODDS, Egbert S. - Pvt. - Vernon's Co. - Lindsay's Reg't TN Mtd.

DOBBS, Harris L. - Pvt. - Robinson's Co. - TN Mtd.

DOBBS, Lide W. - Pvt. - Robinson's Co. - TN Mtd.

DOBINS, Henderson B. - Pvt. - Tedford's Co. - 1st TN Inf.

DOD, John - Pvt. - Pearson's Co. - Lindsay's TN Mtd.

DODD, John - Pvt. - Bart's Co. - 1st TN Mtd. Mil

DODD, John - Pvt. - Pearson's Co. - Lindsay's Reg't TN Mtd.

DODSON, A. J. - 1st Lieut. - Dodson's Co. - Lindsay's Reg't TN Mtd.

DODSON, James - Pvt. - Pearson's Co. - Lindsay's TN Mtd.

DODSON, N. P. - Captain - Dodson's Co. - Lindsay's Reg't TN Mtd.

DODSON, Reuben - Pvt. - Dodson's Co. - Lindsay's Reg't TN Mtd.

DODSON, Thomas - Sergeant - Tedford's Co. - 1st TN Inf.

DODSON, William - Pvt. - Standefer's Co. - 1st TN Mtd. Inf.

DODSON, William - Pvt. - Tedford's Co. - 1st TN Inf.

DODSON, William - Pvt. - Dossett's Co. - 3rd Btn. TN Inf.

DODSON, William E. - Pvt. - Cunningham's Co. - Lindsay's Reg't TN Mtd.

DOFF, I. M. - Sergeant - Wallace's Co. - 3rd Btn. TN Inf.

DOHERTY, Preston, Pvt. - Wear's Co. - 2nd TN Mtd. Inf.

DOIL, John - Pvt. - Cherry's Co. - Lauderdale's Btn. TN Mtd. Inf.

DOLIN, Anson - Pvt. - Meek's Co. - 3rd TN Mtd. Mil.

DONAGH, James - Pvt. - Hudlow's Co. - 1st TN Inf.

DOR, Jesse - n/a - Byrd's & Peak'/s Co. - 2nd TN Mtd. Inf.

DORRELL, A. P. - Pvt. - Hudlow's Co. - 1st TN Inf.

DORRIS, John H. - Pvt. - Howell's Co. - 1st TN Inf.

DORSETT, Alfred - 1st Lieut. - Maupin's Co. - 2nd TN Mtd. Mil.

DORSETT, Andrew - Pvt. - Maupin's Co. - 2nd TN Mtd. Mil.

DORSEY, Dimmon - Pvt. - Campbell's Co. - 1st TN Mtd. Inf.

DOSSETT, Andrew - Captain - Dossett's Co. - 3rd Btn. TN Inf.

DOSSETT, James - Pvt. - Dossett's Co. - 3rd Btn TN Inf.

DOTSON, Isaac - Pvt. - Elliott's Co. - Lauderdale's Btn. TN Mtd. Inf.

DOTSON, John - Pvt. - Prigmore's Co. - 1st TN Mtd. Mil

DOTSON, Thomas - Sergeant - Tedford's Co. - 1st TN Inf.

DOTSON, William - Pvt. - Tedford's Co. - 1st TN Inf.

DOUGHERTY, Evan - Pvt. - Boyd's Co. - 2nd TN Mtd. Mil.

DOUGHERTY, John E. - Pvt. - Campbell's Co. - 1st TN Mtd. Inf.

DOUGHETT, Thadaus K. - Pvt. - Robinson's Co. - TN Mtd.'

DOUGHTERY, John - Pvt. - Laffery's Co. - Lindsay's Reg't TN Mtd.

DOUTHET, Isaac - Pvt. - Tedford's Co. - 1st TN Inf.

DOUTHET, John H. - 1st Sergeant - Wear's Co. - 2nd TN Mtd. Inf.

DOUTHIL, Isaac T. - Pvt. - Tedford's Co. - 1st TN Inf.

DOWNY, Anderson - Pvt. - Tedford's Co. - 2nd TN Mtd. Mil

DRAIN, Robert - Pvt. - Standefer's Co. - 1st TN Mtd. Inf.

DRAKE, Isaac - Pvt. - Gregg's Co. - 3rd Btn. TN Inf.

DRENNEN/DRINNEN, Hiram - Pvt. - Roger's Co. - 1st TN Mtd. Inf.

DRINNER, James - Corporal - Talbott's Co. - 2nd TN Mtd. Inf.

DRIVER, John - Pvt. - Dearing's Co. - Lauderdale's Btn. TN Mtd. Inf.

DRYDEN, David A. - Pvt. - McClellan's Co. - 2nd TN Mtd. Inf.

DRYDEN, Jonathan J. - Pvt. - McClellan's Co. - 2nd TN Mtd. Inf.

DRYDEN, Leander I. - Corporal - Gregg's Co. - 3rd Btn TN Inf.

DRYDEN, Robert M. - Pvt. - Hunger's & Miller's Co. - 1st TN Inf.

DUDLEY, Calvin G. - Pvt. - Waterhouse's Co. - Lauderdale's Btn. TN Mtd. Inf.

DUDLEY, John - Pvt. - Boyd's Co. - 1st TN Inf.

DUDLY, Shellel - Pvt. - Gillespie's Co. - 2nd TN Mtd. Inf.

DUFF, I. M. - Sergeant - Wallace's Co. - 3rd Btn. TN Inf.

DUFFEE/DUFFELL, Colin - Corporal - Cooke's Co. - 3rd Btn. TN Inf.

DUGGAN, Daniel - Sergeant - West's Co. - 2nd Tn Mtd. Inf.

DUGGAN, John - Pvt. - Caldwell's Co. - 1st TN Mtd. Inf.

DUGGINS, Robert - Pvt. - Terry's Co. - 1st Tn Mtd. Inf.

DULANEY, J. R. - Major - Tennessee

DUNCAN, Alvin - Pvt. - Hickey's Co. - 1st TN Inf.

DUNCAN, Isaac - Pvt - Dossett's Co. - 3rd Btn TN Inf.

DUNN, John - Pvt. - Cooke's Co. - 3rd Btn. TN Inf.

DUNNINGTON, Branson - Pvt. - 2nd Mtd. Reg't TN

DUNLAP, Moses - Pvt. - 2nd Mtd. Reg't TN

DUNLAP, R. G. - Brig. General - 2nd Brig. Mtd. TN

DUNLAP, W. C. - Pvt. - Neely's F. & S. Co. - 3rd Btn TN Inf.

DUNN, John M. - Pvt. - Gillespie's Co. - 2nd TN Mtd. Inf.

DUNNING, J. A. - Pvt. - Cooke's Co. - 3rd Btn TN Inf.

DUNNINGTON, Reuben - Pvt. - 2nd Mtd. Reg't TN

DUPAISTER/DUPOYSTER, L. W. - Pvt. - Neely's Co. - 3rd Btn. TN Inf.

DURDIS, William I. - Pvt. - Ferris' Co. - Lauderdale's Btn. TN Mtd. Inf.

DURON, Elias - Pvt. - Howell's Co. - 1st TN Inf.

DUROSSETT, Elijah - Pvt. - Waterhouse' Co. - Lauderdale's Btn. TN Mtd. Inf.

DUROSSETT, Samuel - Pvt. - Waterhouse's Co. - Lauderdale's Btn. TN Mtd. Inf.

DYE, John - Pvt. - Campbell's Co. - 1st TN Mtd. Inf.

DYE, Stephen - Pvt. - Campbell's Co. - 1st TN Mtd. Inf.

DYER, Abner - Pvt. - Cherry's Co. - Lauderdale's Btn. TN Mtd. Inf.

DYER, Calvin - Pvt. - Robinson's Co. - TN Mtd.

DYER, Calvin - Pvt. - Prigmore's Co. - 1st TN Mtd. Mil.

DYER, James H. - n/a - William's Co. - 1st TN Mtd. Inf.

DYER, James H. - Sergeant - Simpson's Co. - 1st TN Inf.

DYER, John - Pvt. - Prigmore's Co. - 1st TN Mtd. Mil.

DYER, John C. - Pvt. - Gillespie's Co. - 2nd TN Mtd. Inf.

DYER, Pryer H. - Pvt. - Simpson's Co. - 1st TN Inf.

DYER, Thomas - Pvt. - Gregg's Co. - 1st TN Inf.

DYER, William - Pvt. - Caldwell's Co. - Lindsay's Reg't TN Mtd.

E

EADS, Jessee - Pvt. - Ellis' Co. - 2nd TN Mtd. Inf.

EAMES, James G. - 1st Lieut. - Netherland's Co. 3rd TN Mtd. Mil.

EARLS, Alfred - Pvt. - Cooke's Co. - 3rd Btn. TN Inf.

EARLS, Matthew - Pvt. - Cooke's Co. - 3rd Btn TN inf.

EARLY, James - Pvt. - Tedford's Co. - 1st TN Inf.

EARNBART, Adam - Pvt. - Hill's Co. - 1st TN Inf.

EASLEY, Miller W. - n/a - William's Co. - 1st TN Mtd. Inf.

EASTER, David - Pvt. - Peak's Co. - Lindsay's Reg't TN Mtd.

EASTER, George W. - Corporal - Peak's Co. - Lindsay's Reg't TN Mtd.

EASTER, Solomon - Pvt. - Peak's Co. - Lindsay's Reg't TN Mtd.

EASTRIDGE, Barney - Pvt. - Wild's Co. - Lauderdale's Btn. TN Mtd. Inf.

EASTRIDGE, Hesekish - Pvt. - hembree's Co. - Lindsay's Reg't TN Mtd.

EATILL, Isaac - 1st Lieut. - Ferris' Co. - Lauderdale's Btn. TN Mtd. Inf.

EATON, Jesse - Pvt. - Waterhouse's Co. - Lauderdale's Btn. TN Mtd. Inf.

EBBS, George - Pvt. - Feazell's Co. - 1st TN Inf.

EBLEN/EBLIN, William - Pvt. - Hembree's Co. - Lindsay's Reg't TN Mtd.

EBLESIZER, Philip - Pvt. - Scrugg's Co. - 3rd TN Mtd. Mil.

EDDINGTON, Philip - Pvt. - Morrow's Co. - 1st TN Mtd. Inf.

EDDS, Jessee - Pvt. - Ellis' Co. - 2nd Tn Mtd. Inf.

EDENS, Isrell - Pvt. - Prigmore's Co. - 1st TN Mtd. Mil.

EDENS, Jasper N. - Pvt. - Prigmore's Co. - 1st TN Mtd. Mil.

EDES, Jesse - Pvt. - Ellis' Co. - 2nd TN Mtd. Inf.

EDINGTON, I. W. - Surgeon - F. & S. Co. - 3rd Btn. TN Inf.

EDINGTON, John W. - Pvt. - Boyd's Co. - 2nd TN Mtd. Mil.

EDINGTON, Philip - Pvt. - Morrow's Co. - 1st TN Mtd. Inf.

EDMONDS, Newton - Pvt. - Vernon's Co. - Lindsay's Reg't TN Mtd.

EDMONDSON, Matt. - Pvt. - Tedford's Co. - 2nd TN Mtd. Mil.

EDWARDS, Abel - Corporal - McClellan's Co. - 2nd TN Mtd. Inf.

EDWARDS, E. A. - Pvt. - Hudlow's Co. - 1st TN Inf.

EDWARDS, Edward - Pvt. - Roger's Co. - 3rd TN Mtd. Inf.

EDWARDS, Julius - Pvt. - Pearson's Co. - Lindsay's Reg't TN Mtd.

EDWARDS, Robert - Pvt. - Hickey's Co. - 1st TN Inf.

EDWARDS, Samuel E. - Pvt. - McClellan's Co. - 2nd TN Mtd. Inf.

EDWARDS, Tilman - Pvt. - Elliott's Co. - Lauderdale's Btn TN Mtd. Inf.

EDWARDS, William - Pvt. - Robinson's Co. - TN Mtd.

EDWARDS, William - Pvt. - Prigmore's Co. - 1st TN Mtd. Mil.

EFFERT/EIFFERT, James - Pvt. - Powell's Co. - Lindsay's Reg't TN Mtd.

ELDREDGE/ELDRIDGE, Henry - Pvt. - Hembree's Co. - Lindsay's Reg't TN Mtd.

ELDREDGE/ELDRIDGE, James - Pvt. - Hembree's Co. - Lindsay's Reg't TN Mtd.

ELIOTT, James - Pvt. - Feazell's Co. - 1st TN Inf.

ELKINS, Calib - Pvt. - Hembree's Co. - 2nd TN Mtd. Inf.

ELKINS, Christian C. - Pvt. - McClellan's Co. -2nd TN Mtd. Inf.

ELKINS, Daniel - Pvt. - McClellan's Co. - 2nd TN Mtd. Inf.

ELKINS, Hiram - Pvt. - Morrow's Co. -1st TN Mtd. Inf.

ELKINS, John - Pvt. - Fain's Co. - 1st Tn Mtd. Inf.

ELKINS, John - Pvt. - Simpson's Co. - 1st TN Inf.

ELKINS, Larkin - Pvt. - McClellan's Co. - 2nd TN Mtd. Inf.

ELLIDGE, William - Pvt. - Anderson's Co. - 1st TN Mtd. Mil.

ELLIGE, John B. - n/a - William's Co. - 1st TN Mtd. Inf.

ELLIGE, Thomas H. - n/a - William's Co. - 1st TN Mtd. Inf.

ELLINGTON, Nathan - Pvt. - Roger's Co. - 3rd TN Mtd. Mil.

ELLIOT, John - Captain - Elliott's Co. - Lauderdale's Btn. TN Mtd. Inf.

ELLIOTT, James - Pvt. - Feazell's Co. - 1st TN Inf.

ELLIOTT, James - Pvt. - Howell's Co. - 1st TN Inf.

ELLIOTT, Joseph I. - Pvt. - Hickey's Co. - 1st TN Inf.

ELLIOTT, Milus - Pvt. - Howell's Co. - 1st TN Inf.

****

ELLIS, Andrew I. - Pvt. - Netherland's Co. - 3rd TN Mtd. Mil.

ELLIS, Andrew J. - Pvt. - Dossett's Co. - 3rd Btn. TN Inf.

ELLIS, Benedict - Sergeant - Dodson's Co. - Lindsay's Reg't TN Mtd.

ELLIS, John - Pvt. - Cherry's Co. - Lauderdale's Btn. TN Mtd. Inf.

ELLIS, John - Captain - Ellis' Co. - 2nd TN Mtd. Inf.

ELLIS, John J./I. - Pvt. - Dodson's Co. - Lindsay's Reg't TN Mtd.

ELLIS, Monroe - Pvt. Hembree's Co. - Lindsay's Reg't TN Mtd.

ELLIS, Samuel H. - Sergeant - Ellis' Co. - 2nd TN Mtd. Inf.

ELLIS, William - Pvt. - Prigmore's Co. -1 st TN Mtd. Mil.

ELLMORE, Allen - Pvt. - Talbott's Co. -2nd TN Mtd. Inf.

ELY, Ananias - Corporal - Dossett's Co. - 3rd Btn. TN Inf.

ELY, Anderson - Pvt. - Campbell's Co. - 1st TN Mtd. Inf.

ELY, David - Pvt - Simpson's Co. - 1st TN Inf.

EMBERSON/EMERSON, William - Pvt. - Farris' Co. - Lauderdale's Btn. TN Mtd. Inf.

EMERT, Daniel - 1st Sergeant - West's Co. 2nd TN Mtd. Inf.

EMERY/EMRY, Joseph - Pvt. - Tedford's Co. - 1st TN Inf.

EMMERT, Albert - Pvt. - Simpson's Co. - 1st TN Inf.

EMMERT, Jacob B. - Pvt. - Powell's Co. - 1st TN Mtd. Inf.

EMMERT, Peter W. - Ensign - Powell's Co. - 1st Tn Mtd. Inf.

ENGLAND, Frederick - Pvt. - 2nd Mtd. Reg't TN

ENGLAND, James - Pvt. - Caldwell's Co. - 1st TN Mtd. Inf.

ENGLAND, John - Pvt - 2nd Mtd. Reg't TN

ENGLAND, William - Pvt. - 2nd Mtd. Reg't TN

ENGLISH, Andrew H. - Pvt. - Peak's Co. - 2nd TN Mtd. Inf.

EPPES/EPPS, John D. - Pvt. - Tedford's Co. - 1st TN Inf.

ERLS, William - Pvt. - Dossett's Co. - 3rd Btn. TN Inf.

ERWIN, Andrew - Sergeant - Waterhouse's Co. - Lauderdale's Btn. TN Mtd. Inf.

ERWIN, John - Pvt. - Boyd's Co. - 2nd TN Mtd. Mil

ERWIN, John A. - Dodson's Co. - Lindsay's Reg't TN Mtd.

ESCUE, John - Pvt. - Howell's Co. - 1st TN Inf.

ESSMAN, Hutson - Musician - Dodson's Co. - Lindsay's Reg't TN Mtd.

ESSMON, John - Musician - Dodson's Co. - Lindsay's Reg't TN Mtd.

ESTHER, George W. - Pvt. - Peak's Co. - 2nd TN Mtd. Inf.

ESTREDGE/ESTRIDGE, Hezekiah - Pvt. - Hembree's Co. - Lindsay's Reg't TN Mtd.

ETHERINGTON, E. W. - Sergeant - Wallace's Co. - 3rd Btn. Tn Inf.

EVANS, Austin - Gillespie's Co. - 2nd TN Mtd. Inf.

EVANS, Harris - Pvt. - Gillespie's Co. - 2nd TN Mtd. Inf.

EVANS, Hiram - Pvt. - Waterhouse's Co. - Lauderdale's Btn. TN Mtd. Inf.

EVANS, Patrick H. - Pvt. - Peak's Co. - 2nd TN Mtd. Inf.

EVANS, Samuel - Lieut. - Gregg's Co. - 3rd Btn. TN Inf.

EVANS, Samuel - Pvt. - Waterhouse's Co. - Lauderdale's Btn. TN Mtd. Inf.

EVANS, Samuel A. - Pvt. - Meek's Co. - 3rd TN Mtd. Mil.

EVERHEART, James - Pvt. - Fain's Co. - 1st TN Mtd. Inf.

EVERTON, Thomas - Drummer - Hickey's & F. & S. Co. - 1st TN Inf.

EVNS, Samuel - Pvt. - McClellan's Co. -2nd TN Mtd. Inf.

EWING, John - Pvt. - Fain's Co. - 1st TN Mtd. Inf.

EWING, Leper N. - Pvt. - Hunter's & Miller's Co. - 1st TN Inf.

EWING, Samuel B. - Pvt. - Hunter's & Miller's Co. - 1st TN Inf.

EWTON, James P. - Anderson's Co. - 1st TN Mtd. Mil.

EZZELL, Benjamin - Cooke's Co. - 3rd Btn. TN Inf.

F

FAIN, Josiah L. - Bugler - Wear's Co. - 2nd TN Mtd. Inf.

FAIN, Richard G. - Captain - Fain's Co. - 1st TN Mtd. Inf.

FAIRBANKS, James - Pvt. - Elliott's Co. - Lauderdale's Btn. TN Mtd. Inf.

FALLING, Joseph - Pvt. - Morrow's Co. - TN Mtd. Inf.

FAN. Alford - Pvt. - Scrugg's Co. - 3rd TN Mtd. Mil

FAN, Frederic - Pvt. - Scrugg's Co. - 3rd TN Mtd. Mil

FANSTER, Thomas, Sr. - Pvt. - Peak's Co. - 2nd TN Mtd. Inf.

FANSTER, Thomas, Jr. - Pvt. - Peak's Co. - 2nd TN Mtd. Inf.

FARGUSON, William - Pvt. - Ellis' Co. - 2nd TN Mtd. Inf.

FARIS/FARRIS, Fletcher B. - Pvt. - Ferris' Co. - Lauderdale's Btn. TN Mtd. Inf.

FARIS, Sanders - Captain - Faris' Co. - Lauderdale's Btn. TN Mtd. Inf.

FARLESS, Robert R. - Pvt. - Yoakum's & McLin's Co. - 1st TN Inf.

FARLIS, Robert B. - Pvt. - Yoakum's & McLin's Co. - 1st TN Inf.

FARMER, Allen - Pvt. - McClellan's Co. - 2nd TN Mtd. Inf.

FARMER, Cornelius - Pvt. - Campbell's Co. - 1st TN Mtd. Inf.

FARMER, Elijah - Pvt. - Vernon's Co. - 1st TN Mtd. Inf.

FARMER, Elisha - Pvt. - Hembree's Co. - Lindsay's Reg't TN Mtd.

FARMER, G. P. - Pvt. - Hembree's Co. - Lindsay's Reg't TN Mtd.

FARMER, Henry - Pvt. - 2nd Mtd. Reg't TN

FARMER, Henry - Pvt. - Vernon's Co. - TN Mtd. Inf.

FARMER, James - Pvt. - 2nd Mtd. Reg't TN

FARMER, John - Pvt. - 2nd Mtd. Reg't TN

FARMER, Nimrod - Pvt. - Talbott's Co. - 2nd TN Mtd. Inf.

FARMER, Samuel - Fifer - Parham's Co. - TN Mtd.

Inf.

FARMER, William - Pvt. - Vernon's Co. - 1st TN Mtd. Inf.

FARRIS, Garland - Pvt. - Farris' Co. - Lauderdale's Btn. TN Mtd. Inf.

FARRIS, Joseph J. - Pvt. - Talbott's Bo. 2nd TN Mtd. Inf.

FARRIS, Sanders - Captain - Ferris' Co. - Lauderdale's Btn. TN Mtd. Inf.

FARROWBANKS, James - Pvt. - Elliott's Co. - Lauderdale's Btn TN Mtd. Inf.

FARRY, Thomas - Pvt. - Powell's Co. - Lindsay's Reg't TN Mtd.

FARTHING, William Y. - Pvt. - Hickey's Co. - 1st TN Inf.

FAYSER, Hugh B. - Pvt. - Yoakum's & McLin's Co. - 1st TN Inf.

FEEZELL, Jacob H. - Corporal - Feazell's Co. - 1st TN Inf.

FEEZELL, Samuel - Captain - Feazell's Co. - 1st TN Inf.

FELKER, John - Pvt. - Feazell's Co. - 1st TN Inf.

FELLERS, Marion G. - Pvt. - Feazell's Co. -1 st TN Inf.

FENNELL, Thomas - Pvt. - Cannon's Co. - 1st TN Mtd. Inf.

FENNELL, Thomas - Pvt. - Wild's Co. - Lauderdale's Btn. TN Mtd. Inf.

FERESTON, William - Pvt. - Cunningham's Co. - Lindsay's Reg't TN Mtd.

FERGERSON, William - Pvt. - Feazell's Co. - 1st TN Inf.

FERGERSON/FERGUSON, William - Pvt. - Ellis' Co. - 2nd TN Mtd. Inf.

FERGUSON, Milan M. - Pvt. - Standefer's Co. - 1st TN Mtd. Inf.

FERGUSON, William - Pvt. - Talbott's Co. - 2nd TN Mtd. Inf.

FERREN, William - Pvt. - Cunningham's Co. - Lindsay's Reg't TN Mtd.

FERRIL, John - Pvt. - Fain's Co. - 1st TN Mtd. Inf.

FERRIS, Garland - Pvt. - Ferris' Co. - Lauderdale's Btn. TN Mtd. Inf.

FIELDS, Isaac - Pvt. - Parham's Co. - 1st TN Mtd. Inf.

FIELDS, James - Pvt. - Vernon's Co. - Lindsay's Reg't Mtd.

FIELDS, James M. - Pvt. - Cannon's Co. - 1st TN Mtd. Inf.

FIELDS, Joel - Pvt. - Simpson's Co. - 1st TN Inf.

FIELDS, Joel - n/a - William's Co. - 1st TN Mtd. Inf.

FILKER, John - Feazell's Co. - 1st TN Inf.

FINDLEY/FINLEY, David G. - 1st Sergeant - Ellis' Co. - 2nd TN Mtd. Inf.

FINE, Peter - Pvt. - Vernon's Co. - 1st TN Mtd. Inf.

FINLEY, David C. - 1st Sgt. - Ellis' Co. - 2nd TN Mtd. Inf.

FINLY, Albert N. - Pvt. - Tedford's Co. - 2nd TN Mtd. Mil.

FINLY, James M. - Pvt. - Tedford's Co. - 2nd TN Mtd. Mil.

FINLY, Samuel S. - Pvt. - Tedford's Co. - 2nd Tn Mtd. Mil.

FINNEY/FINNY, Patton - Pvt. - Cherry's & Ferris' Co. - Lauderdale's Btn TN Mtd. Inf.

FIRESTONE, William - Pvt. - Cunningham's Co. - Lindsay's Regt. TN Mtd.

FISHER, Henery/Henry - Pvt. - Hembree's Co. -

Lindsay's Regt. TN Mtd. - 2nd TN Mtd. Inf.

FISHER, William - Pvt. - Morrow's Co. - 1st TN Mtd. Inf.

FITZGERREL.FITZGERALD, Nacy - Pvt. - Vernon's Co. - 1st TN Mtd. Inf.

FITZGERALD, Martin - Pvt. - Wild's Co. - Lauderdale's Btn. TN Mtd. Inf.

FITZGERALD/FITZGERRALD, Milton D. - Pvt. - Vernon's Co. - Lindsay's Regt. TN Mtd.

FLANAKIN, Austin - Pvt. - Dearing's Co. - Lauderdale's Btn. TN Mtd. Inf.

FLANAKIN, Mackess - Pvt. - Dearing's Co. - Lauderdale's Btn. TN Mtd. Inf.

FLANAKIN, Robert - Pvt. - Dearing's Co. - Lauderdale's Btn. TN Mtd. Inf.

FLEMING, John - Pvt. - McClellan's Co. - 2nd TN Mtd. Inf.

FLEMING, Moses B. - Pvt. - Morrow's Co. - 1st TN Mtd. Inf.

FLETCHER, Aaron - Pvt. - Simpson's Co. - 1st TN Inf.

FLETCHER, Abner - Pvt. - Terry's Co. - 1st TN Mtd. Inf.

FLETCHER, James - Pvt. - Waterhouse's Co. - Lauderdale's Btn TN Mtd. Inf.

FLETCHER, James - Pvt. - Gillespie's Co. - 2nd TN Mtd. Inf.

FLETCHER, Johial [sic] H. - Musician - Feazell's Co. - 1st TN Inf.

FLETCHER, Minor L. - Pvt. - Yoakum's & McLinn's Co. - 1st TN Inf.

FLETCHER, Willie J. - 1st Sgt. - Yoakum's & McLin's Co. - 1st TN Inf.

FLORA, John - Pvt. - Fain's Co. - 1st TN Mtd. Inf.

FLORA, Joseph - Pvt. - Fain's Co. - 1st TN Mtd. Inf.

FLOWERS, John H. - Corporal - Dearing's Co. - Lauderdale's Btn. TN Mtd. Inf.

FLOYD - William H. - Pvt. - Hudlow's Co. - 1st TN Inf.

FOLLETT, Jeremiah - Pvt. - Ellis' Co. - 2nd TN Mtd. Inf.

FONVILLE, Richard - Pvt. - Hudlow's Co. - 1st TN Inf.

FORCES, Robert H. - Pvt. - Cooke's Co. - 3rd Btn. TN Inf.

FORD, Boaz - Pvt. - Morrow;'s Co. - 1st TN Mtd. Inf.

FORD, Daniel - Sgt. - Morrow's Co. - Lindsay's Regt. TN Mtd.

FORD, Daniel - Pvt. - McMillan's Co. - 1st TN Mtd. Inf.

FORD, Edward - Pvt. - Morrow's Co. - 1st TN Mtd. Inf.

FORD, Ezekiel - farrier/fifer - Vernon's Co. - Lindsay's Regt. TN Mtd.

FORD, Gabriel D. - Pvt. Feazell's Co. - 1st TN Inf.

FORD, Henry - Pvt. - Yoakum's & McLin's Co. - 1st TN Inf.

FOREST, Elisha J. - Corporal - Hunter's & Miller's Co. - 1st TN Inf.

FORESTER, Alexander - Pvt. - Peak's Co. - 2nd TN Mtd. Inf.

FORESTER/FORRESTER, Benjamin - Pvt. - Cunningham's Co. - Lindsay's Regt. TN Mtd.

FORESTER, George - Pvt. - Boyd's Co. - 1st TN Inf.

FORESTER/FORRESTER, Thomas, Jr. - Pvt. - Peak's Co. - 2nd TN Mtd. Inf.

FORESTER/FORRESTER, Thomas, Sr. - Pvt. - Peak's Co. - 2nd TN Mtd. Inf.

****

FORGAY, James A. - Pvt. - Morrow's Co. - 1st TN Mtd. Inf.

FORGY, James - Pvt. - Campbell's Co. - 1st TN Mtd. Inf.

FORGY, James A. - Pvt. - Morrow's Co. - 1st TN Mtd. Inf.

FORKNER, Anderson - Pvt. - William's Co. - 1st TN Mtd. Inf.

FORNER, Allen - Pvt. - McClellan's Co. - 2nd TN Mtd. Inf.

FORREST, Elisha - 3rd Corporal - Hunter's Miller's Co. - 1st TN Inf.

FORRESTER, Calender - Pvt. - Standefer's Co. - 1st TN Mtd. Inf.

FORRESTER, John - Pvt. - Standefer's Co. - 1st TN Mtd. Inf.

FORSYTH, Robert - Pvt. - Neely's Co. - 3rd Btn. TN Inf.

FORTNER, Reuben - Pvt. - Prigmore's Co. - 1st TN Mtd. Mil.

FOSBRINK, Henry - Pvt. - Yoakum's & McLin's Co. - 1st TN Inf.

FOSTER, George - Pvt. - Boyd's Co. - 1st TN Inf.

FOSTER, James B. - Sergeant - Ferris' Co. - Lauderdale's Btn. TN Mtd. Inf.

FOSTER, Jarret - Pvt. - Elliott's Co. - Lauderdale's Btn. TN Mtd. Inf.

FOSTER, Robert - Bugler - Terry's Co. - 1st TN Mtd. Inf.

FOSTER, Simpson - Pvt. - Pearson's Co. - Lindsay's Regt. Tn Mtd.

FOSTER/FOUSTER, William - Pvt. - Ellis' Co. - 2nd TN Mtd. Inf.

FOSTER, Wm. N. - Pvt. - Neely's Co. 3rd Btn. TN Inf.

FOURGERSON, William - Pvt. - Ellis' Co. - 2nd TN Mtd. Inf.

FOUST, John W. - Pvt. - Waterhouse's Co. - Lauderdale's Btn. TN Mtd. Inf.

FOWLER, John - Pvt. - Terry's Co. - 1st TN Mtd. Inf.

FOWLER, John - Corporal - Elliott's Co. - Lauderdale's Btn. TN Mtd. Inf.

FOWLER, John C. H. - Pvt. - Neely's Co. - 3rd Btn. Tn Inf.

FOWLER, John D. - Pvt. - Fain's Co. - 1st TN Mtd. Inf.

FOWLER, John H. - Pvt. - Terry's Co. 1st TN Mtd. Inf.

FOX, Eli - Pvt. - Tedford's Co. - 1st TN Inf.

FOX, Enoch D. - Pvt. - Howell's Co. - 1st TN Inf.

FOX, Mark - Pvt. - West's Co. - 2nd TN Mtd. Inf.

FOX, William - Pvt. - Pearson's Co. - Lindsay's Regt. TN Mtd.

FOX, William - Pvt. - Morrow's Co. - Lindsay's Regt. TN Mtd.

FROST, Micajah - Pvt. - Dossett's Co. - 3rd Btn. Tn Inf.

FRAKER, Michael - Pvt. - Morrow's Co. - TN Mtd. Inf. - Lindsay's Regt.

FRANCIS, James C. - Pvt. - Boyd's Co. - 1st TN Inf.

FRANCIS, John - Pvt. - Boyd's Co. 1st TN Inf.

FRANCIS, John W. - Sergeant - Boyd's Co. - 1st TN Inf.

FRASEER/FRASURE/FRAZIER, Lorenzo L. - Pvt. Cunning-ham;'s Co. - Lindsay's Regt. TN Mtd.

FRASER/FRAZER, Thomas - Pvt. - Howell's Co. - 1st TN Inf.

FRAYSER, Hugh B. - Pvt. - Yoakum's & McLin's Co.

****

- 1st TN Inf.

FRAZIER, Hanson - Pvt. - Laffery's Co. - Lindsay's Regt. TN Mtd.

FRAZIER, Nicholas G. - Pvt.. - Gillespie's Co. - 2nd TN Mtd. Inf.

FRAZIER, Nicholas G. - 1st Lieut. - Waterhouse's Co. - Lauderdale's Btn. Tn Mtd.

FRAZIER, Thomas N. - Pvt. - Gillespie's Co. - 2nd TN Mtd. Inf.

FRAZUR, Lorenzo D. - Pvt. - Cunningham's Co. - Lindsay's Regt. TN Mtd.

FREEDEL, David - Pvt. - Caldwell's Co. - Lindsay's Regt. TN Mtd.

FREELS, Isaac W. - Pvt. - 2nd Mtd. Regt. TN

FREELS, James - Corporal - 2nd Mtd. Regt. TN

FREEMAN, burton - Pvt. - Morrow's Co. - Lindsay's Regt. TN Mtd.

FREEMAN, Elijah - Pvt. - Wear's Co. - 2nd TN mtd. Inf.

FREEMAN, Eperson - 2nd Lieut. - Wild's Co. - Lauderdale's Btn, TN Mtd. Inf.

FREEMAN, James - Pvt. - Hill's Co. - 1st TN Inf.

FREEMAN, Jesse - Pvt. - Wear's Co. -2nd TN Mtd. Inf.

FREEMAN, John l. - Pvt. - Boyd's Co. -2nd TN Mtd. Mil

FREEMAN, Joshua - Pvt. - Morrow's Co. - 1st TN Mtd. Inf.

FREEMAN, Selvester - Pvt. - Hembree's Co. - 2nd TN Mtd. Inf.

FREEMAN, Thomas H. - Pvt. Boyd's Co. 2nd TN Mtd. Mil

FREEMAN, West - Pvt. - Hembree's Co. - Lindsay's Regt. Mtd.

FREEMAN, William - Pvt. - Morrow's Co. - Lindsay's Regt. TN Mtd.

FREEMAN, William - n/a - William's Co. - TN Mtd. Inf.

FREEMAN, William H. - Pvt. - Boyd's Co. - 2nd TN Mtd. Mil.

FRESHOUR, Joseph - Ensign - Scrugg's Co. - 3rd TN Mtd. Mil

FRIE, Alfred - Pvt. - Vernon's Co. - Lindsay's Regt. TN Mtd.

FRIE, John - Pvt. - Vernon's Co. - Lindsay's Regt. TN Mtd.

FRIE, Lorenzy - Pvt. - Vernon's Co. - Lindsay's Regt. TN Mtd.

FRISBY, Joseph - Pvt. - Boyd's Co. - 2nd TN Mtd. Mil.

FRISBY, Joseph T. - Pvt. - Caldwell's Co. - Lindsay's Regt. TN Mtd.

FRUDEL/FRUDLE, David - Pvt. - Caldwell's Co. - Lindsay's Regt. Tn Mtd.

FRUMAN, Britan - Pvt. - Morrow's Co. - Lindsay's Regt. TN Mtd Inf.

FRUMAN, William - Pvt. - Morrow's Co. - Lindsay's Regt. Tn Mtd.

FRY, Alfred - Pvt. - Vernon's Co. - Lindsay's Regt. TN Mtd.

FRY, George - Pvt. - Tedford's Co. 2nd TN Mtd. Mil.

FRY, Green - Pvt. - Boyd's Co. - 2nd TN Mtd. Mil.

FRY, John - Pvt. - Vernon's Co. - Lindsay's Regt. Mtd.

FRY/FRYE, Jonathan - Pvt. - Vernon's Co. 1st TN Mtd. Inf.

FRY, Lorenzo R. - Pvt. - Vernon's Co. - Lindsay's Regt. TN Mtd.

FRYAR/FRYER, Sevier - Pvt./Corp. - Cannon's Co. - 1st TN Mtd. Inf.

FRYAR, William - Pvt. - Cannon's Co. - 1st TN Mtd. Inf.

FRYER, Jeremiah - Pvt. - Wild's Co. - Lauderdale's Btn. Tn Mtd. Inf.

FRYER, Pleasant - Pvt. - Wild's Co. - Lauderdale's Btn. TN Mtd. Inf.

FRYER, William - Corporal - Wild's Co. - Lauderdale's Btn. TN Mtd. Inf.

FUGATE, Martin - Pvt. - Roger's Co. - 3rd TN Mtd. Mil.

FUGATE, William - Pvt. - Roger's Co. - 3rd TN Mtd. Mil.

FUGATE, William - Pvt. - Dossett's Co. - 3rd Btn. TN Inf.

FUGERSON, Warren - Drummer - Parham;'s Co. - TN Mtd. Inf.

FULLEN, Samuel - Pvt. - Simpson's Co. - 1st TN Inf.

FULLER, Henry F. - Pvt. - Hudlow's Co. - 1st TN Inf.

FULLER, William N. - Pvt. - Hudlow's Co. - 1st TN Inf.

FULWOOD, W. E. - Ass't Surgeon - TN

FUQUA, Jessee - Pvt. - Wear's Co. - 2nd TN Mtd. Inf.

FURGERSON, William - Pvt. - Ellis' co. - 2nd TN Mtd. Inf.

FURGESON, Thomas - Pvt. - Terry's Co. - 1st TN Mtd. Inf.

FURGESON, William - Pvt - West's Co. - 2nd TN Mtd. Inf.

FURR, Elijah - Pvt. - Powell's Co. - Lindsay's Regt. TN Mtd

FURREN/FURRIN, William - Pvt. - Cunningham's Co. - Lindsay's Regt. TN Mtd.

FURRY, Thomas - Pvt./3rd Corporal - Powell's Co. - Lindsay's Regt. TN Mtd.

FUSELL/FUZELL, Samuel - Captain - Feazell's Co. - 1st TN Inf.

FUTHEY, Pleant I. - Corp. - Tedford's Co. - 1st TN Inf.

FUZELL, Jacob H. - Corporal - Feazell's Co. - 1st TN Inf.

G

Gady - Richard - Pvt. - Prigmore's Co. - 1st TN Mtd. Mil

GAGE, Ebenzer - Pvt. - Dodson's Co. - Lindsay's Regt. TN Mtd.

GAGE, William - Pvt. - Champion's Co. - 2nd TN Mtd. Mil.

GAGE, William - Pvt. - Cherry's Co. - Lauderdale's Btn. TN mtd. Inf.

GALASPA, Gabriel - Pvt. - Wallace's Co. - 2nd Btn. TN Inf.

GALAWAY/GALLAWAY/GALLEWAY, Washington - Pvt. - Hembree's Co. - 2nd TN Mtd. Inf.

GALBRAITH, Alexander L. - Pvt. - 2nd Mtd. Regt. TN

GALBRAITH, J. - Sergeant - Hudlow's Co. - 1st TN Inf.

GALBRAITH, James - Pvt. - 2nd Mtd. Reg/t TN

GALBRAITH, Miller D. - Pvt. - 2nd Mtd. Reg/t TN

GAILBRAITH, Robert A. - Pvt. - 2nd Mtd. Reg/t TN

GALBRAITH, William - 1st Lieut. - Simpson's Co. - 1st TN Inf.

GALEHER/GALIBER, James H. - Pvt. - Hembree's Co. - 2nd TN Mtd. Inf.

GALOR, Jesse - Pvt. - Maupin's Co. - 2nd TN Mtd. Mil.

GALOR, Jesse - Pvt. - Dossett's Co. -3rd Btn. TN Inf.

GAMBLE, Charles - Pvt. - Vernon's Co. - Lindsay's Reg/t TN Mtd.

GAMBLE, James - Sergeant - Prigmore's Co. - 1st TN Mtd. Mil

GAMBLE, John W. - Pvt. - Vernon's Co. - Lindsay's Reg't TN Mtd.

GAMBLE, Joseph B. - Pvt. - Vernon's Co. - 1st TN Mtd. Inf.

GAMBLE, Joseph B. - Pvt. - Vernon's Co. Lindsay's Reg't TN Mtd.

GAMBLE, William P. - Sergeant - Fain's Co. - 1st TN Mtd. Inf.

GAMBRIT, George W. - Pvt. - Hudlow's Co. - 1st TN Inf.

GAMMON/GAMON, William - Pvt. - Byrd's Co. - 2nd TN Mtd. Inf.

GAN - James - Pvt. - Laffery's Co. - Lindsay's Reg't TN Mtd.

GANN, George - Pvt. - Caldwell's Co. - 1st TN Mtd. Inf.

GANT, William - Pvt. - Wild's Co. - Lauderdale's Btn. TN Mtd. Inf.

GARDENER/GARDNER, Nelson - Pvt. - Hembree's Co. - 2nd TN Mtd. Inf.

GARDENHIRE, A. J. - Pvt. - Hembree's Co. - Lindsay's Reg't TN Mtd.
[These two probably the same.]
GARDENHIRE, Andrew I. - Pvt. Hembree's Co. - 2nd TN Mtd. Inf.

GAREN, James M. - Caldwell's Co. - Lindsay's Reg't. TN Mtd.

GARNER, John - Pvt. - Cook's Co. - 3rd Btn. Tn Inf.

GARNER, John - Pvt. - 2nd Mtd Reg't TN

GARNER, Pleasant H. - Pvt. - 2nd Mtd. Reg't TN

GARNER, Samuel - Pvt. - 2nd Mtd. Reg't TN

GARNER, William - Cunningham's Co. - 2nd TN Mtd. Mil.

GARRETT, Stephen - Pvt. - Laffery's Co. - Lindsay's Reg't TN Mtd.

GARROW, Adam - Pvt. - Elliot's Co. - Lauderdale's Btn. TN Mtd. Inf.

GATES, Woodson C. - Pvt. - Hunter's & Miller's Co. - 1st TN Inf.

GATT, Richard E. - Pvt. - Boyd's Co. - 1st TN Inf.

GAWTHMEY, G. B. - 1st Lieut. - Wild's Co. - Lauderdale's Btn. TN Mtd. Inf.

GAY, John - Pvt. - Hill's Co. - 1st TN Inf.

GAY, Seaburn - Pvt. - Hill's Co. - 1st TN inf.

GAY, William - Pvt. - Hill's Co. - 1st TN Inf.

GAYLER, Jesse - Pvt. - Dossett's Co. - 3rd Btn. TN Inf.

GEAR/GEAREN/GEARIN, Jacob - Pvt. - Gillespie's Co. - 2nd TN Mtd. Inf.

GEAREN, James M. - Pvt. - Caldwell's Co. - Lindsay's Reg't TN Mtd.

GENTRY, Richard - Pvt. - Tedford's Co. - 1st TN Inf.

GEORGE, Elijah - Pvt. - Maupin's Co. - 2nd TN Mtd. Mil.

GEORGE, James O. - Pvt. - Yoakum's & McLin's Co. - 1st TN Inf.

GEORGE, Thomas - Pvt. - Boyd's Co. - 1st TN Inf.

GEORGE, William J. - Pvt. - Gregg's Co. - 3rd Btn. TN Inf.

GEORGER, Thomas - Pvt. - Boyd's Co. - TN Inf.

GEREN, Simeon C - 3rd Corporal - Morrow's Co. - Lindsay's Reg't TN mtd.

GHEEN, Burton - Musician - Yoakum's Co. - 1st TN Inf.

GHEEN, Hamilton - Musician - Yoakum's Co. - 1st TN Inf.

GIBBANS/GIBBINS/GIBBONS, James - Sergeant - Roger's Co. - 1st TN Mtd. Inf.

GIBBANS/GIBBIN, Joab - Pvt. - Hunter's & Miller's Co. - 1st TN Inf.

GIBBS, James - Pvt. - Gillespie's Co. - 2nd TN Mtd. Inf.

GIBBS, John M. - Ensign - Hurst's Co. - 1st TN Mtd. Mil.

GIBENEY, John - Pvt. - Hunter's Co. - 1st TN Inf.

GIBSON, Burrell - Pvt. - Roger's Co. - 3rd TN Mtd. Mil.

GIBSON, Hyram - Pvt. - Vernon's Co. - 1st TN Mtd. Inf.

GIBSON, Joseph - Pvt. - Dodson's Co. - Lindsay's Reg't TN Mtd.

GIBSON, Newsom - Pvt. - Hill's Co. - 1st TN Inf.

GIBSON, Randolph - Pvt. - Vernon's Co. - 1st TN Mtd. Inf.

GIDDENS/GIDEANS/GIDEON, Joshua - Pvt. - Roger's Co. - 1st TN Inf. Mtd.

GIDEONS, Randolph - Pvt. - Caldwell's Co. - 1st TN Mtd. Inf.

GIDIAN, John W. - Pvt. - Wild's Co. - Lauderdale's Btn. TN Mtd. Inf.

GIFFEN/GIFFIN, Andrew J. - Pvt. - Morrow's Co. - 1st TN Inf Mtd.

GIFFEN, David - Pvt. - Morrow's Co. - 1st TN Mtd. Inf.

GIFFORD, John M. - Sgt. - McClellan's Co. - 2nd TN Mtd. Inf.

GIFFORD, John M. - Brig. Quarter Master - 2nd Brig. Mtd. TN

GIFFORD, William - Pvt. - Netherland's Co. - 3rd TN Mtd. Mil.

GILBERT, John - Pvt. - Vernon's Co. - Lindsay's Reg't TN Mtd.

GILBERT, Peter - Pvt. - West's Co. - 2nd TN Mtd. Inf.

GILBERT, Peter - Pvt. - Vernon's Co. - Lindsay's Regt. TN Mtd.

GILBERT, Richard - Pvt. - West's Co. - 2nd TN Mtd. Inf.

GILBERT, William - Pvt. - Hickey's Co. - 1st TN Inf.

GILBRAITH/GILBREATH, Miller D. - Pvt. - Dossett's Co. - 3rd Btn TN Inf.

GILBREATH, Malin - Pvt. - Elliott's Co. - Lauderdale's Btn. TN Mtd. Inf.

GILES, Benjamin - Pvt. - Peak's Co. - Lindsay's Reg't TN Mtd.

GILLESPIE, Archibald D. - Pvt. - Gillespie's Co. - 2nd TN mtd. Inf.

GILLESPIE, James W. - 1st Lieut. - Robinson's Co. - TN Mtd.

GILLESPIE, Thomas J. - Captain - Gillespie's Co. - 2nd TN Mtd. Inf.

GILLET, William P. - 2nd Lieut - Hurst's Co. - 1st TN Mtd. Mil.

GILLETT, William P. - 1st Lieut - Feazell's Co. - 1st TN Inf.

GILLIAM, Allen - Pvt. - Cherry's Co. - Lauderdale's Btn. TN mtd. Inf.

GILLIAM, Braddock H. - Pvt. - Ferris' Co. - Lauderdale's Btn. TN Mtd. Inf.

GILLIAM, Charles - Pvt. - Ferris' Co. - Lauderdale's Btn. TN Mtd. Inf.

GILLIAM, Farris - Sgt. - Cherry's Co. - Lauderdale's Btn. TN Mtd. Inf.

GILLIAM, John - Pvt. - Bart's Co. - 1st TN Mtd. Mil.

GILLIAM, Johnson H. - Pvt. - Ferris' & Cherry's Co. - Lauderdale's Btn. TN Mtd. Inf.

GILLILAN/GILLILAND/GILLILLAND, Robert S. - Pvt. - Byrd's & Peak's Co. - 2nd TN Mtd. Inf.

GILLILAND, Samuel - Pvt. - Boyd's Co. - 2nd TN mtd. Mil.

GILLILAND, William B. - Q. M. Sgt. - F. & S. Co. - Lauderdale's Btn. TN Mtd. Inf.

GILLY, Absalem - Pvt. - Powell's Co. - 1st TN Mtd. Inf.

GINN, George - Pvt. - Dossett's Co. - 3rd Btn. TN Inf.

GINN, Jeptha - Pvt. - Tedford's Co. - 1st TN Inf.

GIPSON, Allin - Pvt. - Cherry's Co. - Lauderdale's Btn TN Mtd. Inf.

GIPSON, Armon - Pvt. - Ferris' & Cherry's Co. - Lauderdale's Btn. TN Mtd. Inf.

GIPSON, Frederick - Pvt. - Cherry's Co. - Lauderdale's Btn. TN mtd. Inf.

GIPSON, William - 1st Lieut. - Cherry's Co. - Lauderdale's Btn. TN mtd. Inf.

GIPSON, William L. - Pvt. - Ferris' Co. - Lauderdale's Btn TN Mtd. Inf.

GIRTMAN, William - Pvt. - Gregg's Co. - 3rd TN Inf.

GLANDON, Thomas - Pvt. - Morrow's Co. - Lindsay's Reg't TN Mtd.

GLASGOW, Caleb L. - Pvt. - Hill's Co. - 1st TN Inf.

GLASS, Isaac - Pvt. - Tedford's Co. - 2nd TN Mtd. Mil.

GLASS, Lewis L. - Pvt. Morrow's Co. - Lindsay's Reg't TN Mtd.

GLASSCOCK, Andrew J. - Pvt. - Champion's Co. - 1st TN Mtd. Mil.

GLEAVES, Americus D. - Pvt. - Hill's Co. - 1st TN Inf.

GLEAVES, Benjamin F. - Pvt. - Hill's Co. - 1st TN Inf.

GLEAVES, Felix N. - Sgt. - Hill's Co. - 1st TN Inf.

GLEN/GLENN, John - Pvt. - Powell's Co. - Lindsay's Reg't TN mtd.

GLENN, John - Pvt. - Gillespie's Co. - 2nd TN Mtd. Inf.

GLENN, William - Pvt. - Gillespie's Co. - 2nd TN Mtd. Inf.

GLESSUP, Samuel - n/a - William's Co. - 1st TN Mtd. Inf.

GODARD, William - Pvt. - Robinson's Co. - TN Mtd.

GODDARD, William H. - Sgt. - Hickey's Co. - 1st TN Inf.

GODSEY, Ishmael - Pvt. - Vernon's Co. TN Mtd. Inf.

GODSEY, John - Pvt. - McClellan's Co. - 2nd Tn Mtd. Inf.

GODWIN/GOODWIN, B. B. - Pvt. - Hudlow's Co. - 1st TN Inf.

GOIN, Elijah - Pvt. - Roger's Co. - 3rd TN Mtd. Mil.

GOIN, Richard D. - Pvt. - Roger's Co. - 3rd TN Mtd. Mil.

GOINS, George - Pvt. - Simpson's Co. - 1st TN Inf.

GOINS, Isaac - Pvt. - Simpson's Co. - 1st TN Inf.

GOINS, J. N. - Sgt. - Wallace's Co. - 3rd Btn. TN Inf.

GOINS, John - Pvt. - Simpson's Co. - 1st TN Inf.

GOINS, Levi - Pvt. - Wallace's Co. - 3rd Btn. TN Inf.

GOLDEN, Caswell - Pvt. - Prigmore's Co. - 1st TN Mtd. Mil.

GOLDSBY, Charles P. - Pvt. - Waterhouse's Co. - Lauderdale's Btn. TN Mtd. Inf.

GOLDSBY, Kirby - Pvt. - Waterhouse's Co. - Lauderdale's Btn. TN Mtd. Inf.

GOOD, Hiram - Pvt. - Pvt. - Boyd's Co. - 2nd TN Mtd. Mil.

GOODEN/GOODIN, William - 3rd Sgt. - Hembree's Co. - 2nd TN Mtd. Inf.

GOODIN, John - Pvt. - Waterhouse's Co. - Lauderdale's Btn. TN mtd. Inf.

GOODMAN, Abraham - Pvt. - Powell's Co. - Lindsay's Reg't TN Mtd.

GOODMAN, George W. - Corporal - Netherland's Co. - 3rd TN Mtd. Mil.

GOODMAN, George W. - Pvt. - McClellan's Co. - 2nd TN Mtd. Inf.

GOODMAN, Madison - Pvt. - Cherry's Co. - Lauderdale's Btn. TN Mtd. Inf.

GOODMAN, Washington - Pvt. - Powell's Co. - Lindsay's Reg;'t TN Mtd.

GOODNIGHT, David - Pvt. - Neely's Co. - 3rd Btn. TN Inf.

GOODRICH, Caleb - Pvt. - Hill's Co. - 1st TN Inf.

GOODRICH, Hays S. - Sgt. - Hill's Co. - 1st TN Inf.

GOODRIEN/GOURDREIN, Charles F. M. - Pvt. - Parham's Co. - 1st TN Mtd. Inf.

GOODWIN, Lucian - Pvt. - Morrow's Co. - Lindsay's Reg't Tn Mtd.

GOODWIN, Peter G. W. - Pvt. - Hunter's & Miller's Co. - 1st TN Inf.

GOOLDSBY, Isaac - Pvt. - Ferris' co. - Lauderdale''s Btn. Tn mtd. Inf.

GOOLDSBY/GOOLSBY/GOLSBY, Isaac - Pvt. - Gillespie's Co. - 2nd Tn Mtd. Inf.

GOOMLEY, John - Pvt. - Caldwell's Co. - Lindsay's Reg't TN Mtd.

GOOMLEY, Pleasant M. - 2nd Sgt. - Caldwell's Co. - 1st TN Mtd. Inf.

GOONS, Dodson - Pvt. - Cannon's Co. - 1st TN Mtd. Inf.

GOONS, Pryor L. - Cannon's Co. - 1st TN Mtd. Inf.

GORE, Thomas - Pvt. - Parham's Co. - 1st TN Mtd. Inf.

GORMAN, John - Pvt. - Hurst's Co. - 1st TN Mtd. Mil.

GORMLEY, John - Pvt. - Caldwell's Co. - Lindsay's Reg't TN Mtd.

GORMLEY, Michael - Pvt. - Campbell's Co. - 1st TN Mtd. Inf.

GORMLY, John - Corporal - Tedford's Co. - 2nd TN Mtd. Mil.

GORMLY, Samuel - Pvt. - Tedford's Co. - 2nd TN Mtd. Mil.

GOSS, Allen G. - 4th Sgt. - Cunningham's Co. - Lindsay's Reg't TN Mtd.

GOSS, Allen G. 2nd Lieut. - Robinson's Co. - TN Mtd.

GOSS, Cird [sic] - Pvt. - Prigmore's Co. - 1st TN Mtd. Mil.

GOSS, Clinton - Pvt. - Simpson's Co. - 1st TN Inf.

GOSSAGE, William J. - Pvt. - Wear's Co. - 2nd TN Mtd. Inf.

GOSSAGE, William, Sr. - Pvt. - Wear's Co. - 2nd TN Mtd. Inf.

GOSSETT, Calvin - Pvt. - Morrow's Co. - 1st TN Mtd. Inf.

****

GOTSEY, Samuel - Pvt. - Powell's Co. - 1st TN Mtd. Inf.

GOTT, Clairborne - 1st Lieut - Anderson's Co. - 1st TN Mtd. Mil.

GOTT, Claibrourne - Pvt. - Cannon's Co. - 1st TN Mtd. Inf.

GOURLEY, Josiah - Pvt. - Howell's Co. - 1st Tn Inf.

GOURLEY, William - Pvt. - Elliott's Co. - Lauderdale's Btn. TN Mtd. Inf.

GOWER, John - Pvt. - Ferris' Co. - Lauderdale's Btn. TN Mtd. Inf.

GOWERS, Zachariah - Pvt. - Champion's Co. - 1st TN Mtd. Mil.

GOWERS, Zachariah - Pvt. - Cherry's Co. - Lauderdale's Btn. TN Mtd. Inf.

GOWINS, Dodson - Pvt. - Wild's Co. - Lauderdale's Btn. TN Mtd. Inf.

GOWINS, John - Pvt. - Laffery's Co. - Lindsay's Reg't TN Mtd.

GRAHAM, George - Pvt. - Standefer's Co. - 1st TN Mtd. Inf.

GRAHAM, John - Pvt. - Talbott's Co. - 2nd TN Mtd. Inf.

GRAHAM, John - Pvt. - West's Co. - 2nd TN Mtd. Inf.

GRAHAM, John L. - Pvt. - Powell's Co. - Lindsay's Reg't TN Mtd.

GRAHAM, Joseph R. - Pvt. - Morrow's Co. - 1st TN Mtd. Inf.

GRAHAM, William - Pvt. -Powell's Co. - Lindsay's Reg't TN Mtd.

GRAHAM, William E. - Pvt. - Tedford's Co. - 1st Tn Inf.

GRAN, A. I. - Sgt. - Hudlow's Co. - 1st TN Inf.

GRANER, Jesse - Pvt. - 2nd Mtd. Reg't TN.

GRANT, Francis - Pvt. - Cooke's Co. - 3rd Btn. Tn Inf.

GRANT, James - Pvt. - Neely's Co. - 3rd Btn. Tn Inf.

GRANT, William - 1st Lieut. - McMillin's Co. - 1st TN Mtd. Mil.

GRANTHAM, Joshua - Pvt. - Neely's Co. - 3rd Btn. TN Inf.

GRANTHAM/GRANTON, Louis - Pvt. - Neely's Co. - 3rd Btn. Tn Inf.

GRANTON, Joshua - Pvt. - Neely's Co. - 3rd Btn. Tn Inf.

GRANTUM, William - Pvt. - Simpson's co. - 1st TN Inf.

GRAPHAM, Duncan - Pvt. - Laffery's Co,. - Lindsay's Reg't TN Mtd.

GRASHAM, Duncan - Pvt. - Co. Lindsay's Reg't TN Mtd.

GRASON, Henry - Pvt. - Laffery's Co. - Lindsay's Reg't TN Mtd.

GRASSHAM, Nehemiah - Pvt. - Byrd's & Peak's Co. - 2nd TN Mtd. Inf.

GRATHAM, D. - Pvt. - Laffery's Co. - Lindsay's Reg't TN Mtd.

GRAVES, Abraham - Pvt. - Caldwell's Co. - 1st TN Mtd. Inf.

GRAVES, Abraham - Drummer - Caldwell's Co. - Lindsay's Reg't TN Mtd.

GRAVES, Americus D. - Pvt. - Hill's Co. - 1st TN Inf.

GRAVES, Daniel - Pvt. - Morrow's Co. - 1st TN Mtd. Inf.

GRAVES, Richard - Bugler - Caldwell's Co. - 1st Tn Mtd. Inf.

GRAVES, Thomas - Pvt. - Caldwell's Co. 1st TN Mtd. Inf.

GRAY, Charles P. - Pvt. - Simpson's Co. - 1st TN Inf.

GRAY, Hardy B. - Pvt. - Hill's Co. - 1st TN Inf.

GRAY, Jeremiah - Pvt. - Elliott's Co. - Lauderdale's Btn. TN Mtd. Inf.

GRAY, Jesse B. - Pvt. - Gregg's Co. - 3rd Btn TN Inf.

GRAY, John - Corporal - Fain's Co. - 1st TN Mtd. Inf.

GRAY, Ralph W. - Pvt. - Caldwell's co. - 1st TN Mtd. Inf.

GRAY, Willis B. - Pvt. - Caldwell's Co. - 1st TN Mtd. Inf.

GRAYHAM, James - Pvt. - Maupin's Co. - 2nd TN Mtd. Mil.

GRAYSON, Hugh - Pvt. - Anderson's Co. - 1st TN Mtd. Mil.

GRAYSON, Joseph - Pvt. - Anderson's Co. - 1st TN Mtd. Mil.

GRAYSON, William - Pvt. - Cannon's Co. - 1st TN Mtd. Inf.

GREEN, A. J. - Sgt. - Hudlow's Co. - 1st TN Inf.

GREEN, David - Pvt. - Roger's Co. - 3nd TN Mtd. Mil.

GREEN, Enoch - Pvt. - Hembree's Co. - 2nd TN Mtd. Inf.

GREEN, Isaac - Pvt. - Hudlow's Co. - 1st TN Inf.

GREEN, J. - 1st Lieut. - Staff, Armstrong's Brig. TN Mtd. Mil

GREEN, James - Pvt. - Roger's Co. 3rd TN Mtd. Mil.

GREEN, James E. - Pvt. - Howell's Co. 1st TN Inf.

GREEN, Joab - Pvt. - Roger's Co. - 3rd TN Mtd. Mil.

GREEN, Samuel - Hudlow's Co. - 1st TN Inf.

GREEN/GREENE, Samuel - Pvt. - Laffery's Co. - Lindsay's Reg't TN Mtd.

GREEN, William R. - Pvt. - Hickey's Co. - 1st TN Inf.

GREENE, Alexander - Pvt. - Bart's Co. - 1st TN Mtd. Mil.

GREENE, Enoch - Pvt. - Hembree's Co. - 2nd TN Mtd. Inf.

GREENE, Robert E. - Pvt. - Wallace's Co. - 3rd Btn. TN Inf.

GREENWAY, James H. - 3 Corp. - Caldwell's Co. - Lindsay's Rgt. TN Mtd.

GREER, Alex C. - Pvt. - Ferris' Co. - Lauderdale's Btn. TN Mtd.

GREER, Isaac - Pvt. - Hudlow's Co. - 1st TN Inf.

GREER, John W. - Pvt. - Cherry's Co. - Lauderdale's Btn. TN Mtd. Inf.

GREGG, Abm. - Capt. - Gregg's Co. - 3rd Btn. TN Inf.

GREGG, Abm. - Capt. - Gregg's Co. - 3rd Btn. TN Inf.

GREGG, Abraham - 1st Lt. - McClellan's Co. - 2nd TN Mtd. Inf.

GREGORY, Archibald - Pvt. - Hurst's Co. - 1st TN Mtd. Mil.

GREGORY, George - Pvt. - Terry's Co. - 1st TN Mtd. Inf.

GREGORY, John - Pvt. - Neely's Co. - 3rd Btn. TN Inf.

GREGORY, John - Pvt. - Robinson's Co. TN Mtd.

GRESHAM, James W. - Pvt. - Cunningham's Co. - Lindsay's Rgt. Mtd.

GRESHAM, Thomas - Pvt. - Cunningham's Co. - Lindsay's Rgt. TN Mtd.

GRICE, Elias H. - Pvt. - Powell's Co. - 1st TN Mtd. Inf.

GRIFFECE, Needham - Pvt. - Hembree's Co. - Lindsay's Rgt. TN Mtd.

GRIFFICE, Needham, - Pvt. - Hembree's Co. -

Lindsay's Rgt. TN Mtd.

GRIFFICE, Needham - Pvt. - Hembree's Co. - 2nd TN Mtd. Inf.

GRIFFIN, Harmon - Pvt. - Peak's Co. - Lindsay's Rgt. TN Mtd.

GRIFFIN, James A. - Pvt. - Bart's Co. - 1st TN Mtd. Mil.

GRIFFIN, Jeromb B. - Pvt. - Cooke's Co. - 3rd Btn, TN Inf.

GRIFFIS, Needham - Pvt. - Hembree's Co. - 2nd TN Mtd. Inf.

GRIFFIS, Needham - Pvt. - Hembree's Co. - Lindsay's Rgt. TN Mtd.

GRIFFITH, Charles T. - Pvt. - Hudlow's Co. - 1st TN Inf.

GRIFFITH, David B. - Pvt. - Boyd's Co. - 1st TN Inf.

GRIFFITH, Isaac S. - Sgt. - Standefer's co. - 1st TN Mtd. Inf.

GRIFFITH, James - Pvt. - Pearson's Co. - Lindsay's Rgt. TN Mtd.

GRIFFITH, Jesse J. - 2nd Lt. - Standefer's Co. - 1st TN Mtd. Inf.

GRIFFITH, John W. - Pvt. - Powell's Co. - 1st TN Mtd. Inf.

GRIFFITH, John W. - Pvt. - Powell's Co. - Lindsay's Rgt. TN Mtd.

GRIFFITH, Martin - Pvt. - Maupin's Co. - 2nd TN Mtd. Mil.

GRIFFITH, Sidney S. - Corp. - Terry's Co. - 1st TN Mtd. Inf.

GRIFICE, Needham - Pvt. - Hembree's Co. - Lindsay's Rgt. TN Mtd.

GRIGG, John A. - Pvt. - Byrd's & Peak's Co. - 2nd TN Mtd. Inf.

GRIGG, Moses - Pvt. - Bryd's & Peak's co. - 2nd TN Mtd. Inf.

GRIGSBY, James - Pvt. - Parham's Co. - 1st TN Mtd. Inf.

GRIGSBY, Nathaniel B. - Pvt. - Caldwell's Co. - Lindsay's Rgt. TN Mtd.

GRIGSBY, William - Pvt. - Wear's Co. - 2nd TN Mtd.

GRIMES, John - Sgt. - Maupin's Co. - 2nd TN Mtd. Mil

GRIMSLEY, John - Pvt. - Netherland's Co. - 3rd TN Mtd. Mil.

GRIMSLY, Madison - Pvt. - Wear's Co. - 2nd TN Mtd. Inf.

GRINDSTAFF, Isaac - Pvt. - Hickey's Co. - 1st TN Inf.

GRINDSTAFF, Isaac - Pvt. - Hickey's Co. - 1st TN Inf.

GRISHAM, James W. - Pvt. - Cunningham's Co. - Lindsay's Rgt. TN Mtd.

GRISHAM, Thomas - Pvt. - Cunningham's Co. - Lindsay's Rgt. TN Mtd.

GROSS, Absalom - Pvt. - Boyd's Co. - 1st TN Inf.

GROSS, Allen G. - 4th Sgt. - Cunningham's Co. - Lindsay's Rgt. TN Mtd.

GROSS, George - Pvt. - Gillespie's Co. - 2nd TN Mtd. Inf.

GROSSHAM, Nehemiah - Pvt. - Byrd's & Peak's Co. - 2nd TN Mtd. Inf.

GROVES, Job - Pvt. - Neely's Co. - 3rd Btn. TN Inf.

GRUBB, Thomas - Pvt. - Gregg's Co. - 3rd Btn. TN Inf.

GUFFY, Uriah - Pvt. - Hickey's Co. - 1st Tn Inf.

GUINN, Abram - Pvt. - Hudlow's Co. - 1st Tn Inf.

GUINN, Allman - Pvt. - Boyd's Co. - 1st Tn Inf.

GUINN, William - Pvt. - Waterhouse's Co. - Lauderdale's Btn. TN Mtd. Inf.

GUINN, William R. - Pvt. - Talbott's Co. - 2nd TN Mtd. Inf.

GUNN, Elisha - Pvt. - Ferris' Co. - Lauderdale's Btn, TN Mtd. Inf.

GUNN, Samuel - Pvt. - Hudlow's Co. - 1st TN Inf.

GUNN, Simpson - Pvt. - Ferris' Co. - Lauderdale's Btn. TN Mtd. Inf.

GUNNING, James A. - Pvt. - Gregg's Co. - 3rd Btn. TN Inf.

GUREN, S. C. - 3rd Corp. - Morrow's Co. - Lindsay's Rgt. TN Mtd.

GURRIN, Jacob C. - Pvt. - Gillespie's Co., 2nd TN Mtd. Inf.

GUTERRY, William - Pvt. - Dossett's Co. - 3rd Btn. TN Inf.

GUTHERY, Thomas - Pvt. - Campbell's Co. - 1st TN Mtd. Inf.

GUTHRIE, George - Corp. - Roger's Co. - 1st TN Mtd. Inf.

GUTHRIE, Lawson - Pvt. - Gillespie's Co. - 2nd TN Mtd. Inf.

GUTHRIE, West - Pvt. - Ferris' Co. - Lauderdale's Btn. TN Mtd. Inf.

GUTTERY, William - Pvt. - Dossett's Co. - 3rd Btn. TN Inf.

GUY, Moses - N/A - William's Co. - 1st TN Mtd. Inf.

GUYAN, David - Pvt. - Cherry's Co. - Lauderdale's Btn. TN Mtd. Inf.

GWATHMEY, G. B. - 1ST Lt. - Wild's Co. - Lauderdale's Btn. TN Mtd. Inf.

GWIN, Allman - Pvt. - Boyd's Co. - 1st Tn Inf.

GWINN, Daniel - Pvt. - Cherry's Co. - Lauderdale's Btn. TN Mtd. Inf.

GWINN, George - Pvt. - Dossett's Co., 3rd Btn. TN Inf.

HACKLER, Charles - Pvt. - Vernon's Co. - Lindsay's Rgt. TN Mtd.

HACKLER, Henery - Pvt. - Vernon's Co. - Lindsay's Rgt. TN Mtd.

HACKNEY, Daniel B. - Pvt. - Hill's co. - 1st TN Inf.

HACKNY, William PW. - Pvt. - Laffery's Co. - Lindsay's Rgt. Tn Mtd.

HACKWORTH, Larken - Pvt. - 2nd Mtd. Rgt. TN

HACKWORTH, Lewis - Pvt. - 2nd Mtd. Rgt. TN

HADDOCKS, Samuel - Pvt. - Morrow's Co. - 1st TN Mtd. Inf.

HAGARD, Martin - Pvt. - Elliott's Co. - Lauderdale's Btn. TN Mtd. Inf.

HAGGARD, Martin - Pvt. - Elliott's Co. - Lauderdale's Btn. TN Mtd. Inf.

HAGLAR, Benjamin J. - Pvt. - 2nd Mtd. Rgt. TN

HAGLER, George W. - Pvt. - Wild's Co. - Lauderdale's Btn. TN Mtd. Inf.

HAGLER, Wilson - Ensign - Caldwell's Co. - Lindsay's Rgt. TN Mtd.

HAGLER, Wilson - Pvt. - Caldwell's Co. - 1st TN Mtd. Inf.

HAGUE, Robert - Pvt. - Wear's Co. - 2nd TN Mtd. Inf.

HAIL, Franklin - Sgt. - Hurst's Co. - 1st TN Mtd. Inf.

HAIL, Howard - Pvt. - Elliott's Co. - Lauderdale's Btn. TN Mtd. Inf.

HAIL, James - Pvt. - Hurst's Co. - 1st TN Mtd. Mil.

HAIL, Jonathan - Pvt. - Pearson's Co. - Lindsay's Rgt. TN Mtd.

****

HAIL, Preston - Pvt. - Hurst's Co. - 1st TN Mtd. Mil.

HAIL, Tate - Pvt. - Cunningham's Co. - Lindsay's Rgt. TN Mtd.

HAILE, Henry - 4th Sgt. - Gregg's Co. - 2nd Btn. TN Inf.

HAILE, James B. - Sgt. - Feazell's Co. - 1st TN Inf.

HAIM/HAINE, George - Pvt. - Feazell's Co. - 1st TN Inf.

HAINES, Lazarus - Pvt. - Cunningham's Co. - Lindsay's Rgt. TN Mtd.

HAINEY, Tilman - Pvt. - Elliott's Co. - Lauderdale's Btn. TN Mtd. Inf.

HAINS, Lasrus - Pvt. - Cunningham's Co. - Lindsay's Rgt. TN Mtd.

HAIR, James C. - Pvt. - Caldwell's Co. - 1st Tn Mtd. Inf.

HAIRE, James A. - Pvt. - Wear's Co. - 2nd TN Mtd. Inf.

HAISE, John - Pvt. - Parham's Co. - 1st TN Mtd. Inf.

HALCOMB, Benja - Pvt. - Powell's Co. - Lindsay's Rgt. TN Mtd.

HALCUM, Benjamin - Pvt. - Powell's Co. - Lindsay's Rgt. TN Mtd.

HALE, Fredrick - Pvt. - Bart's Co. - 1st TN Mtd. Mil.

HALE, Henry - 4th Sgt. - Gregg's Co. - 3rd Btn. TN Inf.

HALE, Howard - Pvt. - Elliott's Co. - Lauderdale's Btn. TN Mtd. Inf.

HALE, Isham - Pvt. - Terry's Co. - 1st TN Mtd. Inf.

HALE, James B. - Sgt. - Feazell's Co. - 1st TN Inf.

HALE, James C. - Pvt. - Robinson's Co. - TN Mtd.

HALE, James M. - Pvt. - Waterhouse's Co. - Lauderdale's Btn. TN Mtd. Inf.

HALE, James W. - 1st Lt. - Scrugg's Co. - 3rd TN Mtd. Mil.

HALE, Michale P. - Pvt. - Netherland's Co. - 2nd Mtd. Mil.

HALE, Phillip S. - 2nd Lt. - Fain's Co. - 1st TN Mtd. Inf.

HALE, Scott - Pvt. - Terry's Co. - 1st TN Mtd. Inf.

HALE, William D., - Pvt. - Scrugg's Co. - 3rd TN Mtd. Mil.

HALEY, Elijah G. - 2nd Sgt. - Parham's Co. - 1st TN Mtd. Inf.

HALL, Clements - Pvt. - Wear's Co. - 2nd TN Mtd. Inf.

HALL, David T. - Pvt. - Terry's Co. - 1st TN Mtd. Inf.

HALL, Hugh - Bugler - Morrow's Co. - 1st TN Mtd. Inf.

HALL, James - Pvt. - Terry's Co. - 1st TN Mtd. Inf.

HALL, Joel - Pvt. - Meek's Co. - 3rd TN Mtd. Mil.

HALL, John - Pvt. - Terry's Co. - 1st TN Mtd. Inf.

HALL, John D. - Pvt. - Boyd's Co. - 1st TN Inf.

HALL, Jonathan - Pvt. - Boyd's Co. - 1st TN Inf.

HALL, Joseph - Pvt. - Fain's Co. - 1st TN Mtd. Inf.

HALL, Lewis - Pvt. - Terry's Co. - 1st TN Mtd. Inf.

HALL, Theodrick - Pvt. - Howell's Co. - 1st TN Inf.

HALL, Thomas - Pvt. - Morrow's Co. - 1st TN Mtd. Inf.

HALL, William - Sgt. - Terry's Co. - 1st TN Mtd. Inf.

HALLOWAY, Asa - Pvt. - Dossett's Co. - 3rd Btn. TN Inf.

HALLOWAY, Samuel - Pvt. - Waterhouse's Co. - Lauderdale's Btn. TN Mtd. Inf.

HALLS, James - Pvt. - Boyd's Co. - 1st TN Inf.

****

HAMBEY, Jesse - Pvt. - Elliott's Co. - Lauderdale's Btn. TN Mtd. Inf.

HAMBLEN, Henry - Pvt. - Simpson's Co. - 1st TN Inf.

HAMBLETT, George - Pvt. - Hill's Co. - 1st TN Inf.

HAMBLIN, John - Pvt. - Fain's Co. - 1st TN Mtd. Inf.

HAMILTON, James M. - Pvt. - Hill's Co. - 1st TN Inf.

HAMILTON, William - Pvt. - Elliott's Co. - Lauderdale's Btn. TN Mtd. Inf.

HAMLET, George - Pvt. - Hill's Co. - 1st TN Inf.

HAMMONS, Briant B. - Pvt. - Maupin's Co. - 2nd TN Mtd. Mil.

HAMMONS, James - Pvt. - Talbott's Co. - 2nd TN Mtd. Inf.

HAMPTON, Peter - Pvt. - Morrow's Co. - Lindsay's Rgt. TN Mtd.

HANARD, John - Pvt. - Peak's Co. - Lindsay's Rgt. TN Mtd.

HANCOCK, Calvin - Pvt. - Maupin's Co. - 2nd TN Mtd. Mil.

HANCOCK, James H. - Pvt. - Prigmore's Co. - 1st TN Mtd. Mil

HANCOCK, Tabourn - Pvt. - Hudlow's Co. - 1st TN Inf.

HANDLEY, Alex E. - Sgt. - Ferris' Co. - Lauderdale's Btn. TN Mtd. Inf.

HANEY, Hiram - Pvt. - Pearsons' Co. - Lindsay's Rgt. TN Mtd.

HANEY, Isaac - Pvt. - Terry's Co. - 1st TN Mtd. Inf.

HANEY, Tillman - Pvt. - Elliott's Co. - Lauderdale's Btn. TN Mtd. Inf.

HANEY, Tilman - Pvt. - Standefer's Co. - 1st TN Mtd. Inf.

HANEY, Willis W. - Pvt. - McMillin's Co. - 1st TN Mtd. Mil.

HANICUT, H. - Pvt. - Dossett's Co. - 2nd Btn. TN Inf.

HANICUT, Jas. - Pvt. - Dossett's Co. - 3rd Btn. TN Inf.

HANKINS, John - Pvt. - Cunningham's Co. - Lindsay's Rgt. TN Mtd.

HANKINS, Joseph - Pvt. - Morrow's Co. - Lindsay's Rgt. TN Mtd.

HANKS, Alfred - Pvt. - Pearson's Co. - Lindsay's Rgt. TN Mtd.

HANKS, Jonathan - Pvt. - Elliott's Co. - Lauderdale's Btn. TN Mtd. Inf.

HANLEY, Jesse - Pvt. - Elliott's Co. - Lauderdale's Btn. TN Mtd. Inf.

HANNAH, Hugh - Pvt. - McMillin's Co. - 1st TN Mtd. Mil.

HANNAH, John - Pvt. - Tedford's Co. - 2nd TN Mtd. Mil

HANNAH, Samuel W. - Pvt. - McMillin's Co. - 1st TN Mtd. Mil.

HANNAH, Thomas - Pvt. - McMillin's Co. - 1st TN Mtd. Mil.

HANSHAW/HARSHAW, Daniel - Pvt. - Hudlow's Co. - 1st TN Inf.

HARDBARGER, John - Pvt. - Powell's Co. - Lindsay's Rgt. TN Mtd.

HARDBARGER, John - Pvt. - Powell's Co. - 1st TN Mtd. Inf.

HARDCASTLE, Enoch - Pvt. - Champion's Co. - 1st TN Mtd. Mil.

HARDCASTLE, Enoch W. - Pvt. - Ferris' Co. - Lauderdale's Btn. TN Mtd. Inf.

HARDEN, George A. B. - Bugler - Standefer's Co. - 1st TN Mtd. Inf.

HARDIN, James - Pvt. - Cooke's Co. - 3rd Btn. TN Inf.

HARDWELL, L. W. G. - Pvt. - Neely's Co. - 3rd Btn. TN Inf.

HARGESS/HARGIS, Abram - Pvt. - Cherry's Co. - Lauderdale's Btn. TN Mtd. Inf.

HARGESS, John - Pvt. - Cherry's Co. - Lauderdale's Btn. TN Mtd. Inf.

HARGESS, John T. - Pvt. - Dodson's Co. - Lindsay's Rgt. TN Mtd.

HARGIS, John - Pvt. - Cherry's Co. - Lauderdale's Btn. TN Mtd. Inf.

HARGISS, Abner - Pvt. - Champion's Co. - 1st TN Mtd. Mil

HARGISS, John, Jr. - Pvt. - Champion's Co. - 1st TN Mtd. Mil.

HARIS, Andrew - Pvt. - Cunningham's Co. - 2nd TN Mtd. Mil.

HARKLEROAD, Rufus - Pvt. - Netherland's Co. - 3rd TN Mtd. Mil.

HARMON, James T. - Pvt. - Dearing's Co. - Lauderdale's Btn. TN Mtd. Inf.

HARMOND, John - Pvt. - Scrugg's Co. - 3rd TN Mtd. Mil.

HARMOND, Peter - Pvt. - Scrugg's Co. - 3rd TN Mtd. Mil.

HARPER, Richard H. - Pvt. - Dossett's Co. - 3rd Btn. Tn Inf.

HARPER, William - Pvt. - Cunningham's Co. - 2nd TN Mtd. Mil.

HARR, John D. - Pvt. - Gregg's Co. -3rd Btn. TN Inf.

HARR, John M. - Pvt. - Gregg's Co. - 3rd Btn. Tn Inf.

HARRIS, Adam - Pvt. - Hill's Co. - 1st TN Inf.

HARRIS, Benjamin - Pvt. - Dearing's Co. - Lauderdale's Btn. TN Mtd. Inf.

HARRIS, Boyd - Pvt. - Caldwell's Co. - 1st TN Mtd. Inf.

HARRIS, Charles - Pvt. - Parham's Co. - 1st TN Mtd. Inf.

HARRIS, Hillard J. - Sgt. - Boyd's Co. - 2nd TN Mtd. Mil.

HARRIS, I. Q. - Ass't Surgeon

HARRIS, James R. - 4th Sgt. - Yoakum's & McLin's Co. - 1st TN Inf.

HARRIS, Jesse O. - Pvt. - Neely's Co. -3rd Btn. TN Inf.

HARRIS, John - Pvt. - Morrow's Co. - 1st TN Mtd. Inf.

HARRIS, John - Pvt. - Caldwell's Co. - 1st TN Mtd. Inf.

HARRIS, Josiah - Pvt. - Robinson's Co. - TN Mtd.

HARRIS, Richard - Pvt. - Parham's Co. - 1st TN Mtd. Inf.

HARRIS, Robert - Pvt. - Parham's Co. - 1st TN Mtd. Inf.

HARRIS, Robert I. - Sgt. - Tedford's Co. - 2nt TN Mtd. Mil.

HARRIS, Samuel - Pvt. - Morrow's Co. - 1st TN Mtd. Inf.

HARRIS, Stirling - Pvt. - Netherland's Co. - 3rd TN Mtd. Mil.

HARRIS, Valentine - Pvt. - Hickey's Co. - 1st TN Inf.

HARRIS, William - Pvt. - Campbell's Co. - 1st TN Mtd. Inf.

HARRIS, William - Sgt. - Pearson's Co. - Lindsay's Reg't TN Mtd.

HARRIS, William L. - Pvt. - Parham's Co. - 1st TN Mtd. Inf.

HARRIS, Zepheniah - Pvt. - Cunningham's Co. - 2nd

****

TN Mtd. Mil.

HARRISON, Adam - Pvt. - Hickey's Co. - 1st TN Inf.

HARRISON, Calvin - Pvt. - Caldwell's Co. - 1st TN Mtd. Inf.

HARRISON, Frazier - Pvt. - Cannon's Co. - 1st TN Mtd. Inf.

HARRISON, Joshua - Pvt. - Dearing's Co. - Lauderdale's Btn. TN Mtd. Inf.

HART, Alexander - 2nd Corporal/3rd Corporal - Caldwell's Co. - 1st TN Mtd. Inf.

HART, Allen - Pvt. - Ellis' Co. - 2nd TN Mtd. Inf.

HART, Benjamin - Pvt. - Cunningham's Co. - Lindsay's Reg't TN Mtd.

HART, Henry - Pvt. - Gregg's Co. - 1st TN Inf.

HART, Isaac W. - 4th Sgt. - Hickey's Co. - 1st Tn Inf.

HART, John - Pvt. - Dossett's Co. - 3rd Btn. TN Inf.

HARTLEY, Hugh - Pvt. - Peak's Co. - 2nd TN Mtd. Inf.

HARTLEY/HARTLY, William L. - Sgt. - Simpson's Co. - 1st TN Inf.

HARTSFIELD, William A. - Pvt. - Hudlow's Co. - 1st TN Inf.

HARVEY, Charles - Pvt. - Caldwell's Co. - Lindsay's Reg't TN Mtd.]

HARVEY, George W. - Pvt. - Elliott's Co. - Lauderdale's Btn. TN Mtd. Inf.

HARVEY, Thomas I. - Pvt. - Campbell's Co. - 1st TN Mtd. Inf.

HARVEY, William W. - Pvt. - McMillin's Co. - 1st TN Mtd. Mil

HARVIS, John N. - Pvt. - Tedford's Co. - 2nd TN Mtd. Mil.

HARVY, George W. - Pvt. - Gillespie's Co. - 2nd TN Mtd. Inf.

HARWELL, I. W. J. - Pvt. - Neely's Co. - 3rd Btn. TN Inf.

HARWOOD, Burwell - Pvt. - Waterhouse's Co. - Lauderdale's Btn. TN Mtd. Inf.

HARWOOD, Elias - Pvt. - Vernon's Co. - Lindsay's Reg't TN Mtd.

HARWOOD, James M. - Pvt. - Waterhouse's Co. - Lauderdale's Btn TN Mtd. Inf.

HARWOOD, Phillip - Pvt. - Gillespie's Co. - 2nd TN Mtd. Inf.

HASCALL, Jesse - Pvt. - Cooke's Co. - 3rd Btn TN Inf.

HASKINS, David C. - 1st Corporal - Pearson's Co. - Lindsay's Reg't TN Mtd.

HASKINS, Dennis - 2nd Lieut. - Pearson's Co. - Lindsay's Reg't TN Mtd.

HASKINS, Hiram J. - Pvt. - Peak's Co. - Lindsay's Reg't TN Mtd.

HASKINS, James - Pvt./3rd Corporal - Peak's Co. - 2nd TN Mtd. Inf.

HASKINS, James H. - Pvt. - Hickey's Co. - 1st TN Inf.

HASKIT, David - Pvt. - Champion's Co. - 1st TN Mtd. Mil

HALSER, Adam - Pvt. - Waterhouse's Co. - Lauderdales Btn. TN Mtd. Inf.

HASNER, Thomas N. C. - Pvt. - Feazell's Co. - 1st TN Inf.

HASTINGS, George W. - Pvt. - Hudlow's Co. - 1st TN Inf.

HATCHER, Armstard - Pvt. - Hurst's Co. - 1st TN Mtd. Mil.

HATCHER, Armstead - Pvt. - Ellis' Co. - 2nd TN Mtd. Inf.

HATCHER, Charles W. - Pvt. - West's Co. - 2nd TN Mtd. Inf.

HATFIELD, A. H. - Pvt. - Dossett's Co. - 3rd Btn. TN Inf.

HATFIELD, Gilbert - Pvt. - Anderson's Co. - 1st TN Mtd. Mil.

HATFIELD, Granvill - Pvt. - Anderson's Co. - 1st TN Mtd. Mil.

HATFIELD, James - Pvt. - Anderson's Co. - 1st TN Mtd. Mil.

HATFIELD, Jeremiah - Pvt. - Anderson's Co. - 1st TN Mtd. Mil.

HATFIELD, John - Pvt. - Vernon's Co. - Lindsay's Reg't TN Mtd.

HATFIELD, Nathan - Pvt. Anderson's Co. - 1st TN Mtd. Mil

HATFIELD, Valentine - Pvt. - Prigmore's Co. - 1st TN Mtd. Mil

HAUCHER, James - Pvt. - McClellan's Co. - 2nd TN Mtd. Inf.

HAUKINS, Absalom - Pvt. - Morrow's Co. - 1st TN Mtd. Inf.

HAUKINS, Elijah - Pvt. - Wear's Co. - 2nd TN Mtd. Inf.

HAUKINS, James B. - Pvt. - Wear's Co. - 2nd TN Mtd. Inf.

HAUKINS, John - Pvt. - Cunningham's Co. - Lindsay's Reg't TN mtd.

HAUKINS, Joseph - Pvt. - Morrow's Co., - Lindsay's Reg't TN Mtd.

HAUKINS, Joseph G. - Pvt. - Wear's Co. - 2nd TN Mtd. Inf.

HAUKINS, Levi S. - Pvt. - Morrow's Co. - 1st TN Mtd. Inf.

HAUKINS, Westly - Pvt. - Wear's Co. - 2nd TN Mtd. Inf.

HAVEN, Howard - 2nd Corporal - Hickey's Co. - 1st TN Inf.

HAVEN, John - Ensign - Dossett's Co. - 3rd Btn. TN Inf.

HAWK, John - Pvt. - Roger's Co. - 1st TN Mtd. Inf.

HAWKINS, Robert - Pvt. - Elliot's Co. - Lauderdale's Btn. TN Mtd. Inf.

HAWKINS, William R. - Pvt. - Cooke's Co. - 3rd Btn. TN Inf.

HAWKS, Preston - Corporal - Dearing's Co. - Lauderdale's Btn. TN Mtd. Inf.

HAWLEY, Addison - Pvt. - Netherland's Co. - 3rd TN Mtd. Mil.

HAWLEY, John - 4th Corporal - Gregg's Co. - 3rd Btn. TN Inf.

HAWN, George - Pvt. - Talbott's Co. - 2nd TN Mtd. Inf.

HAYES, William - Pvt. - Cherry's Co. - Lauderdale's Btn. TN Mtd. Inf.

HAYL, Daniel - Pvt. - Boyd's Co. - 1st TN Inf.

HAYNES, Albert G. - Pvt. - McMillin's Co. - 1st TN Mtd. Mil.

HAYNES, Darlin - Pvt. - Hunter's Co. - 1st TN Inf.

HAYNES, David - Pvt. - Morrow's Co. - 1st TN Mtd. Inf.

HAYNES, George M. [W.] - Pvt. - McMillin's Co. - 1st TN Mtd. Mil.

HAYNES, IRA - Pvt. - Vernon's Co. - Lindsay's Reg't TN Mtd.

HAYS, John - Pvt. - Bart's Co. - 1st TN Mtd. Mil.

HAYS, John M. - Pvt. - Hunter's Co. - 1st TN Inf.

HAYS, Nathaniel W. - 2nd Lieut. - McMillin's Co. - 1st

****

TN Mtd. Mil

HAYS, William - Pvt. - Champion's Co. - 1st TN Mtd. Mil.

HAYSE, John M. - Pvt. - Hunter's & Miller's Co. - 1st TN Inf.

HAYWOOD, Elias - Pvt. - Parham's Co. - 1st TN Mtd. Inf.

HEAD, Alfred B. - Pvt. - Powell's Co. - 1st TN Mtd. Inf.

HEADRICK, William - 2nd Lieut. - Cunningham's Co. - 2nd TN Mtd. Mil.

HEARD, Byran - 2nd Lieut - Terry's Co. - 1st TN Mtd. Inf.

HEARD, Earley - Ensign - Terry's Co. - 1st TN Mtd. Inf.

HEARD, Marlen - Pvt. - Terry's Co. - 1st TN Mtd. Inf.

HEARN, John - Pvt. - Dearing's Co. - Lauderdale's Btn. TN Mtd. Inf.

HEART, Benjamin - Pvt. - Cunningham's Co. - Lindsay's Reg't TN Mtd.

HEART, David - Pvt. - Waterhouse's Co. - Lauderdale's Btn. TN Mtd. Inf.

HEART, Lewis - Pvt. - Waterhouse's Co. - Lauderdale's Btn. TN Mtd. Inf.

HEATHER, James H. - Pvt. - Morrow;'s Co. - 1st TN Mtd. Inf.

HEATHERLY, George - Pvt. - Powell's Co. - 1st TN Mtd. Inf. - Lindsay's Reg't TN Mtd.

HEDDRICK, Peter - Pvt. - Cunningham;'s Co. - 2nd TN Mtd. Mil.

HEDRICK, John - Pvt. - Fain's Co. - 1st TN Mtd. Inf.

HEDRICK, Thomas P. - Corporal - Cunningham's Co. - 2nd TN mtd. Mil.

HELDAM, John - Pvt. - Fain's Co. - 1st TN Mtd. Inf.

HELLENS, James A. - Boyd's Co. - 1st TN Inf.

HELTON, Abraham - Pvt. - Yoakum's & McLin's Co. - 1st TN Inf.

HELTON, Isaac - Pvt. - Parham's Co. - 1st TN Mtd. Inf.

HELTON, Isaac B. - Pvt. - Pearson's Co. - Lindsay's Reg't TN Mtd.

HELTON, Jessee - Pvt. - Netherland's Co. - 3rd TN Mtd. Mil.

HELTON, John - Pvt. - Fain's Co. - 1st TN Mtd. Inf.

HELTON, Joseph - Pvt. - Fain's Co. - 1st TN Mtd. Inf.

HELTON, Joshua - Pvt. - Laffery's Co. - Lindsay's Reg't TN Mtd.

HELTON, Pleasant Pvt. - Simpson's Co. - 1st TN Inf.

HELTON, Silas - 3rd Sgt. - Hickey's Co. - 1st TN Inf.

HEMBREE, Benjamin - Pvt. - Hembree's Co. - 2nd TN Mtd. Inf.

HEMBREE, Hiram - Pvt. - Hembree's Co. - Lindsay's Reg't TN Mtd.

HEMBREE, Isaac - Pvt. - Hembree's Co. - 2nd TN Mts. Inf.

HEMBREE, Isaac - Pvt. - Feazell's Co. - 1st TN Inf.

HEMBREE, J. B. - Pvt. - Co. na - Lindsay's Reg't TN Mtd.

HEMBREE, Joel - Captain - Hembree's Co. - 2nd TN Mtd. Inf. - Lindsay's Reg't TN Mtd.

HEMBREE, Joel - Lt. Colonel - Co. na - 1st TN Mtd. Inf.

HEMSON, John - Pvt. - Fain's Co. - 1st TN Mtd. Inf.

HENARD, John - Pvt. - Peak's Co. - Lindsay's Reg't TN Mtd.

HENCLY, Stephen - Pvt. - Tedford's Co. - 1st TN Inf.

HENDERSON, Alexander - Pvt. - Wear's Co. 2nd TN Mtd. Inf.

HENDERSON, Amos - Pvt. - Hembree's Co. - Lindsay's Reg't TN Mtd.

HENDERSON, L. P. - Musician - Hembree's Co. - Lindsay's Reg't TN Mtd.

HENDERSON, Loven R. - Pvt. - Hembree's Co. 2nd TN Mtd. Inf.

HENDERSON, Samuel - Sgt. - Howell's Co. - 1st TN Inf.

HENDERSON, Sebird/Sebryel - Pvt. - Hembree's Co. - Lindsay's Reg't TN Mtd.

HENDERSON, Thomas - Pvt. - Cannon's Co. - 1st TN Mtd. Inf.

HENDERSON, William - Pvt. - 2nd Mtd. Reg't TN

HENDERSON, William - Pvt. - Hembree's Co. - Lindsay's Reg't TN Mtd.

HENDIN, John - Pvt. - Cooke's Co. - 3rrd Btn. TN Inf.

HENDRICKSON, John - Pvt. - Morrow's Co. - 1st TN Mtd. Inf.

HENDRIX, Alexander J. - Pvt. - 2nd Mtd. Reg't TN

HENDRIX, Luke S. - Pvt. - 2nd Mtd. Reg't TN

HENLEY, Edmond - Pvt. - Robinson's Co. - TN Mtd.

HENLEY, James - Musician - Hill's Co. - 1st TN Inf.

HENLEY, James M. - Pvt. - Robinson's Co. - TN Mtd.

HENLEY, Peter - Pvt. - Hill's Co. - 1st TN Inf.

HENLEY, William - Pvt. - Robinson's Co. - TN Mtd.

HENLY, John - Pvt. - Cherry's Co. - Lauderdale's Btn. TN Mtd. Inf.

HENRY, Amos - Pvt. - Tedford's Co. - 2nd TN Mtd. Mil.

HENRY, Anderson - Pvt. - West's Co. - 2nd TN Mtd. Inf.

HENRY, Eli - Pvt. - Roger's Co. - 1st TN Mtd. Inf.

HENRY, Henry - 2nd Sgt. - Gillespie's Co. - 2nd TN Mtd. Inf.

HENRY, Hugh - Pvt. - Feazell's Co. - 1st TN Inf.

HENRY, Isaac - Pvt. - West's Co. - 2nd TN Mtd. Inf.

HENRY, James - Pvt. - West's Co. - 2nd TN Mtd. Inf.

HENRY, James M. - Pvt. - McMillin's Co. - 1st TN Mtd. Mil.

HENRY, Jeptha - Pvt. - Tedford's Co. - 2nd TN Mtd. Mil.

HENRY, John - Pvt. - Tedford's Co. - 2nd TN Mtd. Mil.

HENRY, John - Pvt. - Laffery's Co. - Lindsay's Reg't TN Mtd.

HENRY, Josias C. - Pvt. - Cunningham's Co. - 2nd TN Mtd. Mil.

HENRY, William - Sgt. - Cunningham's Co. - 2nd TN Mtd. Mil.

HENRY, William M. - Pvt. - McMillin's Co. - 1st TN Mtd. Mil.

HENRY, William of Hugh - Pvt. - Cunningham's Co. - 2nd TN Mtd. Mil.

HENRY, William of Saul - Pvt. - Cunningham's Co. - 2nd TN Mtd. Mil.

HENSLEE, Isaac - Pvt. - Feazell's Co. - 1st TN Inf.

HENSLEY, Joseph - Pvt. - Peak's - Lindsay's Reg't TN Mtd.

HENSLEY, Stephen - Pvt. - Tedford's Co. - 1st TN Inf.

HENSLEY, Thomas - Pvt. - Caldwell's Co. - Lindsay's Reg't TN Mtd.

****

HENSLY, Christian - Pvt. - Wear's Co. - 2nd TN Mtd. Inf.

HENSLY, Philip - Pvt. - Wear's Co. - 2nd TN Mtd. Inf.

HENSLY, Robert - n/a - William's Co. - 1st TN Mtd. Inf.

HENSLY, Thomas - Pvt. - Caldwell's Co. - 1st TN Mtd. Inf. - Lindsay's Reg't TN Mtd.

HETHERLY, George - Pvt. - Powell's Co. - Lindsay's Reg't TN Mtd. Inf.

HETTON, Wiley - Pvt. - Campbell's Co. - 1st TN Mtd. Inf.

HEWALL, Jesse - Pvt. - Cooke's Co. - 3rd Btn. TN Inf.

HEWS, John W. - Pvt. Boyd's Co. - 1st TN Inf.

HWSON, Robert - Pvt. - Hill's Co. - 1st TN Inf.

HIBBS, Jesse L. - Pvt. - Wild's Co. - Lauderdale's Btn. TN Mtd. Inf.

HICK, Winfield - Pvt. - Peak's Co. - Lindsay's Reg't TN Mtd. Inf.

HICKEY, James - Captain - Hickey's Co. - 1st TN Inf.

HICKMAN, Aaron - Pvt.- Tedford's Co. - 1st TN Inf.

HICKMAN, Austin - Pvt. - Vernon's Co. - Lindsay's Reg't TN Mtd.

HICKMAN, Frederick - Pvt. - Hurst's Co. - 1st TN Mtd. Mil.

HICKMAN, Humphrey - Pvt. - Tedford's Co. - 1st TN Inf.

HICKMAN, Jackson - Pvt. - Ellis' Co.- 2nd TN Mtd. Inf.

HICKMAN, James - Ensign - West's Co. - 2nd TN Mtd. Inf.

HICKMAN, John P. - Major - Staff - Armstrong's Brig. TN Mtd. Mil

HICKMAN, Thomas - Pvt. - Simpson's Co. - 1st TN Inf.

HICKMAN, Umphry - Pvt. - Ellis' Co. - 2nd TN Mtd. Inf.

HICKMAN, William - Pvt. - Dodson's Co. - Lindsay's Reg't TN Mtd.

HICKMAN, William - Neely's Co. - 3rd Btn. TN Inf.

HICKMAN, Frederick, Jr. - Ellis' Co. - 2nd TN Mtd. Inf.

HICKMAN, Frederick, Sr. - Ellis' Co. - 2nd TN Mtd. Inf.

HICKS, Abraham J. - Pvt. - McClellan's Co. -2nd TN Mtd. Inf.

HICKS, Alfred B. - Pvt. - Gregg's Co. - 3rd Btn. TN Inf.

HICKS, Harison - Pvt. - Peak's Co. - 2nd TN Mtd. Inf.

HICKS, John - Pvt. - Netherland's Co. - 3rd TN Mtd. Mil.

HICKS, Perry G. - Ferris' & Cherry's Co. - Lauderdale's Btn. TN Mtd. Inf.

HICKS, Reuben - Pvt. - Gregg's Co. -3 rd Btn. TN Inf.

HICKS, Stephen - Pvt. - Prigmore's Co. - 1st TN Mtd. Mil.

HICKS, William - Pvt. - Gregg's Co. - 3rd Btn. TN Inf.

HICKS, Winfield - Pvt. - Peak's Co. - Lindsay's Reg't TN Mtd.

HICKSON, David - Pvt. - Elliott's Co. - Lauderdale's Btn. TN Mtd. Inf.

HICKSON, James - Pvt. - Elliott's Co. - Lauderdale's Btn. TN Mtd. Inf.

HICKSON, Joseph - Pvt. - Elliott's Co. - Lauderdale's Btn. Tn Mtd. Inf.

HICKSON, Reubin - Pvt. - Elliott's Co. - Lauderdale's Btn. Tn Mtd. Inf.

HIGGS, Alexander - n/a - William's Co. - 1st TN Mtd. Inf.

HIGHTOWER, H. L. - n/a - William's Co. - 1st TN Mtd. Inf.

HIGHTOWER, Pleasant O. - Pvt. - Boyd's Co. - 2nd Tn mtd. Mil.

HILL, Barnett - Pvt. - Ellis' Co., - 2nd TN Mtd. Inf.

HILL, Henry - n/a - William's Co. - 1st TN Mtd. Inf.

HILL, henry - Pvt. - Morrow's Co. - Lindsay's Reg't TN Mtd.

HILL, Isaac - 2nd Sgt. - Ellis' Co. - 2nd TN Mtd. Inf.

HILL, Jacob H. - Pvt. - Cooke's Co. - 3rd Btn. TN Inf.

HILL, John - Pvt. - Yoakum's & McLin's Co. - 1st Tn Inf.

HILL, Nathaniel P. - Pvt. - Feazell's Co. - 1st TN Inf.

HILL, Oliver P. H. - Pvt. - West's Co. - 2nd TN Mtd. Inf.

HILL, Pleasant - Pvt. - Wear's Co. - 2nd TN Mtd. Inf.

HILL, Robert - Captain - Hill's Co. - 1st TN Inf.

HILL, Thomas J. - Pvt. - Cherry's Co. - Lauderdale's Btn. TN Mtd. Inf.

HILL, William - Pvt. - Netherland's Co. - 3rd TN Mtd. Mil.

HILL, William - Pvt. - Simpson's Co. - 1st TN Inf.

HILL, William - Pvt. - Cherry's Co. - Lauderdale's Btn. Tn Mtd.

HILL, William K. - Pvt. - Simpson's Co. - 1st TN Inf.

HILLSMAN, Richard - 1st Corp. - Morrow's Co. - 1st TN Mtd. Inf.

HILLYARD, John G. - Ensign - Anderson's Co. - 1st TN Mtd. Inf.

HILTON, John - Pvt. - Boyd's Co. - 2nd TN Mtd. Mil.

HILTON, Joseph - Pvt. - Boyd's Co. - 2nd TN Mtd. Mil.

HIMBREE, Benjamin - Pvt. - Hembree's Co. - Lindsay's Rgt. TN Mtd.

HIMBREE, Hiram - Pvt. - Hembree's Co. - Lindsay's Rgt. TN Mtd.

HIMBREE, J. B. - Pvt. - Hembree's Co. - Lindsay's Rgt. TN Mtd.

HIMBREE, Joel - Capt. - Hembree's Co. - Lindsay's Rgt. TN Mtd.

HINCKLE, Isaac - Pvt. - Terry's Co. - 1st TN Mtd. Inf.

HINDS, Zacariah - N/A - William's Co. - 1st TN Mtd. Inf.

HINEMAN, John H. - Ensign - Neely's Co. - 3rd Btn. TN Inf.

HINTON, James - Pvt. - Morrow's Co. - 1st Tn Mtd. Inf.

HITCH, Benjamin - Pvt. - Cunningham's Co. - 2nd TN Mtd. Inf.

HITCH, Benjamin - Pvt. - Tedford's Co. - 1st TN Inf.

HITER, Lewis Y. - Pvt. - Caldwell's Co. - 1st TN Mtd. Inf.

HITER, Lewis Y. - Pvt. - Caldwell's Co. - Lindsay's Rgt. TN Mtd.

HIX, Harrison - Pvt. - Peak's Co. - 2nd TN Mtd. Inf.

HIXSON, James - Pvt. - Elliott's Co. - Lauderdale's Btn. TN Mtd. Inf.

HIXSON, James - Pvt. - Terry's Co. - 1st TN Mtd. Inf.

HIXSON, Joseph - Pvt. - Elliott's Co. - Lauderdale's Btn. TN Mtd. Inf.

HIXSON, Reuben - Pvt. - Elliott's Co. - Lauderdale's Btn. TN Mtd. Inf.

HIXSON, Reuben - Pvt. - Terry's Co. - 1st TN Mtd. Inf.

****

HOBBS, James - Pvt. - Boyd's Co. - 1st TN Inf.

HOBBS, William - Pvt. - Powell's Co. - Lindsay's Rgt. TN Mtd.

HOBBS, William - Pvt. - McClellan's Co. - 2nd TN Mtd. Inf.

HODGES, Anderson - 1st Lt. - Prigmore's Co. - 1st TN Mtd. Inf.

HODGES, Eli - Pvt. - West's Co. - 2nd TN Mtd. Inf.

HODGES, J. T. - Pvt. - Neely's Co. - 1st TN Inf.

HODGES, J. T. - N/A - Neely's Co. - 3rd Btn. TN Inf.

HODGES, Peter - Pvt. - Talbott's Co. - 2nd TN Mtd. Inf.

HOFFMAN, Robert - Pvt. - Howell's Co. - 1st TN Inf.

HOFFMAN, William - Corp. - Howell's Co. - 1st TN Inf.

HOGAN, W. C. - Pvt. - Wallace's Co. - 3rd Btn. TN Inf.

HOLCOM, Benjamin - Pvt. - Powell's Co. - Lindsay's Rgt. TN Mtd.

HOLCOMB, Benjamin - Pvt. - Powell's Co. - Lindsay's Rgt. TN Mtd.

HOLDAWAY, Asa - Pvt. - Dossett's Co. - 3rd Btn. TN Inf.

HOLDEN, Washington - Pvt. - Ferris' Co. - Lauderdale's Btn. TN Mtd. Inf.

HOLDEN, William - 2nd Sgt. - Hunter's & Miller's Co. - 1st TN Inf.

HOLDER, Cornelius - Pvt. - Ferris' Co. - Lauderdale's Btn. TN Mtd. Inf.

HOLDER, Joseph - 2nd Lt. - Ferris' Co. - Lauderdale's Btn. TN Mtd. Inf.

HOLDER, Washington - Pvt. - Ferris' Co. - Lauderdale's Btn. TN Mtd. Inf.

HOLFIELD, Adam Y. - Pvt. - Dossett's Co. - 3rd Btn. TN Inf.

HOLKOM, Benj. - Pvt. - Powell's Co. - Lindsay's Rgt. TN Mtd.

HOLLAND, Allen - Pvt. - Waterhouse's Co. - Lauderdale's Btn. TN Mtd. Inf.

HOLLAND, Allen - Pvt. - Gillespie's Co. - 2nd TN Mtd. Inf.

HOLLAND, Andrew - Drummer - Dossett's Co. - 3rd Btn. TN Inf.

HOLLAND, Charles - Pvt. - Scrugg's Co. - 2nd TN Mtd. Mil.

HOLLAND, Green - Pvt. - Hudlow's Co. - 1st TN Inf.

HOLLAND, John - Pvt. - Gillespie's Co. - 2nd TN Mtd. Inf.

HOLLAND, Joseph - N/A - William's Co. - 1st TN Mtd. Inf.

HOLLEY, Addison - Pvt. - Campbell's Co. - 1st TN Mtd. Inf.

HOLLEY, James, Jr. - Pvt. - Champion's Co. - 1st TN Mtd. Inf.

HOLLIN, Joseph - N/A - William's Co. - 1st TN Mtd. Inf.

HOLLOWAY, Edward - Pvt. - Standefer's Co. - 1st TN Mtd. Inf.

HOLLOWAY, James - Pvt. - Hill's Co. - 1st TN Inf.

HOLLOWAY/HALAWAY, Sterling - Pvt. - Gillespie's Co. - 2nd TN Mtd. Inf.

HOLMAN, James - Pvt. - Elliott's Co. - Lauderdale's Btn. TN Mtd. Inf.

HOLMES, David - Pvt. - Powell's Co. - Lindsay's Rgt. TN Mtd.

HOLMES, David - Pvt. - Ellis' Co. - 2nd TN Mtd. Inf.

HOLMES, Jessee - 2nd Corp. - Powell's Co. - Lindsay's Rgt. TN Mtd.

HOLMES, Jessee - Pvt. - Powell's Co. - 1st TN Mtd. Inf.

HOLMS, David - Pvt. - Powell's Co. - Lindsay's Rgt. TN Mtd.

HOLT, Benjamin - Pvt. - Hudlow's Co. - 1st TN Inf.

HOLT, Jackson - Pvt. - Ferris' Co. - Lauderdale's Btn. TN Mtd. Inf.

HOLT, Jacob - Pvt. - Ferris' Co. - Lauderdale's Btn. TN Mtd. Inf.

HOLT, Joseph E. - Pvt. - Feazell's Co. - 1st TN Inf.

HOLT, Lewis - Fifer - Wallace's Co. - 3rd Btn. TN Inf.

HOLT, Norman - Pvt. - Champion's Co. - 1st TN Mtd. Mil.

HOLT, Peter - Pvt. - Champion's Co. - 1st TN Mtd. Mil.

HOLTE, Lewis - Fifer - Wallace's Co. - 3rd Btn. TN Inf.

HOMER, Elbert - Pvt. - Feazell's Co. - 1st TN Inf.

HOMER, Thomas N. C. - Pvt. - Feazell's Co. - 1st TN Inf.

HOMES, Thomas F. - Pvt. - Peak's Co. - 2nd TN Mtd. Inf.

HOOD, Henry - Pvt. - Wear's Co. - 2nd TN Mtd. Inf.

HOOD, J. W. - Pvt. - Morrow's Co. - Lindsay's Rgt. TN Mtd.

HOOD, John - Pvt. - Boyd's Co. - 2nd TN Mtd. Mil.

HOOD, Morgan - pvt. - Cannon's Co. - 1st TN Mtd. Inf.

HOODENPYL, Thomas I. - Pvt. - Terry's Co. - 1st TN Mtd. Inf.

HOOF, Peter - Pvt. - Vernon's Co. - 1st TN Mtd. Inf.

HOOKE, Saml. A. B. - Pvt. - Morrow's Co. - 1st TN Mtd. Inf.

HOOPER, Enus C. - Pvt. - Caldwell's Co. - 1st. TN Mtd. Inf.

HOOPER, Franklin - Pvt. - Cunningham's Co. - 2nd TN Mtd. Mil

HOOPER, Hirem - Pvt. - Caldwell's Co. - Lindsay's Rgt. TN Mtd.

HOOPER, Hirem - Pvt. - Caldwell's Co. - 1st TN Mtd. Inf.

HOOPER, James - Pvt. - Waterhouse's Co. - Lauderdale's Btn. TN Mtd. Inf.

HOOPER, John - Pvt. - Caldwell's Co. - 1st TN Mtd. Inf.

HOOPER, Thomas - 2nd Lt. - Ellis' Co. - 2nd TN Mtd. Inf.

HOOPER, Augustine - Corp. - Dodson's Co. - Lindsay's Rgt. TN Mtd.

HOPPER, James W. - Pvt. - Hunter's & Miller's Co. - 1st TN Inf.

HORNBEAK, E. D. - Pvt. - Cooke's Co. - 3rd Btn. TN Inf.

HORN, John, Jr. - Pvt. - Standefer's Co. - 1st TN Mtd. Inf.

HORN, John, Sr. - Pvt. - Standefer's Co. - 1st TN Mtd. Inf.

HORNER, Elbert - Pvt. - Feazell's Co. - 1st TN Inf.

HORNER, Elbert - Pvt. - Talbott's Co. - 2nd TN Mtd. Inf.

HORNUNY, William T. - Pvt. - Boyd's Co. - 1st TN Inf.

HORTON, Daniel - Pvt. - Cooke's Co. - 3rd Btn. TN Inf.

HORTON, William Q. - Pvt. - Cooke's Co. - 3rd Btn. TN Inf.

****

HOSLER, Adam - Pvt. - Waterhouse's Co. - Lauderdale's Btn. TN Mtd. Inf.

HOTT, John - N/A - William's Co. - 1st TN Mtd. Inf.

HOUN, George - Pvt. - Feazell's Co. - 1st TN Inf.

HOUSE, George W. - Pvt. - Cannon's Co. - 1st TN Mtd. Inf.

HOUSE, Henry C. - Pvt. - Cannon's Co. - 1st TN Mtd. Inf.

HOUSERIGHT, Jeck - Pvt. - Roger's Co. - 1st TN Mtd. Inf.

HOUSLEY, G. W. - Corp. - Meek's Co. - 3rd TN Mtd. Mil.

HOUSLEY, J. W. - Ensign - Meek's Co. - 3rd TN Mtd. Mil.

HOUSLEY, James B. - Bugler - Powell's Co. - 1st Tn Mtd. Inf.

HOUSLEY, Thomas - Pvt. - Meek's Co. - 3rd TN Mtd. Mil.

HOUSLY, James B. - Bugler - Powell's Co. - 1st TN Mtd. Inf.

HOVAL, John - Asst. Surg. - Waterhouse's Co. - Lauderdale's Btn. TN Mtd. Inf.

HOWARD, Allison - Artificer - Hembree's Co. - 2nd TN Mtd. Inf.

HOWARD, Calvin - Pvt. - Powell's Co. - Lindsay's Rgt. TN Mtd.

HOWARD, David - Pvt. - Cherry's Co. - Lauderdale's Btn. TN Mtd. Inf.

HOWARD, Joshua - Pvt. - Champion's Co. - 1st TN Mtd. Mil.

HOWARD, Logan - Pvt. - McMillin's Co. - 1st TN Mtd. Mil.

HOWARD, Logan - Pvt. - Powell's Co. - Lindsay's Rgt. TN Mtd.

HOWARDS, William - Pvt. - Howell's Co. - 1st TN Inf.

HOWARTON/HAVERTON, John K. - Pvt. - Gillespie's Co. - 2nd TN Mtd. Inf.

HOWELL, Alfred - Pvt. - Hill's Co. - 1st TN Inf.

HOWELL, John H. - Capt. - Howell's Co. - 1st TN Inf.

HOWELL, Michael - Pvt. - McMillin's Co. - 1st TN Mtd. Mil.

HOWERTON, John K. - Pvt. - Gillespie's Co. - 2nd TN Mtd. Inf.

HOWELL, Alfred - Pvt. - Hill's Co. - 1st TN Inf.

HOWELL, John H. - Capt. - Howell's Co. - 1st TN Inf.

HOWELL, Michael - Pvt. - McMillin's Co. - 1st TN Mtd. Mil.

HOWERTON, John K. - Pvt. - Gillespie's Co. - 2nd TN Mtd. Inf.

HOWSER, Josiah - Pvt. - Vernon's Co. - 1st TN Mtd. Inf.

HOYL, Jonas - Sgt. - Bart's Co. - 1st TN Mtd. Mil.

HOYLE, Daniel - Pvt. - Boyd's Co. - 1st TN Inf.

HUCKABY, Hiram - Pvt. - Hickey's Co. - 1st TN Inf.

HUDLOW, George W. - Capt. - Hudlow's Co. - 1st TN Inf.

HUDSON, Benjamin F. - Pvt. - Campbell's Co. - 1st TN Mtd. Inf.

HUDSON, James - Ensign - Tedford's Co. - 2nd TN Mtd. Mil.

HUDSON, James - Pvt. - Howell's Co. - 1st TN Inf.

HUDSON, Lewis - Pvt. - Peak's Co. - Lindsay's Rgt. TN Mtd.

HUDSON, Peter - Pvt. - Elliott's Co. - Lauderdale's Btn. TN Mtd. Inf.

HUDSON, William C. - Sgt. - Campbell's Co. - 1st TN Mtd. Inf.

HUDSON, William C. - Pvt. - Caldwell's Co. - Lindsay's Rgt. TN Mtd.

HUFFMAN, Robert - Pvt. - Howell's Co. - 1st TN Inf.

HUFFMAN, William - Pvt. - Boyd's Co. - 2nd TN Mtd. Inf.

HUFMAN, William - Corp. - Howell's Co. - 1st TN Inf.

HUGGINS, Henry - Pvt. - Dearing's Co. - Lauderdale's Btn. TN Mtd. Inf.

HUGGINS, John F. - Pvt. - Hill's Co. - 1st TN Inf.

HUGHES, Francis - Pvt. - Wild's Co. - Lauderdale's Btn. TN Mtd. Inf.

HUGHES, Francis - Pvt. - Terry's Co. - 1st TN Mtd. Inf.

HUGHES, Greene J. - Pvt. - Laffery's Co. - Lindsay's Rgt. TN Mtd.

HUGHES, Hiram B. - Pvt. - McClellan's Co. - 2nd TN Mtd. Inf.

HUGHES, James - Pvt. - Laffery's Co. - Lindsay's Rgt. TN Mtd.

HUGHES, James M. - Pvt. - Netherland's Co. - 3rd TN Mtd. Mil.

HUGHES, Jesse - Pvt. - Gregg's Co. - 3rd Btn. TN Inf.

HUGHES, Jessee - Pvt. - Powell's Co. - 1st TN Mtd. Inf.

HUGHES, John - Pvt. - Gregg's Co. - 3rd Btn. TN Inf.

HUGHES, John W. - Pvt. - Boyd's Co. - 1st TN Inf.

HUGHES, William - Pvt. - Wild's Co. - Lauderdale's Btn. TN Mtd. Inf.

HUGHES, William - Pvt. - Cunningham's Co. - 2nd TN Mtd. Mil.

HUGHES, William - Pvt. - Gregg's Co. - 3rd Btn. TN Inf.

HUGHES, William - Pvt. - Powell's Co. - 1st TN Mtd. Inf.

HUGHES, William T. - Pvt. - Scrugg's Co. - 3rd TN Mtd. Mil.

HUGHS, Hiram B. - Pvt. - McClellan's Co. - 2nd TN Mtd. Inf.

HUGHS, William - Pvt. - Terry's Co. - 1st TN Mtd. Inf.

HUGHS, William - Pvt. - Vernon's Co. - 1st TN Mtd. Inf.

HULL, Obed - Pvt. - McClellan's Co. - 2nd TN Mtd. Inf.

HUMPHREY, Jackson - Pvt. - Roger's Co. - 1st TN Mtd. Inf.

HUMPHREYS, Alfred C. - Pvt. - Caldwell's Co. - Lindsay's Rgt. TN Mtd.

HUMPHREYS, Alfred C. - 1st Lt. - Caldwell's Co. - 1st TN Mtd. Inf.

HUMPHREYS, John - Pvt. - Hurst's Co. - 1st TN Mtd. Mil.

HUMPHREYS, Joseph B. - Pvt. - Caldwell's Co. - 1st TN Mtd. Inf.

HUMPHREYS, Joseph B. - Pvt. - Caldwell's Co. - Lindsay's Rgt. TN Mtd.

HUMPHRIES, Alfred C. - Pvt. - Caldwell's Co. - Lindsay's Rgt. TN Mtd.

HUMPHRIES, Joseph B. - Pvt. - Caldwell's Co. - Lindsay's Rgt. TN Mtd.

HUMPHRIS, Alfred C. - Pvt. - Caldwell's Co. - Lindsay's Rgt. TN Mtd.

HUMPRIS, Joseph B. - Pvt. - Cadlwell's Co. - Lindsay's Rgt. TN Mtd.

HUMPHRIS, William - Pvt. - Terry's Co. - 1st TN

Mtd. Inf.

HUNICUT, Hardy - Pvt. - Dossett's Co. - 3rd Btn. TN Inf.

HUNICUT, Jacob - Pvt. - Dossett's Co. - 3rd Btn. TN Inf.

HUNT, Henry - Pvt. - Dearing's Co. - Lauderdale's Btn. TN Mtd. Inf.

HUNT, Henson N. - Pvt. - Caldwell's Co. - Lindsay's Rgt. TN Mtd.

HUNT, Henson N. - Pvt. - Caldwell's Co. - 1st TN Mtd. Inf.

HUNT, Joel - Pvt. - Hunter's & Miller's Co. - 1st TN Inf.

HUNT, John - Pvt. - Wear's Co. - 2nd TN Mtd. Inf.

HUNT, Uriah - Pvt. - Wear's Co. - 2nd TN Mtd. Inf.

HUNTER, David - Pvt. - Howell's Co. - 1st TN Inf.

HUNTER, Ephraim - Lt. Col. - Hunter's, Miller's & F. & S. Co. - 1st TN Inf.

HUNTER, James N. - Pvt. - Hunter's & Miller's Co. - 1st TN Inf.

HUNTER, John - 3rd Corp. - Vernon's Co. - Lindsay's Rgt. TN Mtd.

HUNTER, John - Pvt. - Elliott's Co. - Lauderdale's Btn. TN Mtd. Inf.

HUNTER, John P. - Pvt. - Vernon's Co. - Lindsay's Rgt. TN Mtd.

HUNTER, Jonathan D. - Corporal - Maupin's Co. - 2nd TN Mtd. Mil.

HUNTER, Malcom - Pvt. - Elliott's Co. - Lauderdale's Btn. TN Mtd. Inf.

HUNTER, Obediah W. - Pvt. - Cherry's Co. - Lauderdale's Btn. TN Mtd. Inf.

HUNTER, William - Pvt. - Powell's Co. - Lindsay's Rgt. TN Mtd.

HUNTER, William - Pvt. - Peak's Co. - Lindsay's Rgt. TN Mtd.

HUNTER, William H. - Pvt. - Vernon's Co. - Lindsay's Rgt. TN Mtd.

HURLEY, William - Pvt. - Powell's Co. - 1st TN Mtd. Inf.

HURLY, William - Pvt. - Powell's Co. - Lindsay's Rgt. TN Mtd.

HURLY, William - Pvt. - Powell's Co. - 1st TN Mtd. Inf.

HURST, Elijah - Pvt. - Hurst's Co. - 1st TN Mtd. Inf.

HURST, J. J. - Pvt. - Hudlow's Co. - 1st TN Inf.

HURST, Lew R. - Capt. - Hurst's Co. - 1st TN Mtd. Inf.

HURT, Joel - Pvt. - Hunter's & Miller's Co. - 1st TN Inf.

HUTCHENSON, Elias - Farrier - Powell's Co. - Lindsay's Rgt. TN Mtd.

HUTCHERSON, Elias - Farrier - Powell's Co. - Lindsay's Rgt. TN Mtd.

HUTCHERSON, Robert - Pvt. - Feazell's Co. - 1st TN Inf.

HUTCHISSON, William - Pvt. - Anderson's Co. - 1st TN Mtd. Mil.

HUTSON, Lewis - Pvt. - Peak's Co. - Lindsay's Rgt. TN Mtd.

HUTSON, Peter - Pvt. - Elliott's Co. - Lauderdale's Btn. TN Mtd. Inf.

HUTSON, William C. - Pvt. - Caldwell's Co. - Lindsay's Rgt. TN Mtd.

HUTTON, Joseph - Pvt. - Tedford's Co. - 2nd TN Mtd. Mil.

I

ICUM, William - Pvt. - Hembree's Co. - Lindsay's Rgt. TN Mtd.

ICUM, William B. - Pvt. - Hembree's Co. - Lindsay's Rgt. TN Mtd.

IFFORT, John H. - Corp. - McMillin's Co. - 1st TN Mtd. Mil.

IFFORT, John J. - Pvt. - McMillin's Co. - 1st TN Mtd. Mil.

IGOW, Joseph L. - Pvt. - McMillan's Co. - 1st TN Mtd. Mil.

INMAN, Argile H. - Pvt. - Vernon's Co. - Lindsay's Rgt. TN Mtd.

IRVIN, Huston - Pvt. - Peak's Co. - Lindsay's Rgt. TN Mtd.

IRVIN, Richard - Pvt. - Ferris' Co. - Lauderdale's Btn. TN Mtd. Inf.

IRWINE, Moses H. - Pvt. - Hickey's Co. - 1st TN Inf.

IRWINE, Richard - Pvt. - Ferris' Co. - Lauderdale's Btn. TN Mtd. Inf.

ISAACS, C. E. - Asst. Surgeon

ISAACS, Charles E. - Asst. Surg. - F. & S. Co. - 1st TN Mtd. Inf.

ISAACS, John W. - Pvt. - Hurst's Co. - 1st TN Mtd. Mil.

ISELEY, George - Pvt. - Campbell's Co. - 1st TN Mtd. Inf.

ISELEY, George - Pvt. - Cunningham's Co. - Lindsay's Rgt. TN Mtd.

ISHAM, Julian - Pvt. - Cunningham's Co. - Lindsay's Rgt. TN Mtd.

ISHAM, William - Pvt. - Hembree's Co. - Lindsay's Rgt. TN Mtd.

ISHAM, William B. - Pvt. - Hembree's Co. - Lindsay's Rgt. TN Mtd.

ISLEY, George - Pvt. - Cunningham's Co. - Lindsay's Rgt. TN Mtd.

ISRAEL, Elkanah - Pvt. - Hickey's Co. - 1st TN Inf.

IVENS, John - Pvt. - Caldwell's Co. - Lindsay's Rgt. TN Mtd.

IVEY, Edwin S. - 3rd Sgt. - Robinson's Co. - TN Mtd.

IVEY, Hartwell - Pvt. - Peak's Co. - Lindsay's Rgt. TN Mtd.

IVEY, Hartwell - 3rd Corporal - Robinson's Co. - TN Mtd.

IVINS, John - Pvt. - Caldwell's Co. - Lindsay's Rgt. TN Mtd.

IVY, Hartwell - Pvt. - Peak's Co. - Lindsay's Rgt. TN Mtd.

IVY, Philip - Pvt. - Talbott's Co. - 2nd TN Mtd. Inf.

J

JACK, William - Pvt. - Bart's Co. - 1st TN Mtd. Mil.

JACK, William H. - Pvt. - Cunningham's Co. - Lindsay's Rgt. TN Mtd.

JACK, William H. - Pvt. - Robinson's Co. - TN Mtd.

JACKSON, Alfred - Pvt. - Cannon's Co. - 1st TN Mtd. Inf.

JACKSON, James J. - 1st Sgt. - Dearing's Co. - Lauderdale's Btn. TN Mtd. Inf.

JACKSON, William - Pvt. - Powell's Co. - 1st TN Mtd. Inf.

JACKSON, William - Pvt. - Powell's Co. - Lindsay's Rgt. TN Mtd.

JAMES, Andrew - Pvt. - Laffery's Co. - Lindsay's

Rgt. TN Mtd.

JAMES, E. - Ensign - Wallace's Co. - 3rd Btn. TN Inf.

JAMES, Henry - N/A - Peak's Co. - 2nd TN Mtd. Inf.

JAMES, Riley - Pvt. - Powell's Co. - Lindsay's Rgt. TN Mtd.

JAMES, Riley - Drummer - Ellis' Co. - 2nd TN Mtd. Inf.

JAMES, William - Pvt. - West's Co. - 2nd TN Mtd. Inf.

JAMES, William - N/A - Peak's Co. - 2nd TN Mtd. Inf.

JAMISON, William - Pvt. - Yoakum's & McLin's Co. - 1st TN Inf.

JANUARY, Isaac - n/a - William's Co. - 1st TN Mtd. Inf.

JANUARY, William - n/a - William's Co. - 1st TN Mtd. Inf.

JARNAGIN, Thomas J. - Pvt. - Talbott's Co. - 2nd TN Mtd. Inf.

JEFFERS, James - Pvt. - Maupin's Co. - 2nd TN Mtd. Mil.

JEFFREY, P. J. - n/a - William's Co. - 1st TN Mtd. Inf.

JENKINS, David M. - Sgt. - Powell's Co. - 1st TN Mtd. Inf.

JENKINS, Emanuel - Pvt. - Powell's Co. - 1st TN Mtd. Inf.

JENKINS, Joseph - Pvt. - Caldwell's Co. - 1st TN Mtd. Inf.

JENKINS, Thomas - Pvt. - Hickey's Co. - 1st TN Inf.

JENKINS, William - Pvt. - Feazell's Co. - 1st TN Inf.

JENKINS, William - Pvt. - West's Co., 2nd TN Mtd. Inf.

JENNINGS, Benjamin F. - Pvt. - Waterhouse's Co. - Lauderdale's Btn. TN Mtd. Inf.

JENNINGS, William B. - Musician - Hills' Co. - 1st TN Inf.

JESTER, Jacob - Pvt. - Vernon's Co. - 1st TN Mtd. Inf.

JETT, Thomas H. - Corp. - Simpson's Co. - 1st TN Inf.

JILES, Preston - Pvt. - McMillin's Co. - 1st TN Mtd. Mil.

JIMERSON, T. F. - Pvt. - Bart's Co. - 1st TN Mtd. Mil.

JINKINS, David M. - Sgt. - Powell's Co. - 1st TN Mtd. Inf.

JINKINS, Emanuel - Pvt. - Powell's Co. - 1st TN Mtd. Inf.

JINKINS, Matthew - Pvt. - Fain's Co. - 1st TN Mtd. Inf.

JINKINS, William - Pvt. - Feazell's Co. - 1st TN Inf.

JOANES, Cary A. - Musician - Hembree's Co. - 2nd TN Mtd. Inf.

JOANES, William - Pvt. - Hembree's Co. - Lindsay's Rgt. TN Mtd.

JOANES, William - Bugler - Hembree's Co. - 2nd TN Mtd. Inf.

JOANS, William - Bugler - Hembree's Co. - 2nd TN Mtd. Inf.

JOHN, Jonathan T. - Pvt. - Hurst's Co. - 1st TN Mtd. Mil.

JOHNS, Hugh K. - Pvt. - Campbell's Co. - 1st TN Mtd. Inf.

JOHNS, J. T. - Sgt. - Cooke's Co. - 3rd Btn. TN Inf.

JOHNS, William - Pvt. - Campbell's Co. - 1st TN Mtd. Inf.

JOHNS, William - Pvt. - Robinson's Co. - TN Mtd.

JOHNSON, Addson - Pvt. - Wallace's Co. -3d Btn Tn Inf.

JOHNSON, Albert - Pvt. - Hill's Co. - 1st TN Inf.

JOHNSON, Allen J. - Pvt. - Hill's Co. - 1st TN Inf.

JOHNSON, Andrew J. - Pvt./Bugler - Powell's Co. - Lindsay's Reg't TN Mtd.

JOHNSON, Andrew J. - Pvt. - Wild's Co. - Lauderdale's Btn. TN Mtd. Inf.

JOHNSON, Aron - Pvt. - Terry's Co. - 1st TN Mtd. Inf.

JOHNSON, Benjamin - Pvt. - Standefer's Co. - 1st TN Mtd. Inf.

JOHNSON, Carroll [J.]- Pvt. - Dearing's Co. - Lauderdale's Btn. Tn Mtd. Inf.

JOHNSON, Caswell- Pvt. - Cannon's Co. - 1st TN Mtd. Inf.

JOHNSON, Charles M. - Pvt. - Anderson's Co. - 1st TN Mtd. Mil.

JOHNSON, David - Pvt. - Fain's Co. - 1st Tn Mtd. Inf.

JOHNSON, David - Fifer - Boyd's Co. - 1st TN Inf.

JOHNSON, E. R. - Pvt. - Hembree's Co. - Lindsay's Reg't TN Mtd.

JOHNSON/JOHNSTON, Ewel R. - Pvt. Hemberee's Co. - 2nd TN Mtd. Inf.

JOHNSON, G. F. - Pvt. - Gregg's Co. - 1st TN Inf.

JOHNSON, Garret F. - n/a - Gregg's Co. - 3rd Btn TN Inf.

JOHNSON, James - Pvt. - Maupin;'s Co. - 2nd TN Mtd. Mil.

JOHNSON, James - Pvt. - Cannon's Co. - 1st TN Mtd. Inf.

JOHNSON, James J. - Pvt. - Anderson's Co. - 1st TN Mtd. Mil.

JOHNSON, James W. P. - 1st Lieut - Tedford's Co. - 1st TN Inf.

JOHNSON, John - Pvt. - Elliott's Co. - Lauderdale's Btn. TN Mtd. Inf.

JOHNSON, John C. - 2nd Lieut. - Elliott's Co. - Lauderdale's Btn. TN Mtd. Inf.

JOHNSON, Joseph - Pvt. - Hembree's Co. - Lindsay's Reg/t. TN Mtd.

JOHNSON, Larkin J. - Pvt. - Hunter's & Miller's Co. - 1st TN Inf.

JOHNSON, Lindley M. - 1st Sgt. - Waterhouse's Co. - Lauderdale's Btn. TN Mtd. Inf.

JOHNSON, Pleasant M. - Pvt. - Roger's Co. - 1st TN Mtd. Inf.

JOHNSON, Richard C. - Pvt. - Boyd's Co. - 2nd TN Mtd. Mil

JOHNSON, Robert - Pvt. - Wallace's Co. -3rd Btn. TN Inf.

JOHNSON, Samuel F. - Pvt. - Hickey's Co. - 1st TN Inf.

JOHNSON, Thomas - Pvt. - Wallace's Co. - 3rd Btn. TN Inf.

JOHNSON, West W. - Pvt. - Boyd's Co. - 1st TN Inf.

JOHNSON, William - Pvt. - Gillespie's Co. - 2nd TN Mtd. Inf.

JOHNSON/JOHNSTON, William C. - Pvt. - Morrow's Co. - Lind-say's Reg't TN Mtd.

JOHNSON, William L. - Pvt. - Waterhouse's Co. - Lauderdale's Btn. TN Mtd. Inf.

JOHNSON, William P. - Pvt. - Gillespie's Co. - 2nd TN Mtd. Inf.

JOHNSON, Write - Pvt. - Terry's Co. - 1st TN Mtd. Inf.

JOHNSTON, Francis J. - Pvt. - Peak's Co. - 2nd TN Mtd. Inf.

JOHNSTON, Henry M. - Neely's Co. - 1st TN Inf.

JOHNSTON, James JM. - Pvt. - Yoakum's & McLin's Co. - 1st TN Inf.

JOHNSTON, Jonathan - Pvt. - Simpson's Co. - 1st TN Inf.

JOHNSTON, Joseph - Pvt. - Hembree's Co. - Lindsay's Reg't TN Mtd.

JOHNSTON, Preston - Pvt. - Wear's Co. - 2nd TN Mtd. Inf.

JOHNSTON, Theodore P. - 2nd Lieut. - Campbell's Co. - 1st TN Mtd. Inf.

JOHNSTON, William - Sgt. - Talbott's Co. - 2nd TN Mtd. Inf.

JOHNSTON, William E. - Pvt. - Wear's Co. - 2nd TN Mtd. Inf.

JOHNSTON, William, Jr. - Pvt. - Gillespie Co. - 2nd TN Mtd. Inf.

JOHNSTON, William, Sr. - Pvt. - Gillespie's Co. - 2nd TN mtd. Inf.

JOHSON, William - Pvt. - Anderson's Co. - 1st TN Mtd. Mil.

JOINER, Pleasant - Pvt. - Hembree's Co. - Lindsay's Reg't Tn Mtd.

JONES, Abner - Pvt. - Ferris' Co. - Lauderdale's Btn. TN Mtd. Inf.

JONES, Alexander - Pvt. - Dearing's Co. - Lauderdale's Btn. Tn Mtd. Inf.

JONES, ALLEN - Pvt. - Howell's Co. – 1st Tn Inf.

JONES, Benjamin F. - n/a - Cherry's & Ferris' Co. - Lauderdale's Btn. Tn Mtd. Inf.

JONES, Carey A. - Pvt. - Hembree's Co. - 2nd TN Mtd. Inf.

JONES, Conaway - Pvt. - Meek's Co. - 3rd Tn Mtd. Mil.

JONES, Conaway - Pvt. - Feazell's Co. - 1st Tn Inf.

JONES, Conway - Pvt. - Wear's Co. - 2nd TN Mtd. Inf.

JONES, Daniel - Pvt. - Powell's Co. - Lindsay's Reg't TN Mtd. - 1st TN

JONES, Daniel S. - Fifer - Laffery's Co. - Lindsay's Reg't TN Mtd.

JONES, Elihu E. - Sgt. - Dossett's Co. - 3rd Btn. TN Inf.

JONES, George - Pvt. - Netherland's Co. - 3rd TN Mtd. Mil.

JONES, J. W. - 2nd Lieut. - Hudlow's Co. - 1st TN Inf.

JONES, James - Pvt. - Roger's Co. - 1st TN Mtd. Inf.

JONES, James M. - Pvt. - Hunter's & Miller's Co. - 1st TN Inf.

JONES, Jesse L. - Pvt. - Maupin's Co. - 2nd TN Mtd. Mil

JONES, John - Pvt. - Simpson's Co. - 1st TN Inf.

JONES, John - Pvt. - Cunningham's Co. - 2nd TN Mtd. Mil.

JONES, John - Pvt. - Wear's Co. - 2nd TN Mtd. Inf.

JONES, John H. - Pvt. - Ferris' Co. - Lauderdale's Btn. TN Mtd. Inf.

JONES, John M. - Pvt. - Anderson's Co. - 1st TN Mtd. Mil.

JONES, John S. - Pvt. - Hudlow's Co. - 1st TN Inf.

JONES, Laban - Pvt. - Ferris' Co. - Lauderdale's Btn. Tn Mtd. Inf.

JONES, Lewton - Pvt. - Hunter's & Miller's Co. - 1st TN Inf.

JONES, Miles - Pvt.- Meek's Co. - 3rd TN Mtd. Mil.

JONES, Oswell - Pvt. - Hudlow's Co. - 1st TN Inf.

JONES, robert - Pvt. - Fain's Co. - 1st TN mtd. Inf.

JONES, Robert - Pvt. - Terry's Co. - 1st TN Mtd. Inf.

JONES, Squire - Pvt. - Powell's co. - 1st TN Mtd. Inf.

JONES, Stephen - Pvt. - Feazell's Co. - 1st TN Inf.

JONES, Stephen - Pvt. - Meek's Co. - 3rd TN Mtd. Inf.

JONES, Thomas - Pvt. - Cunningham's Co. -2nd TN Mtd. Mil.

JONES, Thomas S. - Pvt. - Hudlow's Co. - 1st TN Inf.

JONES, William - Pvt. - Hembree's Co. - Lindsay's Reg't TN Mtd.

JONES, William - n/a - Peak's Co. - 2nd TN Mtd. Inf.

JONES, William - Bugler - Vernon's Co. - 1st TN Mtd. Inf.

JONES, William - n/a - William's Co. - 1st TN Mtd. Inf.

JONES, William - Pvt. - Wild's Co. - Lauderdale's Btn. TN Mtd. Inf.

JONES, William R. - Pvt. - Standefer's Co. - 1st TN Mtd. Inf.

JONES, Williams - Bugler - Hembree's Co. - 2nd TN Mtd. Inf.

JONES, Zachariah - Pvt. - Netherland's Co. - 3rd TN Mtd. Mil.

Jons, Canoway - Pvt. - Feazell's Co. - 1st TN Inf.

JORDAN/JORDEN/JOURDON, Alexander - Pvt. - Gillespie's Co. - 2nd TN Mtd. Inf.

JORDAN/JORDEN/JOURDEN, John G. - Pvt. - Cunningham;s Co. - Lindsay's Reg't TN Mtd.

JORDAN/JORDEN/JOURDEN, Thomas - Ensign - Vernon's Co. - Lindsay's Reg't TN Mtd.

JORDAN/JORDON/JOUREN, Thomas C. - Corporal - Vernon's Co. - 1st TN Mtd. Inf.

JORDAN, Thomas U. - Pvt. - Ellis' Co. - 2nd TN Mtd. Inf.

JORDAN, William R. - Pvt. - Boyd's Co. - 1st TN Inf.

JOSE, William - Pvt. - Hunter's & Miller's Co. - 1st TN Inf.

JULIAN, Alfred M. - Pvt.1st Sgt. - Peak's Co. - Lindsay's Reg't TN Mtd. - 2nd TN Mtd. Inf.

JULIAN/JULIN, N. S. - Major - Cooke's Co. - 3rd Btn TN Inf.

JULIAN, Samuel - Pvt. - Cunningham's Co. - Lindsay's Reg't TN Mtd.

JURDAN, Thomas D. - Pvt. - Ellis' Co. - 2nd TN Mtd. Inf.

JUSTUS, William C.- Pvt. - Parham's Co. - 1st TN Mtd. Inf.

K

KAMP, James S. - Pvt. - Yoakum's & McLin's Co. - 1st TN Inf.

KANTS, Frederick A. - Pvt. - Powell's Co. - Lindsay's Reg't TN Mtd.

KEAN, Jonas H. - Pvt. - Powell's Co. - 1st TN Mtd. Inf.

KEANY/KEARNY, Isham - Pvt. - Feazell's Co. - 1st TN Inf.

KEAR, John - Pvt. - McMillin;'s Co. - 1st TN Mtd. Mil.

KEASLING, John - Corporal - Scrugg's Co. - 3rd TN Mtd. Mil.

KEATH, Austin L. - Pvt. - 2nd Mtd. Reg't TN

KEATH, George W. - Pvt. - 2nd Mtd. Reg't TN

KEATH, John - Pvt. - 2nd Mtd. Reg't TN

KEE, William - Corporal - Hurst's Co. - 1st TN Mtd. Mil.

KEELER, William - Pvt. - West's Co. - 2nd TN Mtd. Inf.

KEELING, Welding - Pvt. - Morrow;'s Co. - Lindsay's Reg;'t TN Mtd.

KEELING, Weldon - Pvt. - McMillin's Co. - 1st TN Mtd. Mil.

KEELING, William - Pvt. - Morrow's Co. - Lindsay's Reg't TN Mtd.

KEEN/KEIN, James - Pvt. - Tedford's Co. - 1st TN Inf.

KEEN, Jonas H. - Pvt. - Powell's Co. - 1st TN Mtd. Inf.

KEENAN/KEENUM/KENUM, Berry - Pvt. - Vernon's Co. - Lindsay's Reg't TN Mtd.

KEENEY, Joseph - Pvt. - Cannon's Co. - 1st TN Mtd. Inf.

KEENY, James - Pvt. - Cherry's Co. - Lauderdale's Btn TN Mtd.

KEIRSEY, John - n/a - William's Co. - 1st TN Mtd. Inf.

KEITH, Alexander H. - 1st Lieut. - Bart's Co. - 1st TN Mtd. Mil.

KEITH, Philip H. - Pvt. - Bart's Co. - 1st TN Mtd. Inf.

KEITH, Samuel - Pvt. - Dossett's Co. - 3rd Btn TN Inf.

KELL, William - Pvt. - Anderson's Co. - 1st TN Mtd. Mil.

KELLER, Jacob - Pvt. - Tedford's Co. - 2nd TN Mtd. Mil.

KELLER, Philip - Pvt. - Cunningham's Co. - 2nd TN Mtd. Mil.

KELLEY, G. B. - Pvt. - Campbell's Co. - 1st Tn Mtd. Inf.

KELLEY, Samuel - Pvt. - Vernon's Co. - 1st TN Mtd. Inf.

KELLEY, William K. - Pvt. - Meek's Co. - 3rd TN Mtd. Mil.

KELLIAN, M. - Assi't Surgeon

KELLY, Abraham - Pvt. - Ellis' Co. - 2nd Tn Mtd. Inf.

KELLY, Elisha - Pvt. - Vernon's Co. - Lindsay's Reg't TN Mtd.

KELLY, George W. - Sgt. - Scrugg's Co. - 2nd TN Mtd. Mil.

KELLY, H. R. - Pvt. - Bart's Co. - 1st TN Mtd. Mil.

KELLY, John - Pvt. - Standefer's Co. - 1st TN Mtd. Inf.

KELLY, Joseph B.- Pvt. - Standefer's Co. - 1st TN Mtd. Inf.

KELLY, Joseph P. - Sgt. - Standefer's Co. - 1st TN Mtd. Inf.

KELLY, Samuel - Pvt. - Vernon's Co. - Lindsay's Reg't TN Mtd.

KELLY, Thomas J. - Pvt. - Gillespie's Co. - 2nd TN Mtd. Inf.

KELTON, James - Pvt. - Yoakum's & McLin's Co. - 1st TN Inf.

KEMBROUGHT, Jacob C.- Sgt. - Meek's Co. - 3rd TN Mtd. Mil.

KEMP, James S. - Pvt. - Yoakum's & McLin's Co. - 1st TN Inf.

KENDRAH/KENDREH, Thomas - Pvt. - Parham's Co. - 1st TN Mtd. Inf.

KENDRICK, Henry - Pvt. - Hembree's Co. - Lindsay's Reg't TN Mtd.

KENEDY/KENNEDY, John M. - Surgeon - F. & S. Co. - 1st TN Inf.

KENEDY, Thomas R. - Pvt. - Prigmore's Co. - 1st TN Mtd. Mil.

KENNARD, James - Pvt. - Caldwell's Co. - Lindsay's Reg't TN Mtd.

KENNEDY, Samuel B. - 1st Lieut. - Morrow's Co. - 1st

TN Mtd. Inf.

KENNEDY, Samuel B. - Brig. Insp't - 2nd Brig. Mtd. TN

KENNEDY, William - Pvt. - Simpson's Co. - 1st TN Inf.

KENSINGER, George - Pvt. - Simpson's Co. - 1st TN Inf.

KENSOR, John - Pvt. - Tedford's Co. - 2nd TN Mtd. Mil.

KERR, Joseph - Pvt.- Dodson's Co. - Lindsay's Reg't TN Mtd.

KERSEY, Isaac - Pvt. - Ferris' & Cherry's Co. - Lauderdale's Btn. TN Mtd. Inf.

KERSEY, Isaac - Pvt. - Standefer's Co. - 1st TN Mtd. Inf.

KETCHUM, Esekiel W. - Pvt. - Standefer's Co. - 1st TN Mtd. Inf.

KEY, William - Pvt. - Tedford's Co. - 1st TN Inf.

KIBBLE/KIBLE, Elias - Pvt. - Morrow's Co. - Lindsay's Reg't TN Mtd.

KID - Francis M. - Pvt. - Scrugg's Co. - 3rd TN Mtd. Mil.

KID/KIDD, Francis M. - Pvt. - Feazell's Co. - 1st TN Inf.

KIDD, Edmon - Pvt. - Cunningham's Co. - 2nd TN Mtd. Mil.

KIFER, Abraham - Pvt. - Scrugg's Co. - 3rd TN Mtd. Mil.

KILE, Hugh - Pvt. - Wear's Co. - 2nd TN Mtd. Inf.

KILGORE, Robert - Pvt. - Anderson's Co. - 1st TN Mtd. Mil.

KILGORE, Wilson - Pvt. - Gillespie's Co. - 2nd TN Mtd. Inf.

KILLGOAT, Elijah - Pvt. - Boyd's Co. - 1st TN Inf.

KILLMER, James - Pvt. - Standefer's Co. - TN Mtd. Inf.

KILLOUGH, Robert - Pvt. - Waterhouse's Co. - Lauderdale's Btn. TN Mtd.

KIMBERO, Duke - Pvt. - Caldwell's Co. - Lindsay's Rgt. TN Mtd.

KIMBROUGH, Daniel - Pvt. - Talbott's Co. - 2nd TN Mtd. Inf.

KIMBROUGH, Duke - Pvt. - Caldwell's Co. - Lindsay's Rgt. TN Mtd.

KIMRY, John - Pvt. - Scrugg's Co. - 3rd TN Mtd. Mil.

KIMSEY, H. P. - Pvt. - Hudlow's Co. - 1st TN Inf.

KINARD, James - Pvt. - Caldwell's Co. - Lindsay's Rgt. TN Mtd.

KINCHELOW/KINCHELAW, Enock - Pvt. - Hickey's Co. - 1st TN Inf.

KINCTON, Nicholas - Pvt. - Dossett's Co. - 3rd Btn. TN Inf.

KINDELL, James - Pvt. - Hunter's Co. - 1st TN Inf.

KINDER, Lawrence H. - Pvt. - Morrow's Co. - 1st TN Mtd. Inf.

KINDRECK, Henry - Pvt. - Hembree's Co. - Lindsay's Rgt. TN Mtd.

KINDRICK, Henry - Pvt. - Hembree's Co. - Lindsay's Rgt. TN Mtd.

KING, Andrew - Pvt. - Standerfer's Co. - 1st TN Mtd. Inf.

KING, Clark - Pvt. - 2nd Mtd. Rgt. TN

KING, Dixon - Pvt. - Scrugg's Co. - 3rd TN Mtd. Mil.

KING, Elcana - Pvt. - Vernon's Co. - 1st TN Mtd. Inf.

KING, George - Pvt. - Cherry's Co. - Lauderdale's Btn. TN Mtd. Inf.

KING, Henry A. J. - Pvt. - Yoakum's & McLin's Co. -

****

1st TN Inf.

KING, James - Pvt. - Hunter's & Miller's Co. - 1st TN Inf.

KING, John - Pvt. - Hunter's & Miller's Co. - 1st TN Inf.

KING, John B. - Sgt. - Boyd's Co. - 1st TN Inf.

KING, Josiah - Pvt. - Fain's Co. - 1st TN Mtd. Inf.

KING, Leander L. - Corp. - Roger's Co. - 3rd TN Mtd. Mil.

KING, Mathew - Pvt. - Tedford's Co. - 1st TN Inf.

KING, Robert - Pvt. - Peak's Co. - 2nd TN Mtd. Inf.

KING, Samuel - Pvt. - Netherland's Co. - 3rd TN Mtd. Mil.

KING, Sterling - Pvt. - Roger's Co. - 3st TN Mtd. Inf.

KING, Thomas - Pvt. - Wallace's Co. - 3rd Btn. TN Inf.

KING, Thomas - Pvt. - Elliott's Co. - Lauderdale's Btn. TN Mtd. Inf.

KING, W. M. C. - Pvt. - Hudlow's Co. - 1st TN Inf.

KING, Wiley - Pvt. - Cherry's Co. - Lauderdale's Btn. TN Mtd. Inf.

KING, William O. - Pvt. - McClellan's Co. - 2nd TN Mtd. Inf.

KINGERY, Henry - Pvt. - McClellan's Co. - 2nd TN Mtd. Inf.

KINGERYKINGORY/KINGREY, Henry - Pvt. - Powell's Co. - Lindsay's Rgt. TN Mtd.

KINGREY, Morgan - Pvt. - Gregg's Co. - 3rd Btn. TN Inf.

KINGRY, Henry - Pvt. - McClellan's Co. - 2nd TN Mtd. Inf.

KINGSTON, Edward G. - Hembree's Co. - 2nd TN Mtd. Inf.

KINGSTON, George S. - 1st Sgt. - Hembree's Co. - 2nd TN Mtd. Inf.

KINGSTON, George S. - 2nd Lt. - Hembree's Co. - Lindsay's Rgt. TN Mtd.

KINGTON, E. G. - Pvt. - Hembree's Co. - 2nd TN Mtd. Inf.

KINGTON, George S. - 2nd Lt. - Hembree's Co. - Lindsay's Rgt. TN Mtd.

KINGTON, George S. - 1st Sgt. - Hembree's Co. - 2nd TN Mtd. Inf.

KINKEAD, Anderson - Pvt. - Simpson's Co. - 1st TN Inf.

KINORY, Henry - Pvt. - Powell's Co. - Lindsay's Rgt. TN Mtd.

KINSER, William - Pvt. - Wear's Co. - 2nd TN Mtd. Inf.

KIRBY, Joseph - Pvt. - Morrow's Co. - TN Mtd. Inf.

KIRK, Allen - Pvt. - Neely's Co. - 3rd Btn. TN Inf.

KIRK, John - Pvt. - Yoakum's Co. - 1st TN Inf.

KIRKPATRICK, Geren - Pvt. - Morrow's Co. - 1st TN Mtd. Inf.

KIRKPATRICK, James P. - 1st Lt. - Howell's Co. - 1st TN Inf.

KIRKPATRICK, John - Pvt. - Howell's Co. - 1st TN Inf.

KIRKSEY/KIRKSY, George W. - Pvt. - Cunningham's Co. - Lindsay's Rgt. TN Mtd.

KIRNEY, Wiley - Pvt. - Netherland's Co. - 3rd TN Mtd. Mil.

KIRSY, Owen R. - Pvt. - Anderson's Co. - 1st TN Mtd. Mil.

KITCHUM, John - Pvt. - Elliott's Co. - Lauderdale's Btn. TN Mtd. Inf.

KITE, Alfred - Pvt. - Caldwell's Co. - Lindsay's Rgt.

TN Mtd.

KITE, Claibern - Pvt. - Powell's Co. - 1st TN Mtd. Inf.

KLEPPER, John - Corporal - Champion's Co. - 1st TN Mtd. Mil.

KLINE, John L. - 1st Lt. - Morrow's Co. - Lindsay's Rgt. TN Mtd.

KLINE, John L. - 1st Sgt. - William's & F. & S. Co. - 1st TN Mtd. Inf.

KNIGHT, Jacob - Pvt. - Meek's Co. - 3rd TN Mtd. Mil.

KNIGHT, James - Pvt. - Meek's Co. - 3rd TN Mtd. Mil.

KNIGHT, John M. - Pvt. - Yoakum's & McLin's Co. - 1st TN Inf.

KNIGHT, Levi H. - Pvt. - Vernon's Co. - 1st TN Mtd. Inf.

KNIGHT, William G. - Pvt. - Morrow's Co. - Lindsay's Rgt. TN Mtd.

KNOX, James - Corp. - Wear's Co. - 2nd TN Mtd. Inf.

KOONTZ, Henry S. - Pvt. - Morrow's Co. - 1st TN Mtd. Inf.

KUHN, John H. - Corp. - Netherland's Co. - 3rd TN Mtd. Mil.

KULAN, William - Pvt. - Robinson's Co. - TN Mtd.

KULIN, William - Pvt. - Robinson's Co. - TN Mtd.

KYLE, James H. - Pvt. - Roger's Co. - 1st TN Mtd. Inf.

L

LACEY, William P. - Pvt. - McClelland's Co. - 2nd TN Mtd. Inf.

LACENS/LACKISS, Benjamin - Pvt. - Hickey's Co. - 1st TN Inf.

LACKSON, James - Pvt. - Cherry's Co. - Lauderdale's Btn. TN Mtd. Inf.

LACKY, Abley - Pvt. - Cherry's Co. - Lauderdale's Btn. TN Mtd. Inf.

LACY, Jonathan M. - Pvt. - Powell's Co. - 1st TN Mtd. Inf.

LACY, William H. - Pvt. - Simpson's Co. - 1st TN Inf.

LACY, Wm. P. - Pvt. - McClellan's Co. - 2nd TN Mtd. Inf.

LADD, Amos - Sgt. - Elliott's Co. - Lauderdale's Btn. TN Mtd. Inf.

LADD, Amos, Jr. - Pvt. - Champion's Co. - 1st TN Mtd. Mil.

LADD, Bayless - Pvt. - Morrow's Co. - Lindsay's Rgt. TN Mtd.

LADD, Constantine - Ensign - Champion's Co. - 1st TN Mtd. Mil.

LADD, Enoch C. - Pvt. - Boyd's Co. - 1st TN Inf.

LADD, Enoch C. - Pvt. - Champion's Co. - 1st TN Mtd. Mil.

LADD, Noble - 1st Lt. - Champion's Co. - 1st TN Mtd. Mil.

LADE, Enoch C. - Pvt. - Boyd's Co. - 1st TN Inf.

LADY, Alvin - Pvt. - Gregg's Co. - 3rd Btn. TN Inf.

LAFATER, Enos. - Pvt. - Wallace's Co. - 3rd Btn. TN Inf.

LAFFERRY, George W. - Captain - Laffery's Co. - Lindsay's Rgt. TN Mtd.

LAFFERTY, James - Sgt. - William's Co. - 1st TN Mtd. Inf.

LAIN, Benjamin G. - Pvt. - Gregg's Co. - 3rd Btn. TN Inf.

****

LAIN, James F. - Pvt. - Gregg's Co. - 3rd Btn. TN Inf.

LAIN, John - Pvt. - Byrd's & Peak's Co. - 2nd TN Mtd. Inf.

LAIN, Joseph C. - Pvt. - Byrd's & Peak's Co. - 2nd TN Mtd. Inf.

LAIN, Joseph C. - Pvt. - Byrd's & Peak's Co. - 2nd TN Mtd. Inf.

LAIN, William - Pvt. - Anderson's Co. - 1st TN Mtd. Inf.

LAIN, William - Corp. - Boyd's Co. - 1st TN Inf.

LAINE, Pleasant - Pvt. - Pearson's Co. - Lindsay's Rgt. TN Mtd.

LAINE, William - Pvt. - Pearson's Co. - Lindsay's Rgt. TN Mtd.

LAKEY, William - Pvt. - Neely's Co. - 3rd Btn. TN Inf.

LAMB, David R. - Pvt. - Scrugg's Co. - 3rd TN Mtd. Mil.

LAMB, James - Pvt. - Scrugg's Co. - 3rd TN Mtd. Mil.

LAMB, John E. - Pvt. - Maupin's Co. - 2nd TN Mtd. Mil.

LAMB, John G. - 1st Lieut. - Terry's Co. - 1st TN Mtd. Inf.

LAMBERT, Aron - Pvt. - Cunningham's Co. - 2nd TN Mtd. Mil.

LAMBERT, Howel - Pvt. - Ferris' Co. - Lauderdale's Btn. TN Mtd. Inf.

LAMBERT, Howel - Pvt. - Ferris' Co. - Lauderdale's Btn. TN Mtd. Inf.

LAMBERT, Joseph - Sgt. - Cunningham's Co. - 2nd TN Mtd. Mil.

LAMBERT, Perry - Pvt. - Cunningham's Co. - Lindsay's Rgt. TN Mtd.

LAMBERT, Westly - Pvt. - Cherry's Co. - Lauderdale's Btn. TN Mtd. Inf.

LAMBERTH, Daniel M. - Pvt. - Parham's Co. - 1st TN Mtd. Inf.

LAMIER, N. - Pvt. - Yoakum's Co. - 1st TN Inf.

LAMIER, Nicholas - Pvt. - Yoakum's Co. - 1st TN Inf.

LANDERS, James - Pvt. - Boyd's Co. - 2nd TN Mtd. Mil.

LANDERS, William - Pvt. - Boyd's Co. - 2nd TN Mtd. Mil.

LANDON, James - Drummer - Gregg's Co. - 3rd Btn. TN Inf.

LANE, Benj. G. - Pvt. - Gregg's Co. - 3rd Btn. TN Inf.

LANE, James F. - Pvt. - Gregg's Co. - 3rd Btn. TN Inf.

LANE, John - Pvt. - Prigmore's Co. - 1st TN Mtd. Mil.

LANE, John - Pvt. - Byrd's & Peak's Co. - 2nd TN Mtd. Inf.

LANE, John M. - Pvt. - Morrow's Co. - Lindsay's Rgt. TN Mtd.

LANE, Jordan - Pvt. - Prigmore's Co. - 1st TN Mtd. Mil.

LANE, Joseph C. - Pvt. - Byrd's & Peak's Co. - 2nd TN Mtd. Inf.

LANE, Lewis R. - Pvt. - Talbott's Co. - 2nd TN Mtd. Inf.

LANE, Payton - Pvt. - Powell's Co. - Lindsay's Rgt. TN Mtd.

LANE, Pleasant - Pvt. - Pearson's Co. - Lindsay's Rgt. TN Mtd.

LANE, William - Corp. - Boyd's Co. - 1st TN Inf.

LANE, William - Pvt. - Pearson's Co. - Lindsay's Rgt. TN Mtd.

LANE, William - 2nd Sgt. - Morrow's Co. - Lindsay's Rgt. TN Mtd.

LANGFORD, Thomas - Pvt. - Feazell's Co. - 1st TN Inf.

LANGHAM, John - Pvt. - Cannon's Co. - 1st TN Mtd. Inf.

LANGLEY, Isaac - Pvt. - Roger's Co. - 3rd TN Mtd. Mil.

LANGUM, John D. - Pvt. - Anderson's Co. - 1st TN Mtd. Mil.

LANKFORD, Elijah - Pvt. - Dodson's Co. - Lindsay's Rgt. TN Mtd.

LANKFORD, Thomas - Pvt. - Feazell's Co. - 1st TN Inf.

LANKFORD, William - Pvt. - Feazell's Co. - 1st TN Inf.

LAREN, Harden B. - Pvt. - Hunter's & Miller's Co. - 1st TN Inf.

LARGE, Joseph - Pvt. - Meek's Co. - 3rd TN Mtd. Mil.

LARGE, Stephen - Pvt. - Meek's Co. - 3rd TN Mtd. Mil.

LARIMORE, George K. - Sgt. - Pearson's Co. - Lindsay's Rgt. TN Mtd.

LARIMORE, Rollin - Pvt. - Morrow's Co. - Lindsay's Rgt. TN Mtd.

LARKEY, David M. - Pvt. - Gregg's Co. - 3rd Btn. TN Inf.

LARKEY, John - Pvt. - Netherland's Co. - 3rd TN Mtd. Mil.

LARKY, Abley - Pvt. - Cherry's Co. - Lauderdale's Btn. TN Mtd. Inf.

LARKY, David M. - Pvt. - Gregg's Co. - 3rd Btn. TN Inf.

LARRIMORE, George K. - 1st Sgt. - Pearson's Co. - Lindsay's Rgt. TN Mtd.

LARRIMORE, Peter D. - Pvt. - Prigmore's Co. - 1st TN Mtd. Mil

LARRIMORE, Rolan/Roland/Rowlin - Pvt. - Cunningham's co. - Lindsay's Rgt. TN Mtd.

LARYFORD, William - Pvt. - Feazell's Co. - 1st TN Inf.

LASHLEY, James - Pvt. - Cooke's Co. - 3rd Btn. TN Inf.

LASHLY, John P. - Corp. - Cooke's Co. - 3rd Btn. TN Inf.

LASLEY, Jesse - Pvt. - Netherland's Co. - Lauderdale's Btn. TN Mtd. Inf.

LASSATER, John I. - Pvt. - Ferris' Co. - Lauderdale's Btn. TN Mtd. Inf.

LASSATER, Jonnothan - Corp. - Anderson's Co. - 1st TN Mtd. Mil.

LASSATER, Richard E. - Pvt. - Ferris' Co. - Lauderdale's Btn. TN Mtd. Inf.

LASSATER, Robert E. - Pvt. - Ferris' Co. - Lauderdale's Btn. TN Mtd. Inf.

LASSATER, Thomas I. - Pvt. - Ferris' Co. - Lauderdale's Btn. TN Mtd. Inf.

LAUDERDALE, William - Major - Co. N/A - Lauderdale's Btn. TN Mtd. Inf.

LAVENTON, Bailey - Pvt. - Tedford's Co. - 1st TN Inf.

LAWRENCE, Thomas - Pvt. - Tedford's Co. - 1st TN Inf.

LAWRENCE, William - Pvt. - Yoakum's & McLin's Co. - 1st TN Inf.

LAWREY, John - Musician - Byrd's & Peak's Co. - 2nd TN Mtd. Inf.

LAWRY, D. R. - Qrt. Master

LAWSON, Andrew - Pvt. - West's Co. - 2nd TN Mtd. Inf.

LAWSON, David - Pvt. - Dodson's Co. - Lindsay's Rgt. TN Mtd.

****

LAWSON, Enoch - Pvt. - Simpson's Co. - 1st TN Inf.

LAWSON/LOWSON, George - Pvt. - Hickey's Co. - 1st TN Inf.

LAWSON, Jacob - Pvt. - Dodson's Co. - Lindsay's Rgt. TN Mtd.

LAWSON, Jacob - Pvt. - Waterhouse's Co. - Lauderdale's Btn. TN Mtd. Inf.

LAWSON, James M. - Pvt. - Dodson's Co. - Lindsay's Rgt. TN Mtd.

LAWSON, Mark - Pvt. - Laffery's Co. - Lindsay's Rgt. TN Mtd.

LAWSON, Thomas - Pvt. - Dodson's Co. - Lindsay's Rgt. TN Mtd.

LAWSON, William - Pvt. - Cunningham's Co. - Lindsay's Rgt. TN Mtd.

LAWSON, William - Pvt. - West's Co. - 2nd TN Mtd. Inf.

LAWSON, William - Pvt. - Robinson's Co. - TN Mtd.

LAXON, Charles - Pvt. - Cherry's Co. - Lauderdale's Btn. TN Mtd. Inf.

LAXON, James - Pvt. - Cherry's Co. - Lauderdale's Btn. TN Mtd. Inf.

LAXSON, Jesse - Sgt. - Cherry's Co. - Lauderdale's Btn. TN Mtd. Inf.

LAY, James C. - Pvt. - Hill's Co. - 1st TN Inf.

LAY, James S. - Pvt. - Hill's Co. - 1st TN Inf.

LAYMAN, Ambrose W. - Pvt. - West's Co. - 2nd TN Mtd. Inf.

LAYMAN, Griffith W. - Pvt. - West's Co. - 2nd TN Mtd. Inf.

LEA, Calvin - Pvt. - Bart's Co. - 1st TN Mtd. Mil.

LEA, Herndon - Pvt. - Scrugg's Co. - 3rd TN Mtd. Mil.

LEA, Herndon - Pvt. - Wear's Co. - 2nd TN Mtd. Inf.

LEA, John - Pvt. - Morrow's Co. - 1st TN Mtd. Inf.

LEACH, William I. - Pvt. - Roger's Co. - 3rd TN Mtd. Mil.

LEADBETTER, William H. - Pvt. - Cooke's Co. - 3rd Btn. TN Inf.

LEAMON, Samuel - Pvt. - Cunningham's Co. - Lindsay's Rgt. TN Mtd.

LEATHERS, Joseph B. - Pvt. - Standefer's Co. - 1st TN Mtd. Inf.

LEDBETTER, John - Pvt. - Dodson's Co. - Lindsay's Rgt. TN Mtd.

LEDBETTER, William - Pvt. - Caldwell's Co. - 1st TN Mtd. Inf.

LEDGERWOOD, David - Pvt. - Tedford's Co. - 1st TN Inf.

LEE, James P. - Pvt. - Ferris' Co. - Lauderdale's Btn. TN Mtd. Inf.

LEGATE, James M. - Pvt. - Hunter's & Miller's Co. - 1st TN Inf.

LEIPER, James H. - Pvt. - Tedford's Co. - 2nd TN Mtd. Mil.

LEMAR, William - Pvt. - Roger's Co. - TN Mtd. Mil.

LEMMONS, Elijah - Pvt. - Dodson's Co. - Lindsay's Rgt. TN Mtd.

LEMMONS, George W. - Pvt. - Elliott's Co. - Lauderdale's Btn. TN Mtd. Inf.

LEMMONS, Hiram C. - Pvt. - Dodson's Co. - Lindsay's Rgt. TN Mtd.

LEMMONS, Isaac - Pvt. - Scrugg's Co. - 3rd TN Mtd. Mil.

LEMONS, Edmond P. - Pvt. - Fain's Co. - 1st TN Mtd. Inf.

LEMONS, George W. - Pvt. - Elliott's Co. - Lauderdale's Btn. TN Mtd. Inf.

LEONARD, Frederick - Fifer - Gregg's Co. - 3rd Btn. TN Inf.

LETHERS, Joseph B. - Pvt. - Boyd's Co. - 1st TN Inf.

LEVENTON, Bailey - Pvt. - Tedford's Co. - 1st TN Inf.

LEWIS, David - Pvt. - Vernon's Co. - Lindsay's Rgt. TN Mtd.

LEWIS, Evan - Pvt. - Elliott's Co. - Lauderdale's Btn. TN Mtd. Inf.

LEWIS, George W. - Sgt. - Dearing's Co. - Lauderdale's Btn. TN Mtd. Inf.

LEWIS, Jessey - Pvt. - Wallace's Co. - 3rd Btn. TN Inf.

LEWIS, John M. - Pvt. - Netherland's Co. - 3rd TN Mtd. Mil.

LEWIS, Lapsley - Pvt. - Vernon's Co. - 1st TN Mtd. Inf.

LEWIS, Lapsley - 2nd Sgt. - Vernon's Co. - Lindsay's Rgt. TN Mtd.

LEWIS, Thomas D. - Pvt. - Gillespie's Co. - 2nd TN Mtd. Inf.

LEWIS, William - Sgt. - Gregg's Co. - 3rd Btn. TN Inf.

LEWIS, Willie - Pvt. - Gillespie's Co. - 2nd TN Mtd. Inf.

LIDDLE, J. W. - Pvt. - Cooke's Co. - 2nd TN Mtd. Inf.

LIDDLE, J. M. - Pvt. - Cooke's Co. - 3rd Btn. TN Inf.

LIDE, John W. - Surgeon - F & S Co. - 1st TN Inf.

LIGATE, James M. - Pvt. - Hunter's & Miller's Co. - 1st TN Inf.

LIGHT, Mikle - Pvt. - Wallace's Co. - 3rd Btn. TN Inf.

LIGHT, Vashal - Pvt. - Wallace's Co. - 3rd Btn. TN Inf.

LILARD, James M. - Pvt. - Vernon's Co. - 1st TN Mtd. Inf.

LILLARD, James M. - Pvt. - Vernon's Co. - 1st TN Mtd. Inf.

LILLARD, William W. - Pvt. - Vernon's Co. - Lindsay's Rgt. TN Mtd.

LINBERRY, Levi - Pvt. - Byrd's & Peak's Co. - 2nd TN Mtd. Inf.

LINDAMOOD, James W. - Pvt. - Gregg's Co. - 3rd Btn. TN Inf.

LINDSAY, John, Jr. - Pvt. - Meek's Co. - 3rd TN Mtd. Inf.

LINDSEY, William - Pvt. - Maupin's Co. - 2nd TN Mtd. Mil.

LINE, Joab - Pvt. - Talbott's Co. - 2nd TN Mtd. Inf.

LINEBERRY, Levi - Pvt. - Byrd's & Peak's Co. - 2nd TN Mtd. Inf.

LING, James - Pvt. - Hunter's Co. - 1st TN Inf.

LINSEY, Cornelius - Pvt. - Maupin's Co. - 2nd TN Mtd. Mil.

LIPE, Francis - Pvt. - Fain's Co. - 1st TN Mtd. Inf.

LITRELL, William - Pvt. - Gregg's Co. - 3rd Btn. TN Inf.

LITTLE, Andrew - Pvt. - Gregg's Co. - 3rd Btn. TN Inf.

LITTLE/LITTELL, George W. - Pvt. - Hickey's Co. - 1st TN Inf.

LITTLE, Joseph - Pvt. - Peak's Co. - Lindsay's Rgt. TN Mtd.

LITTLETON, George - Pvt. - Hembree's Co. - Lindsay's Rgt. TN Mtd.

LOCK, Isaac - Corp. - Meek's Co. - 3rd TN Mtd. Mil.

LOCK, William - Trumpeter - Meek's Co. - 3rd TN Mtd. Mil.

LOCKMILLER, Elijah - Pvt. - Prigmore's Co. - 1st TN Mtd. Mil.

LOFTIN, Robert M. - Pvt. - Yoakum's & McLin's Co. - 1st TN Inf.

LOFTON, Robert M. - Pvt. - Yoakum's & McLin's Co. - 1st TN Inf.

LONES, Daniel - Pvt. - Morrow's Co. - 1st TN Mtd. Inf.

LONG, Richard B. - 4th Sgt. - Hunter's & Miller's Co. - 1st TN Inf.

LONG, Thomas - Pvt. - Dossett's Co. - 3rd Btn. TN Inf.

LONGLEY, A. J. - Pvt. - Morrow's Co. - Lindsay's Rgt. TN Mtd.

LONGLEY, William F. - Pvt. - Morrow's Co. - Lindsay's Rgt. TN Mtd.

LONGLY, A. J. - Pvt. - Morrow's Co. - Lindsay's Rgt. TN Mtd.

LONGLY, W. D. - Pvt. - Morrow's Co. - Lindsay's Rgt. TN Mtd.

LONGWITH, Reuben - Pvt. - Dodson's Co. - Lindsay's Rgt. TN Mtd.

LOONEY, Absalom - Pvt. - Howell's Co. - 1st TN Inf.

LOONEY, Morgan - Pvt. - Boyd's Co. - 1st TN Inf.

LOSSAN, James - Pvt. - Parham's Co. - 1st TN Mtd. Inf.

LOUGHMILLER, Martin B. - Pvt. - Campbell's Co. - 1st TN Mtd. Inf.

LOUGHMILLER, Martin B. - Pvt. - Campbell's Co. - 1st TN Mtd. Inf.

LOURY, Henry - Pvt. - Caldwell's Co. - 1st TN Mtd. Inf.

LOVE, Dungans M. C. - Pvt. - Caldwell's Co. - Lindsay's Rgt. TN Mtd.

LOVE, Jacob H. - Pvt. - Gillespie's Co. - 2nd TN Mtd. Inf.

LOVE, John P. - Pvt. - Tedford's Co. - 2nd TN Mtd. Mil.

LOVE, Sam'l M. - Pvt. - Wild's Co. - Lauderdale's Btn. TN Mtd. Inf.

LOVE, Samuel M. - Pvt. - Cannon's Co. - 1st TN Mtd. Inf.

LOVE, William A. - Pvt. - Gillespie's Co. - 2nd TN Mtd. Inf.

LOVEL, Jackson - Pvt. - Ellis' Co. - 2nd TN Mtd. Inf.

LOVELADY, Joseph - Sgt. - Wild's Co. - Lauderdale's Btn. TN Mtd. Inf.

LOVELADY, McKinney - 1st Sgt. - Cannon's Co. - 1st TN Mtd. Inf.

LOVELADY, William - Corporal - Wild's Co. - Lauderdale's Btn. TN Mtd. Inf.

LOVELL, Jackson - Pvt. - Morrow's Co. - Lindsay's Rgt. TN Mtd.

LOW, Abner I. - Pvt. - West's Co. - 2nd TN Mtd. Inf.

LOW, Jacob W. - Pvt. - West's Co. - 2nd TN Mtd. Inf.

LOW, John - Pvt. - Waterhouse's Co. - Lauderdale's Btn. TN Mtd. Inf.

LOW, John W. - Pvt. - 2nd Mtd. Rgt. TN

LOWDER, Nathaniel - Pvt. - Vernon's Co. - Lindsay's Rgt. TN Mtd.

LOWDER, Westly N. - Pvt. - Vernon's Co. - Lindsay's Rgt. TN Mtd.

LOWE, Alfred P. - Pvt. - Yoakum's Co. - McLin's 1st TN Inf.

LOWER, Michael - 3rd Sgt. - Hembree's Co. - 2nd TN Mtd. Inf.

LOWER, Michale - 2nd Sgt. - Hembree's Co. - Linday's Rgt. TN Mtd.

LOWERY, Henry - Pvt. - Caldwell's Co. - Lindsay's Rgt. TN Mtd.

LOWERY, John - Musician - Byrd's & Peak's Co. - 2nd TN Mtd. Inf.

LOWREY, John - Musician - Byrd's & Peak's Co. - 2nd TN Mtd. Inf.

LOWRY, Henry - Pvt. - Caldwell's Co. - Lindsay's Rgt. TN Mtd.

LOWRY, James M. - Corp. - Feazell's Co. - 1st TN Inf.

LOWRY, John - Ensign - Prigmore's Co. - 1st TN Mtd. Mil.

LOWRY, John - Musician - Byrd's & Peak's Co. - 2nd TN Mtd. Inf.

LOWRY, William T. - Pvt. - Wild's Co. - Lauderdale's Btn. TN Mtd. Inf.

LOYD, Charles - Pvt. - Scrugg's Co. - 3rd TN Mtd. Mil.

LOYD, Preston - Pvt. - William's & Morrow's Co. - 1st TN Mtd. Inf.

LUALLAN, Jackson - Pvt. - Dossett's Co. - 3rd Btn. TN Inf.

LUALLEN, J. - Pvt. - Dossett's Co. - 3rd Btn. TN Inf.

LUCAS, Edward - Pvt. - Cannon's Co. - 1st TN Mtd. Inf.

LUCIUS, Hezekiah - Pvt. - Vernon's Co. - Lindsay's Rgt. TN Mtd.

LUCUS, Hesekiah - Pvt. - Vernon's Co. - Linday's Rgt. TN Mtd.

LUSK, Fielding M. - Pvt. - West's Co. - 2nd TN Mtd. Inf.

LUSK, Joseph - Pvt. - West's Co. - 2nd TN Mtd. Inf.

LUTTERELL, John - Pvt. - Scrugg's Co. - 3rd TN Mtd. Mil.

LUTTERELL/LUTTRELL, William - Pvt. - Hickey's Co. - 1st TN Inf.

LUTTRELL, William - Pvt. - Gregg's Co. - 3rd Btn. TN Inf.

LYNCH, Andrew J. - Pvt. - Miller's & Hunter's Co. - 1st TN Inf.

LYNCH, James - n/a - Ferris' & Cherry's Co. - Lauderdale's Btn. TN Mtd. Inf.

LYNCH, James T. - Pvt. - Hunter's & Miller's Co. - 1st TN Inf.

LYNN, Joseph - Pvt. - Hickey's Co. - 1st TN Inf.

LYNN, Thomas - Pvt. - Hickey's Co. - 1st TN Inf.

LYNNET, Andrew J. - Pvt. - Hunter's & Miller's Co. - 1st TN Inf.

LYNNETT, James T. - Pvt. - Hunter's & Miller's Co. - 1st TN Inf.

LYON, Thomas C. - 2nd Lt. - Morrow's Co. - 1st TN Mtd. Inf.

Mc

McADAMS, James - Pvt. - Hudlow's Co. - 1st TN Inf.

McADAMS, Robert - Pvt. - Dodson's Co. - Lindsay's Rgt. TN Mtd.

McALISTER, Mathew - Pvt. - Morrow's Co. - Lindsay's Rgt. TN Mtd.

McALISTER, William - Pvt. - Morrow's Co. - Lindsay's Rgt. TN Mtd.

McALISTER, William - Pvt. - McMillin's Co. - 1st TN Mtd. Mil.

McALLEN, Andrew - Pvt. - Vernon's Co. - 1st TN Mtd. Inf.

McALLEN, John - 1st Lt. - Vernon's Co. - 1st TN Mtd. Inf.

McALLESTER, Mathew - Pvt. - Morrow's Co. -

Lindsay's Rgt. TN Mtd.

McALLISTER, Joseph - Pvt. - Hickey's Co. - 1st TN Inf.

McALLISTER, Matthew - Pvt. - Morrow's Co. - Lindsay's Rgt. TN Mtd.

McALLISTER, William - Pvt. - Morrow's Co. - Lindsay's Rgt. TN Mtd.

McAMEY, J. C. - Pvt. - Hembree's Co. - Lindsay's Rgt. TN Mtd.

McAMY, Joseph H. - Pvt. - Hudlow's Co. - 1st TN Inf.

McANALLY, Jackson - N/A - William's Co. - 1st TN Mtd. Inf.

McANALLY, James K. - Ensign - William's Co. - 1st TN Mtd. Inf.

McANALLY, James K. - Ensign - William's Co. - 1st TN Mtd. Inf.

McANNALLY, Charles - Pvt. - Hickey's Co. - 1st TN Inf.

McBEE, Alexander - Pvt. - Prigmore's Co. - 1st TN Mtd. Mil.

McBEE, C. - Pvt. - Dossett's Co. - 3rd Btn. TN Inf.

McBEE, Isaac N. - Pvt. - Meek's Co. - 3rd TN Mtd. Mil.

McBEE, Jesse - Pvt. - Standerfer's Co. - 1st TN Mtd. Inf.

McBEE, Lemuel - Pvt. - Standerfer's Co. - 1st TN Mtd. Inf.

McBRIDE, Francis - Pvt. - Cooke's Co. - 3rd Btn. TN Inf.

McBRIEN, Spencer - Pvt. - Tedford's Co. - 2nd TN Mtd. Mil.

McBUE, Claibon - Pvt. - Dossett's Co. - 3rd TN Inf.

McCALEB, Archibald - Pvt. - Robinson's Co. - TN Mtd.

McCALL, James J. - Pvt. - Yoakum's & McLin's Co. - 1st TN Inf.

McCALL, John - Pvt. - Cooke's Co. - 3rd Btn. TN Inf.

McCALL, William - Pvt. - Cooke's Co. - 3rd Btn. TN Inf.

McCALLESTER, William S. - Pvt. - Morrow's Co. - Lindsay's Rgt. TN Mtd. Inf.

McCALLIE, Archibald - Pvt. - Cunningham's Co. - 2nd TN Mtd. Mil.

McCALLIN, James - Pvt. - Tedford's Co. - 2nd TN Mtd. Mil.

McCALLON, Andrew - Pvt. - Vernon's Co. - 1st TN Mtd. Inf.

McCALLON, John - 1st Lt. - Vernon's Co. - 1st TN Mtd. Inf.

McCANE, William - Pvt. - Hill's Co. - 1st TN Inf.

McCANEL, James J. - Pvt. - McLin's & Yoakum's Co. - TN Inf.

McCANY, John C. - Pvt. - Hembree's Co. - Lindsay's Rgt. TN Mtd. Inf.

McCARNEY, Alexander - Pvt. - Feazell's Co. - 1st TN Inf.

McCARRAL/McCARREL, James - Pvt. - Roger's Co. - 1st TN Mtd. Inf.

McCARREL, Alexander - Pvt. - Ferry's Co. - 1st TN Mtd. Inf.

McCARTNEY, John N. - Pvt. - Pearson's Co. - Lindsay's Rgt. TN Mtd.

McCARY, Lindsly - 1st Corp. - Gillespie's Co. - 2nd TN Mtd. Inf.

McCASLAND, Jeremiah - 1st Sgt. - Campbell's Co. - 1st TN Mtd. Inf.

McCASLIN, Henry - Corp. - Hickey's Co. - 1st TN Mtd. Inf.

****

McCAUL, Daniel - Pvt. - 2nd Mtd. Rgt. TN

McCAY, James - Pvt. - Cunningham's Co. - Lindsay's Rgt. TN Mtd.

McCAY, Thomas - Pvt. - Cunningham's Co. - Lindsay's Rgt. TN Mtd.

McCAY, William - Pvt. - Hill's Co. - 1st TN Inf.

McCHANDLER, Rause - Pvt. - Meek's Co. - 3rd TN Mtd. Mil.

McCLAIN, Alexander - Ensign - Wear's Co. - 2nd TN Mtd. Inf.

McCLAIN, Thomas - Pvt. - Gregg's Co. - 3rd Btn, TN Inf.

McCLAIN, Thomas - Pvt. - Peak's Co. - Lindsay's Rgt. TN Mtd.

McCLANAHAN, John - Pvt. - Cunningham's Co. - 2nd TN Mtd. Mil.

McCLANAHAN, John - Pvt. - Vernon's Co. - Lindsay's Rgt. TN Mtd.

McCLANE, Thomas - Pvt. - Peak's & Byrd's Co. - 2nd TN Mtd. Inf.

McCLANE, Thomas - Pvt. - McClellan's Co. - 2nd TN Mtd. Inf.

McCLARY, Jackson P. - Pvt. - Caldwell's Co. - Lindsay's Rgt. TN Mtd.

McCLATCHEY, Adolphus P. - Pvt. - Campbell's Co. - 1st TN Mtd. Inf.

McCLEARY, Jackson P. - Pvt. - Caldwell's Co. - Lindsay's Rgt. TN Mtd.

McCLELAND, Hugh - Pvt. - Dossett's Co. - 3rd Btn. TN Inf.

McCLELLAN, Abraham - Capt. - McClellan's Co. - 2nd TN Mtd. Inf.

McCLELLAN, Ephraim - Pvt. - Hickey's Co. - 1st TN Inf.

McCLELLAN, George R. - Pvt. - Gregg's Co. - 3rd Btn. TN Inf.

McCLELLAND, Ephraim - Pvt. - Hickey's Co. - 1st TN Inf.

McCLENAN, Alfred - Pvt. - Wallace's Co. - 3rd Btn. TN Inf.

McCLENDON, Alford - Pvt. - Wallace's Co. - 3rd Btn. TN Inf.

McCLENDON, Joseph B. - Pvt. - Parham's Co. - 1st TN Mtd. Inf.

McCLENLAND, Hugh I. - Pvt. - Dossett's Co. - 3rd Btn. TN Inf.

McCLENNAHAN, Preston - Pvt. - Parham's Co. - 1st TN Mtd. Inf.

McCLEOD, Abner - Pvt. - Powell's Co. - 1st TN Mtd. Inf.

McCLERRIN/McCLERRON, Duncan - Pvt. - Parham's Co. - 1st TN Mtd. Inf.

McCLEWER, Thomas B. - Pvt. - Vernon's Co. - TN Mtd. Inf.

McCLURE, John J. - Pvt. - Cooke's Co. - 3rd Btn. TN Inf.

McCLURE, Thomas B. - Pvt. - Vernon's Co. - 1st TN Mtd. Inf.

McCLUSKY, Milton T. - Pvt. - Cunningham's Co. - 2nd TN Mtd. Mil.

McCOLLUM, John - Pvt. - Simpson's Co. - 1st TN Inf.

McCOLLUMS, William - Pvt. - Simpson's Co. - 1st TN Inf.

McCONNEL, William - Pvt. - Hembree's Co. - 2nd TN Mtd. Inf.

McCONNELL, William - Pvt. - Hembree's Co. - 2nd TN Mtd. Inf.

McCORD, James M. - Pvt. - Ferry's Co. - 1st TN Mtd. Inf.

****

McCORD, Lafayette - Pvt. - Ferry's Co. - 1st TN Mtd. Inf.

McCORMAC, Robert T. - Pvt. - Vernon's Co. - 1st TN Mtd. Inf.

McCORMAC, William F. - Pvt. - Vernon's Co. - 1st TN Mtd. Inf.

McCORMACK, Robert T. - Pvt. - Vernon's Co. - 1st TN Mtd. Inf.

McCORMACK, William - Pvt. - Vernon's Co. - 1st TN Mtd. Inf.

McCORMIC, Robert T. - Pvt. - Vernon's Co. - 1st TN Mtd. Inf.

McCORMIC, William F. - Pvt. - Vernon's Co. - 1st TN Mtd. Inf.

McCORPIN, Vardin - Pvt. - Hill's Co. - 1st TN Inf.

McCOY, James - Pvt. - Cunningham's Co. - Lindsay's Rgt. TN Mtd.

McCOY, John - Pvt. - Prigmore's Co. - 1st TN Mtd. Mil.

McCOY, John - Pvt. - Simpson's Co. - 1st TN Inf.

McCOY, Joseph W. - Pvt. - Fain's Co. - 1st TN Mtd. Inf.

McCOY, William - Pvt. - Hill's Co. - 1st TN Inf.

McCOY, William - Pvt. - Ferris' Co. - Lauderdale's Btn. TN Mtd. Inf.

McCRACKEN, Ewing - Pvt. - Morrow's Co. - Lindsay's Rgt. TN Mtd.

McCRACKEN, Samuel R. - Pvt. - Caldwell's Co. - 1st TN Mtd. Inf.

McCRACKEN, Samuel R. - Pvt. - Caldwell's Co. - Lindsay's Rgt. TN Mtd.

McCRACKIN, Ewin - Pvt. - Morrow's Co. - Lindsay's Rgt. TN Mtd. Inf.

McCRACKIN, Samuel R. - Pvt. - Caldwell's Co. - Lindsay's Rgt. TN Mtd.

McCRARY, James - Pvt. - Fain's Co.- 1st TN Mtd. Inf.

McCRAY, Daniel - Pvt. - Bart's Co. - 1st TN Mtd. Mil.

McCRAY, Thomas - Pvt. - Cunningham's Co. - Lindsay's Rgt. TN Mtd.

McCULLAH, Wiley - Pvt. - Hunter's & Miller's Co. - 1st TN Inf.

McCULLAH.McCULAH, William - 1st Lt. - Roger's Co. - 1st TN Mtd. Inf.

McCULLER, Samuel - Pvt. - Powell's Co. - Lindsay's Rgt. TN Mtd.

McCULLOCH, Wiley - Pvt. - Miller's & Hunter's Co. - 1st TN Inf.

McCULLOUGH, Samuel - Pvt. - Powell's Co. - 1st TN Mtd. Inf.

McCULLOUGH, Samuel - Pvt. - Powell's Co. - Lindsay's Rgt. TN Mtd.

McCULLY, David G. - Pvt. - McMillin's Co. - 1st TN Mtd. Mil.

McCULLY, Joseph - Pvt. - Barb's Co. - 1st TN Mtd. Mil.

McCULLY, Samuel - Pvt. - Powell's Co. - 1st TN Mtd. Inf.

McCULLY, Samuel - Pvt. - Powell's Co. - Lindsay's Rgt. TN Mtd.

McCURREY, William - Pvt. - Feazell's Co. - 1st TN Inf.

McCURRY, William - Pvt. - Feazell's Co. - 1st TN Inf.

McDANAL, Robert - Pvt. - Ellis' Co. - 2nd TN Mtd. Inf.

McDANANG, Andrew - Pvt. - Boyd's Co. - 1st TN Inf.

McDANEL, William - Pvt. - Boyd's Co. - 1st TN Inf.

McDANIEL, Alexander - Pvt. - Talbott's Co. - 2nd TN Mtd. Inf.

McDANIEL, Daniel - Pvt. - Standefer's Co. - 1st TN Mtd. Inf.

McDANIEL, Elijah - Pvt. - Cherry's Co. - Lauderdale's Btn. TN Mtd. Inf.

McDANIEL, James - Pvt. - Ferris' Co. - Lauderdale's Btn. TN Mtd. Inf.

McDANIEL, Robert - Pvt. - Ellis' Co. - 2nd TN Mtd. Inf.

McDANIEL, Thomas - Pvt. - Byrd's & Peak's Co. - 2nd TN Mtd. Inf.

McDANIEL, Washington - Pvt. - Standefer's Co. - 1st TN Mtd. Inf.

McDANNEL, John - N/A - William's Co. - 1st TN Mtd. Inf.

McDANNEL, William - N/A - William's Co. - 1st TN Mtd. Inf.

McDANNEL, William - Pvt. - Boyd's Co. - 1st TN Inf.

McDONNAL, John W. - Pvt. - Hurst's Co. - 1st TN Mtd. Mil.

McDONNELL, Benjamin - Pvt. - Boyd's Co. - 1st TN Inf.

McDONOUGH, Andrew - Pvt. - Boyd's Co. - 1st TN Inf.

McDONOUGH, Benjamin F. - Corp. - Elliott's Co. - Lauderdale's Btn. TN Mtd. Inf.

McDONOUGH, Calvin - Pvt. - Ferry's Co. - 1st TN Mtd. Inf.

McDONOUGH, Calvin J. - Sgt. - Elliott's Co. - Lauderdale's Btn. TN Mtd. Inf.

McDONOUGH, John - Pvt. - Wild's Co. - Lauderdale's Btn. TN Mtd. Inf.

McDONUGH, Calvin J. - Pvt. - Elliott's Co. - Lauderdale's Btn. TN Mtd. Inf.

McDOWELL, Wallace W. - Musician - Yoakum's & McLin's Co. - 1st TN Inf.

McELROY, Isham - Pvt. - Neely's Co. - 3rd Btn. TN Inf.

McELURATH, James - Pvt. - Howell's Co. - 1st TN Inf.

McELVANY, Robert - Pvt. - Hudlow's Co. - 1st TN Inf.

McELWE, Thomas - Pvt. - Hembree's Co. - 2nd TN Mtd. Inf.

McEWEN, Reuben - Pvt. - Standefer's Co. - 1st TN Mtd. Inf.

McFARLAN, Andrew - Pvt. - Elliott's Co. - Lauderdale's Btn. TN Mtd. Inf.

McFARLAND, Andrew - Pvt. - Elliott's Co. - Lauderdale's Btn. TN Mtd. Inf.

McFARLAND - William - Pvt. - Cherry's Co. - Lauderdale's Btn. TN Mtd. Inf.

McFARLIN, William - Pvt. - Cherry's Co. - Lauderdale's Btn. TN Mtd. Inf.

McFARLIN, William H. - Corp. - Hudlow's Co. - 1st TN Inf.

McFEE, William - Pvt. - Cunningham's Co. - 2nd TN Mtd. Mil.

McFERSON, Elijah - Pvt. - Bryd's & Peak's Co. - 2nd TN Mtd. Mil.

McGAUGHY, William R. - Pvt. - Boyd's Co. - 2nd TN Mtd. Mil.

McGEE, Riley - Pvt. - Morrow's Co. - Lindsay's Rgt. TN Mtd.

McGEE/MAGEE, Robert - Corp. - Roger's Co. - 1st TN Mtd. Inf.

McGHEE, Riley - Pvt. - Morrow's Co. - Lindsay's Rgt. TN Mtd.

McGILL, Walter M. - Pvt. - Cannon's Co. - 1st TN

Mtd. Inf.

McGINIS, Simon - Pvt. - Vernon's Co. - Lindsay's Rgt. TN Mtd.

McGINNES, Simon - Pvt. - Vernon's Co. - 1st TN Mtd. Inf.

McGINNES, Simon - Pvt. - Vernon's Co. - Lindsay's Rgt. TN Mtd.

McGINNIS, Simon - Pvt. - Vernon's Co. - 1st TN Mtd. Inf.

McGINNIS, Simon - Pvt. - Vernon's Co. - Lindsay's Rgt. TN Mtd.

McGOWEN, Thos. - 2nd Lt. - Dodson's Co. - Lindsay's Rgt. TN Mtd.

McGREGER, Noah - Pvt. - Wallace's Co. - 3rd Btn. TN Inf.

McGRIGGER, Noah - Pvt. - Wallace's Co. - 3rd Btn. TN Inf.

McGUIN, Nicholas - Pvt. - Wear's Co. - 2nd TN Mtd. Inf.

McGUIRE, Cornelius - Pvt. - Laffery's Co. - Lindsay's Rgt. TN Mtd.

McGUIRE, George W. - Pvt. - Cannon's Co. - 1st TN Mtd. Inf.

McGUIRE, Michael - Pvt. - Peak's Co. - Lindsay's Rgt. TN Mtd.

McINALLY, Charles - Pvt. - Hickey's Co. - 1st TN Inf.

McINTIRE, Felix - Pvt. - Co. N/A - Lindsay's Rgt. TN Mtd.

McINTIRE, Felix - Pvt. - Boyd's Co. - 2nd TN Mtd. Mil.

McINTOSH, H. G. - Sgt. - Hudlow's Co. - 1st TN Inf.

McINTURF, John - Pvt. - Tedford's Co. - 1st TN Inf.

McJUNKEN, Samuel - Farrier - Morrow's Co. - Lindsay's Rgt. TN Mtd.

McJUNKIN, Samuel - Farrier - Morrow's Co. - Lindsay's Rgt. TN Mtd.

McJUNKIN, Samuel - Pvt. - McMillin's Co. - 1st TN Mtd. Mil.

McJUNKING, William - Pvt. - West's Co. - 2nd TN Mtd. Inf.

McKAMEY, J. C. - Pvt. - Hembree's Co. - Lindsay's Rgt. TN Mtd.

McKAMEY, John - Pvt. - Robinson's Co. - TN Mtd.

McKAMEY, William N. - Pvt. - 2nd Mtd. Rgt. TN

McKAMY, James W. - Corp. - Tedford's Co. - 2nd TN Mtd. Mil.

McKAMY, John C. - Pvt. - Hembree's Co. - Lindsay's Rgt. TN Mtd.

McKAMY, Timothy - Pvt. - Cunningham's Co. - 2nd TN Mtd. Mil.

McKANY, William - Pvt. - Cunninham's Co. - 2nd TN Mtd. Mil.

McKAY, Dickson - Pvt. - Hill's Co. - 1st TN Inf.

McKEEL, Mark - Pvt. - Elliott's Co. - Lauderdale's Btn. TN Mtd. Inf.

McKEHEN, Aaron - Pvt. - Bart's Co. - 1st TN Mtd. Mil.

McKELVEY, Copeland - Pvt. - Cherry's Co. - Lauderdale's Btn. TN Mtd. Inf.

McKELVEY, Jesse - Pvt. - Cherry's Co. - Lauderdale's Btn. TN Mtd. Inf.

McKELVY, Copeland - Pvt. - Cherry's Co. - Lauderdale's Btn. TN Mtd. Inf.

McKELVY, Jesse - Pvt. - Cherry's Co. - Lauderdale's Btn. TN Mtd. Inf.

McKENRY, Alexander - Pvt. - Scrugg's Co. - 3rd TN Mtd. Mil.

McKENRY, Samuel - Pvt. - Scrugg's Co. - 3rd TN

Mtd. Mil.

McKIEL, Mark - Pvt. - Elliott's Co. - Lauderdale's Btn. TN Mtd. Inf.

McKINIAN, John - Pvt. - West's Co. - 2nd TN Mtd. Inf.

McKINLEY/McKINLY, John - Pvt. Yoakum's & McLin's Co. - 1st TN Inf.

McKINNEY, Andrew - Pvt. - Campbell's Co. - 1st TN Mtd. Inf.

McKINNEY, James - Pvt. - Elliott's Co. - Lauderdale's Btn. TN Mtd. Inf.

McKINNEY, James - Pvt. - Anderson's Co. - 1st TN Mtd. Mil.

McKINNEY, James - Pvt. - Feazell's Co. - 1st TN Inf.

McKINNEY, John - Pvt. - Simpson's Co. - 1st TN Inf.

McKINNEY/McKINY, John A. - Feazell's Co. - 1st TN Inf.

McKINNEY, Thomas - Pvt. - Cunningham;'s Co. - 2nd TN Mtd. Mil.

McKINNY, James - Feazell's Co. - 1st TN Inf.

McKLEWES, Thomas - Pvt. - Hembree's Co. - 2nd TN Mtd. Inf.

McKNABB, Jackson K. - Pvt. - Caldwell's Co. - 1st TN Mtd. Inf.

McLAIN/McLANE, Reubin - Pvt. - Wallace's Co. - 3rd Btn. TN Inf.

McLAIN, Thomas - Pvt. - Gregg's Co. -3rd Btn TN Inf.

McLAIN/McLEAN, William - Pvt. - Neely's Co. - 3rd Btn. TN Inf.

McLAMORE, Archibald - Pvt. - Caldwell's Co. - Lindsay's Reg't TN Mtd.

McLAMORE/McLEMORE, Joseph L. - Fifer - Caldwell's Co. - Lindsay's Reg't TN Mtd.

McLAMORE, Young - Pvt. - Caldwell's Co. - Lindsay's Reg't TN Mtd.

McLANE, Thomas - Pvt. - Peak's Co. - Lindsay's Reg't TN Mtd.

McLANE, Thomas - Pvt. - McClellan's Co. - 2nd TN Mtd. Inf.

McLAUGHLIN, Richard - Pvt. - Ferris' Co. - Lauderdale's Btn. TN Mtd. Inf.

McLAUGHLIN, William H. - Pvt. - Talbott's Co. - 2nd Tn Mtd. Inf.

McLEAN, Squire - Pvt. - Cooke's Co. - 3rd Btn. TN Inf.

McLEAN, William - Pvt. - Neely's Co. -3rd Btn Tn Inf.

McLEARY, Jackson P. - Pvt. - Caldwell's Co. - Lindsay's Reg't TN Mtd.

McLEMORE, Archibold - Pvt. - Caldwell's Co. - Lindsay's Reg't TN Mtd.

McLEOD/McLORD, Abner - Pvt. - Powell's Co. - 1st TN Mtd. Inf.

McLIN, James S. - Musician - Yoakum's & McLin's Co. - 1st TN Inf.

McLIN, John H. - Captain - Yoakum's & McLin's Co. - 1st TN Inf.

McMAHAN, James B. - Pvt. - Tedford's Co. - 2nd TN Mtd. Mil.

McMEAN, Andrew - Pvt. - Hembree's Co. -2nd TN Mtd. Inf.

McMEARIN, Andrew - 1st Sgt. - Hembree's Co. - Lindsay's Reg't TN Mtd.

McMERTZ, James - Pvt. - Wallace's Co. - 3rd Btn. TN Inf.

McMILLIAN, Jeremiah - Pvt. - Scrugg's Co. - 3rd TN Mtd. Mil.

McMILLIN, Joseph W. - Captain - McMillin's Co. - 1st Tn Mtd. Mil.

****

McMINN, Andrew - Pvt./1st Sgt. - Hembree's Co. - Lindsay's Reg't 2nd TN Mtd. Inf.

McMULLEN/McMULLIN, Jason - Pvt. - Hembree's Co. - Lindsay's Reg't TN Mtd.

McMURRAY/McMURRY, George - Pvt. - Hickey's Co. - 1st TN Inf.

McMURRAY/McMURRY, William - Sgt. Major - Howell's Co. - 1st TN Inf.

McMMURTERY, James - Pvt. - Wallace's Co. - 3rd Btn TN Inf.

McNABB, Baptist - Pvt. - Caldwell's Co. - 1st TN Mtd. Inf.

McNABB, Baptist - Pvt. - Hurst's Co. - 1st TN Mtd. Mil.

McNABB, David - Pvt. - Caldwell's Co. - Lindsay's Reg't TN Mtd.

McNABB, John - Pvt. - Caldwell's Co. - Lindsay's Reg't TN Mtd.

McNABB, Nathaniel - Pvt. - Caldwell's Co. - Lindsay's Reg't TN Mtd.

McNABB, Wiley/Willie B. - Pvt. - Caldwell's Co. - Lindsay's Reg't TN Mtd.

McNABB, William - Pvt. - Caldwell's Co. - Lindsay's Reg't TN Mtd.

McNEAL, Jesse - Pvt. - Tedford's Co. - 2nd TN Mtd. Mil.

McNEAL/McNEEL, Larkin - Pvt. - Dossett's Co. - 3rd Btn. TN Inf.

McNEALEY/McNEALY, John C. - Pvt. - Peak's Co. - Lindsay's Reg't TN Mtd.

McNUTT, Peter - Pvt. - Dodson's co. - Lindsay's Rgt. TN Mtd.

McOLISTER, Atheal - 1st Sgt. - Boyd's Co. - 2nd TN Mtd. Mil.

McOLISTER, Joseph - Pvt. - Hickey's Co. - 1st TN Inf.

McOLISTER, Joseph L. - Pvt. - Boyd's Co. - 2nd TN Mtd. Mil.

McPHATRAGE, Joseph - Pvt. - Powell's Co. - Lindsay's Rgt. TN Mtd.

McPHATRAGE, Joseph - Pvt. - Powell's Co. - Lindsay's Rgt. TN Mtd.

McPHATRAGE, Joseph - Pvt. - McClellan's Co. - 2nd TN Mtd. Inf.

McPHERSON, Charles - Pvt. - Peak's Co. - Lindsay's Rgt. TN Mtd.

McPHERSON, Elijah - 2nd Lt. - Peak's Co. - Lindsay's Rgt. TN Mtd.

McPHERSON, Elijah - Pvt. - Byrd's Co. - 2nd TN Mtd. Inf.

McPHERSON, Henry - Musician - Hembree's Co. - Lindsay's Rgt. TN Mtd.

McPHERSON, Isaac - Pvt. - Laffery's Co. - Lindsay's Rgt. TN Mtd.

McPHERSON, Joseph - Ensign - Laffery's Co. - Lindsay's Rgt. TN Mtd.

McRAY, Thomas - Pvt. - Cunningham's Co. - Lindsay's Rgt. TN Mtd.

McRAY, Thomas - Pvt. - Cunningham's Co. - Lindsay's Rgt. TN Mtd.

McREYNOLDS, Coleman C. - Pvt. - Vernon's Co. - 1st TN Mtd. Inf.

McREYNOLDS, Samuel - Pvt. - Waterhouse's Co. - Lauderdale's Btn. TN Mtd. Inf.

McROBERT, Samuel - 3rd Corp. - Cunningham's Co. - Lindsay's Rgt. TN Mtd.

McROBERTS, Samuel - 3rd Corp. - Cunningham's Co. - Lindsay's Rgt. TN Mtd.

McSPADDEN, James - Pvt. - Wear's Co. - 2nd TN Mtd. Inf.

McTIMKIN, Samuel - Farrier - Morrow's Co. - Lindsay's Rgt. TN Mtd.

M

MABE, William - Pvt. - Simpson's Co. - 1st TN Inf.

MABERRY, Thomas - Pvt. - Hembree's Co. - Lindsay's Rgt. TN Mtd.

MABRY, Mardies - Pvt. - Yoakum's & McLin's Co. - 1st TN Inf.

MACKENTURG, John - Pvt. - Tedford's Co. - 1st TN Inf.

MACLEMORE, Young - Pvt. - Caldwell's Co. - Lindsay's Reg't TN Mtd.

MACON, Isaak - Pvt. - Neely's Co. - 3rd Btn. TN Inf.

MADDEN, William - Pvt. -Hudlow's Co. - 1st TN Inf.

MAGEE, Lovett - Pvt. - Parham's Co. - 1st TN Mtd. Inf.

MAGEE, Thomas - Pvt. - Parham's Co. - TN Mtd. Inf.

MAGEES, Jesse - Pvt. - Cooke's Co. - 3rd Btn TN Inf.

MAGUIRE, Michael - Pvt. - Peak's Co. - Lindsay's Reg't TN Mtd.

MAHAFFEE, John - Pvt. - Boyd's Co. - 1st TN Inf.

MAHAN, Robert S. - Laffery's Co. - Lindsay's Reg't TN Mtd.

MAJORS, George - Pvt. - Morrow's Co. Lindsay's Reg't 1st TN Mtd. Inf.

MAJORS, Jessee - Pvt. - Cooke's Co. - 3rd Btn TN Inf.

MALONE, Amos - Pvt. - Netherland's Co. - 3rd TN Mtd. Mil.

MALONE, Andrew - Ensign - Cooke's Co. - 3rd Btn. TN Inf.

MALONE, John W. - Pvt. - Gregg's Co. -3rd Btn. TN inf.

MALONE, Joseph H. - Pvt. - Gregg's co. - 3rd Btn. TN Inf.

MALONE, Moses - Pvt. - Gregg's Co. - 3rd Btn TN Inf.

MALOY, Jacob - Sgt. - Feazell's Co. - 1st TN Inf.

MAN, John - Pvt. - Hill's Co. - 1st TN Inf.

MANCE, John S. - Pvt. - Battle's Co. - Mtd. Blues TN

MANER, Jeremiah - Pvt. - Powell's co. - 1st TN Mtd.

MANES/MANUS, Alison - Pvt. - Elliott's Co. - Lauderdale's Btn. TN Mtd. Inf.

MANES/MANUS, Claiburn - Pvt. - Elliott's Co. - Lauderdale's Btn. TN Mtd. Inf.

MANES/MANIS/MANUS, George - Pvt. - Ellis' Co. - 2nd TN Mtd. Inf.

MANES, Pleasant - Corporal - Elliott's Co. - Lauderdale's Btn. TN Mtd. Inf.

MANIS/MANUS, Samuel S. - Pvt. - Ellis' Co. - 2nd TN Mtd. Inf.

MANK/MANKE, Enoch T. - Pvt. - Gregg's Co. - 3rd Btn TN Inf.

MANKE/MANK, Samuel - Pvt. - Gregg's Co. 3rd Btn TN Inf.

MANN, John - Pvt. - Hill's Co. - 1st TN Inf.

MANNER/MANOR, Jeremiah - Pvt. - Powell's Co. - 1st TN Mtd. Inf.

MANNER, William - Pvt. - Hembree's Co. - Lilndsay's Reg't TN Mtd.

MANNING, Samuel G. - Pvt. - Hill's Co. - 1st TN Inf.

MANNING, William - Pvt. - Hembree's Co. - Lindsay's Reg't TN Mtd.

MANSELL, John B. - Pvt. - McMillin's Co. - 1st TN

Mtd. Mil.

MANSFIELD, Robert - Pvt. - Talbott's Co. - 2nd TN Mtd. Inf.

MANSFIELD, MANSFICH, Thomas - Pvt. - Boyd's Co. - 1st TN Inf.

MANUS, Allison - Pvt. - Elliott's Co. - Lauderdale's Btn. TN Mtd. Inf.

MAPLES, Gilbert K. - Pvt. - West's Co. - 2nd TN Mtd. Inf.

MAPLES, Preston W. - Pvt. - West's Co. - 2nd TN Mtd. Inf.

MARAH, William - Pvt. - Perry's Co. - 1st TN Mtd. Inf.

MARCUM, Josiah - Pvt. - Anderson's Co. - 1st TN Mtd. Mil.

MARCUM, Robert - Pvt. - Perry's Co. - 1st TN Mtd. Inf.

MARCUS, Job - Pvt. - Cooke's Co. - 3rd Btn. TN Inf.

MARION, Andrew - Pvt. - Netherland's Co. - 3rd TN Mtd. Mil.

MARION, Benjamin - Pvt. - Netherland's Co. - 3rd TN Mtd. Mil.

MARIOTT, William N. - Pvt. - Gillespie's Co. - 2nd TN Mtd. Inf.

MARLEY, Williamson - Pvt. - Tedford's Co. - 1st TN Inf.

MARNEY, Amos - 2nd Lieut. - Byrd's & Peak's Co. - 2nd TN Mtd. Inf.

MARNEY/MARNY, Amos - 1st Lieut. - Peak's Co. - Lindsay's Reg't TN Mtd.

MARNEY/MARNY, Rufus - 3rd Sgt. - Peak's Co. - Lindsay's Reg't TN Mtd.

MARNEY, Rufus - 3rd Sgt. - Byrd's & Peak's - 2nd TN Mtd. Inf.

MARNEY, Samuel - Ensign - Byrd's & Peak's Co. - 2nd TN Mtd. Inf.

MARONY, George W.- Pvt. - Tedford's Co. - 2nd TN Mtd. Mil.

MARR, George W. - Pvt. - Wallace's Co. - 3rd Btn. TN Inf.

MARRS, Joseph - 2nd Lieut. - Boyd's Co. - 2nd TN Mtd. Mil.

MARRS, William - Pvt. - Boyd's Co. - 2nd TN Mtd. Mil.

MARSH, John S.- Pvt. - Cannon's Co. - 1st TN Mtd. Inf.

MARSH, John S.- Pvt. - Wild's Co. - Lauderdale's Btn. TN Mtd. Inf.

MARSHAL, Hardy F. - 1st Lieut. - 2nd Mtd. Reg't TN

MARSHALL, Daniel- Pvt. - Cherry's & Ferris' Co. - Lauderdale's Btn. TN Mtd. Inf.

MARSHALL, G. N. - Corporal - Hudlow's Co. - 1st TN Mtd. Inf.

MARSHALL, Thomas W. - Pvt.- Caldwell's Co. - Lindsay's Reg't TN Mtd.

MARTIAL, Thomas W. - Pvt. - Caldwell's Co. - Lindsay's Reg't TN Mtd.

MARTIAN, Joseph J. - Pvt. - Ellis' Co. - 2nd TN Mtd. Inf.

MARTIN, Adrion - Pvt. - Tedford's Co. - 2nd TN Mtd. Mil.

MARTIN, Charles - 1st Corporal - Robinson's Co. - TN Mtd.

MARTIN, Charles - Pvt. - Cunningham's Co. - Lindsay's Reg't TN Mtd.

MARTIN, David - Pvt. - Lafferty's Co. - Lindsay's Reg't TN Mtd.

MARTIN, Edward - Pvt. - Peak's Co. - Lindsay's Reg't TN Mtd.

MARTIN, James - Pvt. - Tedford's Co. - 1st TN Inf.

MARTIN, James - Pvt. - Champion's Co. - 1st TN Mtd. Mil.

MARTIN, James - Pvt. - Cannon's Co. - 1st TN Mtd. Inf.

MARTIN, James W.- Pvt. - Dearing's co. - Lauderdale's Btn. TN Mtd. Inf.

MARTIN, Jno. - Pvt. - Laffery's Co. - Lindsay's Reg't TN Mtd.

MARTIN, John - Pvt. - Cooke's Co. - 3rd Btn. TN Inf.

MARTIN, John S. - Pvt. - Netherland's Co. - 3rd TN Mtd. Mil.

MARTIN, Jonathan - Pvt. - Meek's Co. - 3rd TN Mtd. Mil.

MARTIN/MARTON, Joseph J. - Pvt. - Ellis' Co. - 2nd TN Mtd. Inf.

MARTIN, Thomas D. - Pvt.- Howell's Co. - 1st TN Inf.

MARTIN, Wesley - Pvt. - Prigmore's Co. - 1st TN Mtd. Mil.

MARTIN, William - Pvt. - Laffery's Co. - Lindsay's Reg't TN Mtd.

MARTIN, William - Pvt. - Meek's Co. - 3rd TN Mtd. Mil.

MARTIN, Wilson W.- 1st Sgt. - Roger's Co. - 3rd TN Mtd. Mil.

MARTIN, Zachariah - Pvt. - Caldwell's Co. - 1st TN Mtd. Inf. Lindsay's Reg't

MASAY/MASSEE, Oliver - Pvt. - Gillespie's Co. - 2nd TN Mtd. Inf.

MASHBURN, D. - Pvt. - Hickey's Co. - 1st TN Inf.

MASON, Anderson W. - Pvt./1st Lieut. - Caldwell's Co. - Lindsay's Reg't 1st TN Mtd. Inf.

MASON, Isaiah - Pvt. - Neely's Co. - 3rd Btn. TN Inf.

MASON, James - Pvt. - Ellis' Co. - 2nd TN Mtd. Inf.

MASON, James - Pvt. - Caldwell's Co. - Lindsay's Reg't 1st TN Mtd. Inf.

MASON, John A. - Pvt. - Caldwell's Co. - Lindsay's Reg't 1st TN Mtd. Inf.

MASON, William - Pvt. - Caldwell's Co. - Lindsay's Reg't 1st TN Mtd. Inf.

MASS, Madison - 3rd Sgt. - Powell's Co. - Lindsay's Reg't TN Mtd.

MASSA/MASSEY, Mark - Pvt.- Vernon's Co. - 1st TN Mtd. Inf.

MASSEY, James P. - Pvt. - Tedford's Co. - 1st TN Inf.

MASTERSON, Monroe - Pvt. - Morrow's Co. - 1st TN Mtd. Inf.

MATHES/MATTHES, Joel - Pvt. - Simpson's Co. - 1st TN Inf.

MATHEWS, Robert C. - Pvt. - Wallace's Co. - 3rd Btn. TN Inf. [see MATHIS, Robert C. also]

MATHIS, Ahas - Pvt. - West's Co. - 2nd TN Mtd. Inf.

MATHIS, Alexander H. - Pvt. - Hill's Co. - 1st TN Inf.

MATHIS, John T. - Pvt. - Wild's Co. - Lauderdale's Btn. TN Mtd. Inf.

MATHIS, Joshua M. - Pvt. - Wallace's Co. - 3rd Btn. TN Inf.

MATHIS, Kincheon - Pvt. - Hembree's Co. - Lindsay's Reg't TN Mtd.

MATHIS, Luisey - 3rd Corporal - Byrd's & Peak's Co. - 2nd TN Mtd. Inf.

MATHIS, Obed - Pvt. - Byrd's & Peak's Co. - 2nd TN Mtd. Inf.

MATHIS, Robert C. - Pvt. - Wallace's Co. - 3rd Btn TN Inf. [see MATHEWS, Robert C. also]

MATHIS, William - Pvt. - Byrd's & Peak's Co. - 2nd

****

TN Mtd. Inf.

MATIN, Robert - Pvt. - Meek's Co. - 3rd TN Mtd. Mil.

MATLOCK, A. C.- Pvt. - Meek's Co. - 3rd TN Mtd. Mil.

MATLOCK, James - 1st Lieut. - Hill's Co. - 1st TN Inf.

MATLOCK, James M. - Pvt. - Ferris' & Cherry's Co. - Lauderdale's Btn. TN Mtd. Inf.

MATLOCK, Simpson - Pvt. - Ellis' Co. - 1st TN Inf.

MATTHEWS, Jesse - Pvt. - Vernon's Co. - 1st TN Mtd. Inf.

MATTOX, James - Pvt. - West's Co. - 2nd TN Mtd. Inf.

MAUER, Jeremiah - Pvt. - Powell's Co. - Lindsay's Reg't TN Mtd.

MAUNT, Pleasant - Pvt. - Boyd's Co. - 1st TN Inf.

MAUPIN, Ayres - Captain - Maupin's Co. - 2nd TN Mtd. Inf.

MAXWELL, Archibald - Pvt. – Tedford's Co. - 2nd TN Mtd. Mil.

MAXWELL, David - Pvt. - Parham's Co. - 1st TN Mtd. Inf.

MAXWELL, David - Pvt. - Cunningham's Co. - Lindsay's Reg't TN Mtd.

MAXWELL, James - Pvt. - Tedford's Co. - 2nd TN Mtd. Mil.

MAXWELL, James - Pvt. - Elliott's Co. - Lauderdale's Btn. TN Mtd. Inf.

MAXWELL, John - Pvt. - Neely's Co. - 3rd Btn. TN Inf.

MAY, William C. - Pvt. - Neely's Co. - 3rd Btn TN Inf.

MAYAB, Joseph - Pvt. - Morrow;'s Co. - Lindsay's Reg't TN Mtd.

MAYBERRY, Thomas - Pvt. - Hembree's Co. - Lindsay's Reg't TN Mtd.

MAYBRY, Mordicai - Pvt. - Yoakum's & McLin's Co. - 1st TN Inf.

MAYFIELD, Jesse - Ensign - McMillin's Co. - 1st TN Mtd. Mil.

MAYFIELD, Jesse - Pvt. - Morrow's Co. - Lindsay's Reg't TN Mtd.

MAYFIELD, Jesse - Corporal - Campbell's Co. - 1st TN Mtd. Inf.

MAYFIELD, John - Pvt. - Morrow's Co. - Lindsay's Reg't TN Mtd.

MAYFIELD, Robert S. - Pvt. - Yoakum's & McLin's Co. - 1st TN Inf.

MAYHE, Daniel - Pvt. - Hill's Co. - 1st TN Inf.

MAYNESS, Clabourn - Pvt. - McMillin's Co. - 1st TN Mtd. Mil.

MAYO, Daniel - Pvt. - Hill's Co. - 1st TN Inf.

MAYO, James - Pvt. - Powell's Co. - Lindsay's Rgt. TN Mtd.

MAYS, Edward - N/A - William's Co. - 1st TN Mtd. Inf.

MAYS, Fleming - Pvt. - Cunningham's Co. - 2nd TN Mtd. Mil.

MAYS, James - Pvt. - Roger's Co. -1st TN Mtd. Inf.

MAYS, William - N/A - William's Co. - 1st TN Mtd. Inf.

MEADOWS, David - Pvt. - Yoakum's Co. - 1st TN Inf.

MEANS, Beard H. - Pvt. - Tedford's Co. - 2nd TN Mtd. Mil.

MEARS, William - Pvt. - Yoakum's & McLin's Co. - 1st TN Inf.

MEDLEY, John - Pvt. - Anderson's Co. - 1st TN Mtd. Mil.

MEDLOCK/MIDLOCK, George - Pvt. - Roger's Co. - 1st TN Mtd. Inf.

MEDLOCK, James N. - Pvt. - Cherry's & Ferris' Co. - Lauderdale's Btn. TN Mtd.

MEE, William - Pvt. - Morrow's Co. - Lindsay's Rgt. TN Mtd.

MEEK, Adam K. - Capt. - Meek's Co. - 3rd TN Mtd. Mil.

MEELOR, William - Pvt. - Dossett's Co. - 3rd Btn. TN Inf.

MEFFORD, Andrew - Pvt. - Simpson's Co. - 1st TN Inf.

MELOR, W. - Pvt. - Dossett's Co. - 3rd Btn. TN Inf.

MELSON, Merida - Pvt. - Dodson's Co. - Lindsay's Rgt. TN Mtd.

MELTON, Noah - Pvt. - Neely's Co. - 3rd Btn. TN Inf.

MENDENALL, Elias - Pvt. - Hurst's Co. - 1st TN Mtd. Mil.

MENDENALL, Isaac - Pvt. - Prigmore's Co. - 1st TN Mtd. Mil.

MERENRY, Walter - Pvt. - Wild's Co. - Lauderdale's Btn. TN Mtd. Inf.

MERIT, Alexander - Pvt. - Peak's Co. - Lindsay's Rgt. TN Mtd.

MERITT, Alexander - Pvt. - Ellis' Co. - 2nd TN Mtd. Inf.

MERITT, William F. - Pvt. - Ellis' Co. - 2nd TN Mtd. Inf.

MERRETT, Alexander - Pvt. - Ellis' Co. - 2nd TN Mtd. Inf.

MERRETT, William F. - Pvt. - Ellis' Co. - 2nd TN Mtd. Inf.

MERRIETT, Alexander - Pvt. - Ellis' Co. - 2nd TN Mtd. Inf.

MERRIETT, Alexander - Pvt. - Ellis' Co. - 2nd TN Mtd. Inf.

MERRIETT, William F. - Pvt. - Ellis' Co. - 2nd TN Mtd. Inf.

MERRIETT, William N. - Pvt. - Gillespie's Co. - 2nd TN Mtd. Inf.

MERRITT, Alexander - Pvt. - Peak's Co. - Lindsay's Rgt. TN Mtd.

MERRITT, Alexander - Pvt. - Elli's Co. - 2nd TN Mtd. Inf.

MERRITT, William F. - Pvt. - Ellis' Co. - 2nd TN Mtd. Inf.

MERRYMAN, Lewis D. - Pvt. - Terry's Co. - 1st TN Mtd. Inf.

MESSICK, Elihu - Pvt. - McClellan's Co. - 2nd TN Mtd. Inf.

MESSICK, Elihu - Pvt. - Netherland's Co. - 3rd TN Mtd. Mil.

MESSICK, William - Pvt. - Powell's Co. - 1st TN Mtd. Inf.

MEURY, Aaron B. - Pvt. - Maupin's Co. - 2nd TN Mtd. Mil.

MIDDLETON, John - Pvt. - Bart's Co. - 1st TN Mtd. Mil.

MIDDLETON, John I. - 3rd Sgt. - Cunningham's Co. - Lindsay's Rgt. TN Mtd.

MIDDLETON, Joseph - Pvt. - Morrow's Co. - Lindsay's Rgt. TN Mtd.

MIDDLETON, Joseph S. - Sgt. Maj. - William's Co. - 1st TN Mtd. Inf.

MIDDLETON, Westley - Pvt. - Peak's Co. - Lindsay's Rgt. TN Mtd.

MILAN, Ashford - Pvt. - Cherry's Co. - Lauderdale's Btn. TN Mtd. Inf.

MILAN, Coleman - Pvt. - Cherry's Co. - Lauderdale's

****

Btn. TN Mtd. Inf.

MILAN, Thomas F. - Pvt. - Cherry's Co. - Lauderdale's Btn. TN Mtd. Inf.

MILAN, Wiley - Pvt. - Cherry's Co. - Lauderdale's Btn. TN Mtd. Inf.

MILAN, Wiley - Pvt. - Cherry's Co. - Lauderdale's Btn. TN Mtd. Inf.

MILES, Caswell - Pvt. - Yoakum's & McLin's Co. - 1st TN Inf.

MILES, Francis - Pvt. - Netherland's Co. - 3rd TN Mtd. Mil.

MILHORN, Andrew J. - Pvt. - McClellan's Co. - 2nd TN Mtd. Inf.

MILIAM, Thomas F. - Pvt. - Cherry's Co. - Lauderdale's Btn. TN Mtd. Inf.

MILIAM, Wily - Pvt. - Cherry's Co. - Lauderdale's Btn. TN Mtd. Inf.

MILIAN, Ashford - Pvt. - Cherry's Co. - Lauderdale's Btn. TN Mtd. Inf.

MILIAN, Coleman - Pvt. - Cherry's Co. - Lauderdale's Btn. TN Mtd. Inf.

MILICAN/MILLICAN, George - Pvt. - Roger's Co. - 1st TN Mtd. Inf.

MILGAN, James L. - Pvt. - Caldwell's Co. - Lindsay's Rgt. TN Mtd.

MILIGAN, Robert - Pvt. - 2nd Mtd. Rgt. TN

MILLARD, Elkanah - 1st Corp. - McClellan's Co. - 2nd TN Mtd. Inf.

MILLARD, Timothy - Pvt. - McClellan's Co. - 2nd TN Mtd. Inf.

MILLEN, James M. - Sgt. - Tedford's Co. - 2nd TN Mtd. Mil.

MILLER, Abraham - Sgt. Maj. - Co. N/A - Lauderdale's Btn. TN Mtd. Inf.

MILLER, Absolum - Pvt. - Hembree's Co. - 2nd TN Mtd. Inf.

MILLER, Adam - Pvt. - Elliott's Co. - Lauderdale's Btn. TN Mtd. Inf.

MILLER, Adam - Pvt. - Gillespie's Co. - 2nd TN Mtd. Inf.

MILLER, Christopher - Pvt. - Laffery's Co. - Lindsay's Rgt. TN Mtd.

MILLER, Daniel - Pvt. - Cunningham's Co. - Lindsay's Rgt. TN Mtd.

MILLER, Daniel - Pvt. - Scrugg's Co. - 3rd TN Mtd. Mil.

MILLER, David - Pvt. - Boyd's Co. - 2nd TN Mtd. Mil.

MILLER, Franklin - Pvt. - Feazell's Co. - 1st TN Inf.

MILLER, Henry - 1st Corp. - Caldwell's Co. - Lindsay's Rgt. TN Mtd.

MILLER, Henry - 2nd Corp. - Caldwell's Co. - 1st TN Inf.

MILLER, James - Pvt. - Maupin's Co. - 2nd TN Mtd. Mil.

MILLER, James C. - Pvt. - Waterhouse's Co. - Lauderdale's Btn. TN Mtd. Inf.

MILLER, Jeremiah - Pvt. - Boyd's Co. - 1st TN Inf.

MILLER, Jessee - Pvt. - Caldwell's Co. - Lindsay's Rgt. TN Mtd.

MILLER, John - Pvt. - Robinson's Co. - TN Mtd.

MILLER, John - Pvt. - Vernon's Co. - 1st TN Mtd. Inf.

MILLER, John - N/A - William's Co. - 1st TN Mtd. Inf.

MILLER, John M. - Pvt. - Vernon's Co. - Lindsay's Rgt. TN Mtd.

MILLER, John P. - Pvt. - Ferris' & Cherry's Co. - Lauderdale's Btn. TN Mtd. Inf.

MILLER, Joseph - Pvt. - Howell's Co. - 1st TN Inf.

MILLER, Luin - Pvt. - Campbell's Co. - 1st TN Mtd. Inf.

MILLER, Mark M. - 1st Sgt. - Vernon's Co. - 1st TN Mtd. Inf.

MILLER, Martin - Musician - Simpson's Co. - 1st TN Inf.

MILLER, Martin - N/A - William's Co. - 1st TN Mtd. Inf.

MILLER, Noah - Musician - Simpson's Co. - 1st TN Inf.

MILLER, Noah - N/A - William's Co. - 1st TN Mtd. Inf.

MILLER, Peter M. - 2nd Lt. - Gillespie's Co. - 2nd TN Mtd. Inf.

MILLER, Rolls C. - 1st Sgt. - Gillespie's Co. - 2nd TN Mtd. Inf.

MILLER, Stephen - Pvt. - Tedford's Co. - 2nd TN Mtd. Mil.

MILLER, Thomas - N/A - William's Co. - 1st TN Mtd. Inf.

MILLER, Thomas C. - Capt. - Hunter's & Miller's Co. - 1st TN Inf.

MILLER, William - Pvt. - Boyd's Co. - 2nd TN Mtd. Mil.

MILLER, William B. - Pvt. - Gillespie's Co. - 2nd TN Mtd. Inf.

MILLERD, Eleanah - 1st Corp. - McClellan's Co. - 2nd TN Mtd. Inf.

MILLIGAN, James L. - Pvt. - Caldwell's Co. - Lindsay's Rgt. TN Mtd.

MILLIGAN, John H. - Pvt. - Caldwell's Co. - Lindsay's Rgt. TN Mtd.

MILLIKEN, Elihu - Ensign - Talbott's Co. - 2nd TN Mtd. Inf.

MILLS, Asa - Pvt. - Hurst's Co. - 1st TN Mtd. Inf.

MILLS, Henry - Pvt. - Roger's Co.- 1st TN Mtd. Inf.

MILLS, James - Pvt. - Neely's Co. - 3rd Btn. TN Inf.

MILLS, Jesse - Pvt. - Roger's Co. - 1st TN Mtd. Inf.

MILLS, Sterling - Pvt. - Roger's Co. - 1st TN Mtd. Inf.

MILLS, Thomas - Pvt. - Meek's Co. - 3rd TN Mtd. Mil.

MILLS, William - Pvt. - Roger's Co. - 1st TN Mtd. Inf.

MILLS, William F. - Pvt. - Meek's Co. - 3rd TN Mtd. Mil.

MILLS, Zachariah - Pvt. - Vernon's Co. - 1st TN Mtd. Inf.

MILLS, Zachariah - Pvt. - Vernon's Co. - 1st TN MTd. Inf.

MINEY, David - Pvt. - Simpson's Co. - 1st TN Inf.

MINGEE, Jacob - Pvt. - Netherland's Co. - 3rd TN Mtd. Inf.

MINSEY, David - Pvt. - Simpson's Co. - 1st TN Inf.

MITCHALL, A. J. - Ensign - Morrow's Co. - Lindsay's Rgt. TN Mtd.

MITCHALL, Andrew J. - Corp. - William's Co. - 1st TN Mtd. Inf.

MITCHALL, Aquilla - Pvt. - Morrow's & William's Co. - 1st TN Mtd. Inf.

MITCHEL, Benj. - Pvt. - Meek's Co. - 3rd TN Mtd. Mil.

MITCHEL, John - Pvt. - Meek's Co. - 3rd TN Mtd. Mil.

MITCHELL, A. I. - Ensign - Morrow's Co. - Lindsay's Rgt. TN Mtd.

MITCHELL, Allen - Pvt. - Tedford's Co. - 1st TN Inf.

MITCHELL, Andrew C. - Pvt. - Standefer's Co. - 1st TN Mtd. Inf.

MITCHELL, Andrew J. - Corp. - F & S & William's Co. - 1st TN Mtd. Inf.

MITCHELL, Aquilla - Pvt. - Morrow's & William's Co. - 1st TN Mtd. Inf.

MITCHELL, Dennis B. - Pvt. - Ellis' Co. - 2nd TN Mtd. Inf.

MITCHELL, Ebenezer - Pvt. - Hill's Co. - 1st TN Inf.

MITCHELL, Herney - Pvt. - Standefer's Co. - 1st TN Mtd. Inf.

MITCHELL, John L. - Pvt. - Talbott's Co. - 2nd TN Mtd. Inf.

MITCHELL, Pleasant A. - Corp. - Standefer's Co. - 1st TN Mtd. Inf.

MITCHELL, Robert - Pvt. - Gillespie's Co. - 2nd TN Mtd. Inf.

MITCHELL, William G. - Fifer - Hickey's Co. - 1st TN Inf.

MIZE, James - Pvt. - Hill's Co. - 1st TN Inf.

MIZE, William - Pvt. - Powell's Co. - Lindsay's Rgt. TN Mtd.

MOIRS, William H. - Pvt. - Dossett's Co. - 3rd Btn. TN Inf.

MOLLAY, Jacob - Sgt. - Feazell's Co. - 1st TN Inf.

MOLLEY, David B. - Qtr. Mtr. - Co. N/A - 1st TN Inf.

MONDS, John - Pvt. - Hembree's Co. - Lindsay's Rgt. TN Mtd.

MONDS, John - 3rd Corp. - Hembree's Co. - 2nd TN Mtd. Inf.

MONGER, Joseph - 2nd Lt. - Wear's Co. - 2nd TN Mtd. Inf.

MONROE, George - Pvt. - Robinson's Co. - TN Mtd.

MONS, John - 3rd Corp. - Hembree's Co. - 2nd TN Mtd. Inf.

MONTGOMERY, A. - 1st Sgt. - Dossett's Co. - 3rd Btn. TN Inf.

MONTGOMERY, Alexander - A. A. Q. M. - F & S Co. - 1st TN Mtd. Inf.

MONTGOMERY, John - Pvt. - Cunningham's Co. - 2nd TN Mtd. Mil.

MONTGOMERY, William - Pvt. - Peak's Co. - Lindsay's Rgt. TN Mtd.

MONTGOMERY, William - Pvt. - Howell's Co. - 1st TN Inf.

MONTGOMERY, William T. - Pvt. - Peak's Co. - Lindsay's Rgt. TN Mtd.

MOODY, William - Pvt. - Cunningham's Co. - Lindsay's Rgt. TN Mtd.

MOON, Caleb - Pvt. - Cherry's Co. - Lauderdale's Btn. TN Mtd. Inf.

MOON, Herbert H. - Pvt. - Wild's Co. - Lauderdale's Btn. TN Mtd. Inf.

MOONEY, Alexander - Pvt. - Standefer's Co. - 1st TN Mtd. Inf.

MOONEY, Jonathan - Pvt. - Simpson's Co. - 1st TN Inf.

MOONEY, Jonathan - Pvt. - Fain's Co. - 1st TN Mtd. Inf.

MOOR, Alexander - Pvt. - Fain's Co. - 1st TN Mtd. Inf.

MOOR, Asa - Pvt. - Cunningham's Co. - Lindsay's Rgt. TN Mtd.

MOOR, Chain - Pvt. - Pearson's Co. - Lindsay's Rgt. TN Mtd.

MOOR, James - Pvt. - Hembree's Co. - Lindsay's Rgt. TN Mtd.

MOOR, James - Pvt. - Byrd's & Peak's Co. - 2nd TN

****

Mtd. Inf.

MOOR, John - 2nd Corp. - Hembree's Co. - Lindsay's Rgt. TN Mtd.

MOOR, John - Pvt. - Peak's & Byrd's Co. - 2nd TN Mtd. Inf.

MOOR, John H. - Pvt. - Hembree's Co. - Lindsay's Rgt. TN Mtd.

MOOR, Rodham - Pvt. - Fain's Co. - 1st TN Mtd. Inf.

MOOR, William H. - Pvt. - Peak's & Byrd's Co. - 2nd TN Mtd. Inf.

MOORE, A. P. - Pvt. - Dodson's Co. - Lindsay's Rgt. TN Mtd.

MOORE, Asa - Pvt. - Cunningham's Co. - Lindsay's Rgt. TN Mtd.

MOORE, Caleb - Pvt. - Cherry's Co. - Lauderdale's Btn. TN Mtd. Inf.

MOORE, Eward - Sgt. - Feazell's Co. - 1st TN Inf.

MOORE, F. - Pvt. - Gregg's Co. - 1st TN Inf.

MOORE, Francillo - N/A - Gregg's Co. -3rd Btn. TN Inf.

MOORE, Franklin - Pvt. - Howell's Co. - Lauderdale's Btn. TN Mtd. Inf.

MOORE, Haywood P. - Corp. - Dearing's Co. - Lauderdale's Btn. TN Mtd. Inf.

MOORE/MORE, Henry - Pvt. - Hickey's Co. - 1st TN Inf.

MOORE, Henry - Pvt. - Hembree's Co. - 2nd TN Mtd. Inf.

MOORE, Herbert H. - Pvt. - Wild's Co. - Lauderdale's Btn. TN Mtd. Inf.

MOORE, James - Pvt. - Hembree's Co. - Lindsay's Rgt. TN Mtd.

MOORE, James - Pvt. - Morrow's Co. - Lindsay's Rgt. TN Mtd.

MOORE, James - Pvt. - Peak's Co. - Lindsay's Rgt. TN Mtd.

MOORE, James - Pvt. - Peak's & Byrd's Co. - 2nd TN Mtd. Inf.

MOORE, James C. - Pvt. - Morrow's Co. - 1st TN Mtd. Inf.

MOORE, John - Pvt. - Meek's Co. - 3rd TN Mtd. Mil.

MOORE, John - Pvt. - Netherland's Co. - 3rd TN Mtd. Mil.

MOORE, John - 2nd Corp. - Hembree's Co. - Lindsay's Rgt. TN Mtd.

MOORE, John - Pvt. - Hembree's Co. - 2nd TN Mtd. Inf.

MOORE, John H. - Pvt. - Hembree's Co. - Lindsay's Rgt. TN Mtd.

MOORE, John H. - Pvt. - Hembree's Co. - 2nd TN Mtd. Inf.

MOORE, Joshua - Pvt. - McMillin's Co. - 1st TN Mtd. Mil.

MOORE, Robert - Pvt. - Tedford's Co. - 1st TN Inf.

MOORE, Rufus - Pvt. - Simpson's Co. - 1st TN Inf.

MOORE, William H. - Pvt. - Simpson's Co. - 1st TN Inf.

MOORE, William H. - Pvt. - Byrd's & Peak's Co. - 2nd TN Mtd. Inf.

MOORE, William J. - Pvt. - Miller's & Hunter's Co. - 1st TN Inf.

MOORE, William W. - Pvt. - Campbell's Co. - 1st TN Mtd. Inf.

MOORE, Wilson - Corp. - Fain's Co. - 1st TN Mtd. Inf.

MORE, Chain - Pvt. - Pearson's Co. - Lindsay's Rgt. TN Mtd.

MORE, Edmund - Sgt. - Feazell's Co. - 1st TN Inf.

MORE, James C. - Pvt. - Morrow's Co. - 1st TN Mtd. Inf.

MORE, Reuben - Pvt. - Morrow's Co. - 1st TN Mtd. Inf.

MORE, Robert - Pvt. - Tedford's Co. - 1st TN Inf.

MOREE, Josiah - Pvt. - Gregg's Co. - 3rd Btn. TN Inf.

MORENT, William C. - Pvt. - McMillin's Co. - 1st TN Mtd. Inf.

MORETON, James - Pvt. - McClellan's Co. - 2nd TN Mtd. Inf.

MORETON, James - 2nd Sgt. - Gregg's Co. - 3rd Btn. TN Inf.

MORGAN, Amaseal T. - Sgt. - Boyd's Co. - 2nd TN Mtd. Mil.

MORGAN, Ely - Pvt. - Dossett's Co. - 3rd Btn. TN Inf.

MORGAN, George W. - Pvt. - Caldwell's Co. - 1st TN Mtd. Inf.

MORGAN, John - Pvt. - Ferris' Co. - Lauderdale's Btn. TN Mtd. Inf.

MORGAN, Philip - Pvt. - Hunter's Co. - 1st TN Inf.

MORGAN, Robert G. - Ensign - Hudlow's Co. - 1st TN Inf.

MORGAN, Thomas M. - Drummer - Boyd's Co. - 1st TN Inf.

MORGAN, William - Pvt. - Dodson's Co. - Lindsay's Reg't TN Mtd.

MORGAN, William - Pvt. - Boyd's Co. - 2nd TN Mtd. Mil.

MORGAN, William B. - Pvt. - Powell's Co. - 1st TN Mtd. Inf.

MORGANS, Eli - Pvt. - Maupin's Co. - 2nd TN Mtd. Mil.

MORGIN, Jedoch B. - Pvt. - Prigmore's co. - 1st TN Mtd. Mil.

MORRIS, George - Pvt. - Hunter's & Miller's Co. - 1st TN Inf.

MORRIS, George J. - Pvt. - Cooke's Co. - 3rd Btn. TN Inf.

MORRIS, Isaac - Pvt. - Ellis' Co. - 2nd Tn Mtd. Inf.

MORRIS, Isham - Pvt. - Dearing's Co. - Lauderdale's Btn. TN Mtd. Inf.

MORRIS, John - Lieut. - Talbott's Co. - 2nd TN Mtd. Inf.

MORRIS, John - Pvt. - Cherry's Co. - Lauderdale's Btn. TN Mtd. Inf.

MORRIS, John - Corporal - Cherry's Co. - Lauderdale's Btn. TN Mtd. Inf.

MORRIS, John - Pvt. - Howell's Co. - 1st TN Inf.

MORRIS, John - Pvt. - Champion's Co. - 1st TN Mtd. Mil.

MORRIS, John D. - 2nd Lieut. - Parham's Co. - 1st Tn Mtd. Inf.

MORRIS, Lewis - Pvt. - Person's Co. - Lindsay's Reg't TN Mtd.

MORRIS, Nimrod B. - Pvt. - Cunningham;'s Co. - 2nd TN mtd. Mil.

MORRIS, Robert G. - Sgt. - Campbell's Co. - 1st Tn Mtd. Inf.

MORRIS, Samuel C. - Pvt. - Yoakum's & McLin's Co. - 1st TN Inf.

MORRIS, Stephen H. - Pvt. - Cooke's Co. - 3rd Btn. TN Inf.

MORRIS, William - Pvt. - Pearson's Co. - Lindsay's Reg't TN Mtd.

MORRIS, William - Pvt. - Hunter's Co. -1 st TN Inf.

MORRIS, William F. - Pvt. - Cherry's & Ferris' Co. - Lauderdale's Btn. TN Mtd. Inf.

MORRIS, Wilson - Pvt. - Cherry's Co. - Lauderdale's

Btn. TN Mtd. Inf.

MORRISON, Nat - Pvt. - Prigmore's Co. - 1st TN Mtd. Mil.

MORROW, Albert C. - Pvt. - Powell' Co. - Lindsay's Reg't TN Mtd.

MORROW, J. J. W. - Ass't Surgeon

MORROW, James - Captain - Morrow's Co. - Lindsay's Reg't 1st TN Mtd. Inf.

MORROW, William L. - Surgeon - F. & S. C. - 2nd TN Mtd. Inf.

MORSHALL, Joseph - Pvt. - Roger's Co. - 1st TN Mtd. Inf.

MORTON, James - Pvt. - McClellan's Co. - 2nd TN Mtd. Inf.

MOSELY, Thomas E. - Pvt. - Cooke's Co. - 3rd Btn. TN Inf.

MOSS, Madison - Pvt./3rd Sgt. - Powell's Co. - Lindsay's Reg't 1st TN Mtd. Inf.

MOSS, Madison - Pvt. - Roger's Co. - 3rd TN Mtd. Mil.

MOTHIS, Obed - Pvt. - Peak's & Byrd's Co. - 2nd TN mtd. Inf.

MOUL, Henry S. - Pvt. - Simpson's Co. - 1st TN Inf.

MOUNT, Francis B. - Pvt. - Hunter's & Miller's Co. - 1st TN Inf.

MOUNT, Mathew - Pvt. - Tedford's Co. - 1st TN Inf.

MOUNT, Nathias - Pvt. - Cannon's Co. - 1st TN Mtd. Inf.

MOUNT, Pleasant - Pvt. - Boyd's Co. - 1st TN Inf.

MOUNT, William B. - Pvt. - McMillin's Co. -1 st TN Mtd. Mil.

MOUNT, William J. - Pvt. - Hunter's & Miller's Co. - 1st TN Inf.

MOWREY, Lewis - Pvt. - McMillin's Cop. - 1st TN Mtd. Mil.

MOYERS, F. H. - Pvt. - Dossett's Co. - 3rd Btn. TN Inf.

MOYRS, David W. - Pvt. - Vernon's Co. - 1st TN Mtd. Inf.

MUK, James H. - Pvt. - Cooke's Co. - 3rd Btn. TN Inf.

MULLNIX/MULLINIX, James - Pvt. - Roger's Co. - 1st TN Mtd. Inf.

MULLNIX/MULLINEX/MULLINIX, Nathaniel - Pvt. - Roger's Co. - 1st TN Mtd. Inf.

MULVANEY/MULVANY, Mark - Pvt. - Ellis' Co. - 2nd Tn Mtd. Inf.

MUNK, Ezekiel - Pvt. - Fain's Co. - 1st TN Mtd. Inf.

MUNS/MUNUS, John - 3rd Corporal - Hembree's Co. - 2nd TN Mtd. Inf.

MURDOCK, William - Pvt. - Neely's Co. -3rd TN Inf.

MURPHEY/MURPHY, Edward - Pvt. - Cunningham's Co. - Lindsay's Reg't TN Mtd.

MURPHY, Wayne W. - Pvt. - Yoakum's & McLin's Co. - 1st TN Inf.

MURRAY, James O. - Sgt. - Tedford's Co. - 1st TN Inf.

MURREL, Calvin - Pvt. - Simpson's Co. - 1st TN Inf.

MURREL, James W. - Pvt. - Roger's Co. - 1st TN Mtd. Inf.

MURREL, Thomas - Pvt. - Roger's Co. - 1st TN Mtd. Inf.

MURRIN, Samuel - Pvt. - Meek's Co. - 2nd TN Mtd. Mil.

MURRY, A. L. - - Pvt. - Howell's Co. - 1st TN Inf.

MURRY, Christopher - Pvt. - Netherland's Co. - 3rd TN Mtd. Mil.

****

MURRY, James E. - Sgt. - Tedford's Co. - 1st TN Inf.

MURRY, William C. - Scrugg's Co. - 3rd TN Mtd. Mil.

MUSE, Hezekiah - Pvt. - Ferris' Co. - Lauderdale's Btn. TN Mtd.

MUSE, J. O. - Corporal - Hudlow's Co. - 1st TN Inf.

MUSE, Samuel D. - Hudlow's Co. - 1st TN Inf.

MYERS, Robert W. - Pvt. - Hickey's Co. - 1st TN Inf.

MYERS, Thomas - Pvt. - Hickey's Co. - 1st TN Inf.

MYERS, Wilson - Pvt. - Scrugg's Co. - 3rd TN Mtd. Mil.

N

NAIL, Abner P. - 1st Lieut. - Fain's Co. - 1st TN Mtd. Inf.

NAIL, James - Pvt. - Elliott's Co. - Lauderdale's Btn. TN Mtd. Inf.

NAIL, James R. - Pvt. - Parham's Co. - 1st TN Mtd. Inf.

NAIL, Newton - 3rd Sgt. - Parham's Co. - 1st TN Mtd. Inf.

NAIL, Robert C.- 1st Sgt. - Fain's Co. - 1st TN Mtd. Inf.

NAIL, Thomas - Pvt. - 2nd Mtd. Reg't TN

NAIL, Thomas - Pvt. - Peka's Co. - Lindsay's Reg't TN Mtd.

NAIL, William - 2nd Corporal - Hembree's Co. - 2nd TN Mtd. Inf.

NANCE, Allen P. - Pvt. - Hill's Co. - 1st TN Inf.

NANCE, James - Pvt. - Simpson's Co. - 1st TN Inf.

NARAMORE, William H. - Pvt./3rd Corporal - Hembree's Co. - Lindsay's Reg't TN Mtd.

NARROW, Isaiah - Corporal - Ferris' Co. - Lauderdale's Btn. TN Mtd. Inf.

NATIONS, Christian - 4th Corporal - Hickey's Co. - 1st TN Inf.

NATIONS, Hyram - Pvt. - Wear's Co. - 2nd TN Mtd. Inf.

NAVE, Isaac L. - Pvt. - Netherland's Co. - 3rd TN Mtd. Mil.

NEAL, Andrew - Pvt. - Prigmore's Co. - 1st TN Mtd. Mil

NEAL, R. I. - Pvt. - Prigmore's Co. - 1st TN Mtd. Mil.

NEAL, William - 2nd Corporal - Prigmore's Co. - 1st TN Mtd. Mil.

NEARNS, Isaiah - Corporal - Ferris' Co. - Lauderdale's Btn. TN Mtd. Inf.

NEDEFFER, John - Pvt. - Powell's Co. - 1st TN Mtd. Inf.

NEDEFFER/NEIDEFFER, Mark - Pvt. - Powell's Co. - 1st TN Mtd. Inf.

NEEDHAM, Irah - Pvt. - Simpson's Co. - 1st TN Inf.

NEEDIFER/NEIDEAFER/NEIDIFER, Isaac - Pvt. - Gillespie's co. - 2nd TN Mtd. Inf.

NEEL, Alexander - 2nd Sgt. - McClellan's Co. - 2nd TN Mtd. Inf.

NEELSON, William H. - Pvt. - Scrugg's Co. - 3rd TN Mtd. Mil.

NEELY, John - Pvt. - Cunningham's Co. - 2nd TN Mtd. Mil.

NEELY, R. P. - Captain - Neely's Co. - 3rd Btn TN Inf.

NEELY, William B. - Pvt. - Tedford's Co. - 1st TN Inf.

NEIDEFFER, Isaac - Vernon's Co. - Lindsay's Reg't TN Mtd.

NEIDEFFER, Jacob - Pvt. - Vernon's Co. - Lindsay's Reg't TN Mtd.

NEIDEFFER, John - Pvt. - Powell's Co. - 1st TN Mtd. Inf.

NEIGHBORS, Pettis W. - Pvt. - McLin's Co. - 1st TN Inf.

NEIL, John M. - Pvt. - Vernon's Co. - Lindsay's Reg't TN Mtd.

NEIL, William T. - Pvt. - Miller's Co. - 1st TN Inf.

NEIMAN, Michael - Pvt. - Laffery's Co. - Lindsay's Reg't TN Mtd.

NELLOMS, Nathaniel - Pvt. - Dossett's Co. - 2nd Btn. TN Inf.

NELSON, Arthur B. - Pvt. - Pearson's Co. - Lindsay's Reg't TN Mtd.

NELSON, C. W. - Pvt. - Netherland's Co. - 3rd TN Mtd. Mil.

NELSON, Carick W. - Pvt. - Campbell's Co. - 1st TN Mtd. Inf.

NELSON, David W. - Pvt. - Morrow's Co. - 1st TN Mtd. Inf.

NELSON, Ephraim - Pvt. - Terry's Co. - 1st TN Mtd. Inf.

NELSON, James - Pvt. - Morrow's Co. - 1st TN Mtd. Inf.

Nelson, Marshall L. - Pvt. - Elliott's Co. - Lauderdale's Btn. TN Mtd. Inf.

NELSON, Moses A. - Pvt. - Cannon's Co. - 1st TN Mtd. Inf.

NELSON, Moses A. - Pvt. - Wild's Co. - Lauderdale's Btn. TN Mtd. Inf.

NELSON, Moses W. - Pvt. - Campbell's Co. - 1st TN Mtd. Inf.

NELSON, Moses W. - Pvt. - Netherland's Co. - 3rd TN Mtd. Mil.

NELSON, William - Pvt. - Pearson's Co. - Lindsay's Reg't TN Mtd.

NELSON, William T. - Pvt. - Meek's Co. - 3rd TN Mtd. Mil

NEPPIER, Thomas K. - Pvt. - Peak's Co. - Lindsay's Reg't TN Mtd.

NEPYR, Thomas K. - Pvt.- Pearson's Co. - Lindsay's Reg't TN Mtd.

NETHERLAND, J. W. - Ass't Surgeon

NETHERLANDS, Richard - Captain - Netherlands' Co. - 3rd TN Mtd. Mil.

NEVILL, Thomas E. - Pvt. - Cherry's Co. - Lauderdale's Btn. TN Mtd. Inf.

NEWBORN, Thomas - Pvt. - Hill's Co. - 1st TN Inf.

NEWCOM, John W. - Pvt. - Peak's Co. - Lindsay's Reg't TN Mtd.

NEWCUM, William - Pvt. - Simpson's Co. - 1st TN Inf.

NEWLAND, Richard H. - Pvt. - Campbell's Co. - 1st TN Mtd. Inf.

NEWMAN, Benjamin F. - Lieut. - Talbott's Co. - 2nd TN Mtd. Inf.

NEWMAN, Henry B. - 1st Sgt. - Morrow's Co. - 1st TN Mtd. Inf.

NEWMAN, Jacob - n/a - Peak's & Byrd's Co. - 2nd TN Mtd. Inf.

NEWMAN, John - Pvt. - Wallace's Co. - 2nd Btn. TN Inf.

NEWMAN, John l. - Pvt. - Meek's Co. - 34d TN Mtd. Mil.

NEWMAN, Nimrod - Pvt. - Peak's & Byrd's Co. - 2nd TN Mtd. Inf.

NEWTON, Samuel - Pvt. - Gregg's Co. - 1st TN Inf.

NEWTON, Thomas J. - Pvt. - McClellan's Co. - 2nd

TN Mtd. Inf.

NICHODEMUS, William - Pvt. - Morrow's Co. -1st TN Mtd. Inf.

NICHOLAS/NICHOLLS/NICHOLS, Timothy - Pvt. - McClellan's Co. - 22nd TN mtd. Inf.

NICHOLS/NICKES, Abram - Pvt. - Waterhouse's & Wild's Co. - Lauderdale's Btn TN Mtd.

NICHOLS/NICKELS, Isaac - Pvt. - Wild's Co. - Lauderdale's Btn. TN Mtd. Inf.

NICHOLS, Jesse J. - Pvt. - Standefer's Co. - 1st TN Mtd. Inf.

NICHOLS, Park B. - Corporal - Tedford's Co. - 1st TN Inf.

NICHOLSON, Henry - Pvt. - Boyd's Co. - 2nd TN Mtd. Mil.

NICHOLSON, James - Pvt. - Powell's Co. - Lindsay's Reg't TN Mtd.

NICHOLSON, James - Corporal - Boyd's Co. - 2nd TN Mtd. Mil.

NICHOLSON, John - Pvt. - Powell's Co. - Lindsay's Reg't TN Mtd.

NICHOLSON, John - Pvt. - Boyd's Co. - 2nd TN Mtd. Mil.

NICHOLSON, William S. - Pvt. - Boyd's Co. - 2nd TN Mtd. Mil.

NICKEL, John - Pvt. - 2nd Mtd. Reg't TN

NICKEL, Thomas - Pvt. - 2nd Mtd. Reg't TN

NIDEFER, John - Pvt. - Powell's Co. - 1st TN Mtd. Inf.

NIDEFFER, Mark - Pvt. - Powell's Co. - 1st TN Mtd. Inf.

NIELE, John M. - Pvt. - Vernon's Co. - Lindsay's Reg't TN Mtd.

NIMAN, Michael - Pvt. - Laffery's Co. - Lindsay's Reg't TN Mtd.

NINNEY, William B. - Pvt. - Feazell's Co. - 1st TN Inf.

NINNEY, William B. - Pvt. - Talbott's Co. - 2nd TN Mtd. Inf.

NIXON, John, Jr. - 2nd Corporal - Champion's Co. - 1st TN Mtd. Mil.

NORMAN, Joshua - Pvt. - Powell's Co. - Lindsay's Reg't 1st TN Mtd. Inf.

NORMAN, Mitchell R. - Pvt. - Vernon's Co. - 1st TN Mtd. Inf.

NORMAN, Pettis W. - Pvt. - McLin's Co. - 1st TN Inf.

NORMAN, Pleasant M. - Pvt. - Byrd's Co. - 2nd TN Mtd. Inf.

NORMAN, William - Pvt. - Dodson's Co. - Lindsay's Reg't TN Mtd.

NORMON, Pleasant M. - Pvt. - Peak's & Byrd's Co. - 2nd TN Mtd. Inf.

NORMON, William R. - Pvt. - Vernon's Co. - 1st TN Mtd. Inf.

NORRIS, Obediah - Pvt. - Laffery's Co. - Lindsay's Reg't TN Mtd.

NORTH, Edward - Pvt. - Roger's Co. - 1st TN Mtd. Inf.

NORTHERN, Hiram - Pvt. - Prigmore's Co. - 1st TN Mtd. Mil.

NORTON, Alexander B. - Pvt. - Cunningham's Co. - 2nd TN Mtd. Mil.

NORTON, Daniel - Pvt. - Elliott's Cop. - Lauderdale's Btn. TN Mtd. Inf.

NORTON, John - Pvt. - Cunningham's Co. - 2nd TN Mtd. Mil.

NORWOOD, Theophilus - Pvt. - Ferris' Co. - Lauderdale's Btn. TN Mtd. Inf.

NOWELL, William - Pvt. - Miller's Co. - 1st TN Inf.

NOWLEN, Jesse E. - Pvt. - Cannon's Co. - 1st TN Mtd. Inf.

NOWLIN, Bryant W. - 2nd Sgt. - Miller's & Hunter's Co. - 1st TN Inf.

NUGENT, Haynes - Pvt. - Fain's Co. - 1st TN Mtd. Inf.

NUNLEY, David - Pvt. - Champion's Co. - 1st TN Mtd. Mil.

NUNLEY, John - Pvt. - Champion's Co. - 1st TN Mtd. Mil.

O

O'DONNELL, Patrick - Pvt. - Dodson's Co. - Lindsay's Reg't TN Mtd.

O'NAIL, James - Pvt. - Elliott's Co. - Lauderdale's Btn. TN Mtd. Inf.

O'NAIL, James - Pvt. - Terry's Co. - 1st TN Mtd. Inf.

O'NEAL, Moses - Sgt. - Miller's & Hunter's Co. - 1st TN Inf.

OAKS, Arthur L. - Pvt. - Cooke's Co. - 3rd Btn. TN Inf.

ODEAR, Charles - Pvt. - Cherry's Co. - Lauderdale's Btn. TN Mtd. Inf.

ODELL/ODLE, William - Pvt. - Hickey's Co. - 1st TN Inf.

ODIEY, Charles - Pvt. - Cherry's Co. - Lauderdale's Btn. TN Mtd. Inf.

OFFICER, Samuel W. - Pvt. - Bart's Co. - 1st TN Mtd. Mil.

OFFICER, W. D. - Pvt. - Bart's Co. - 1st TN Mtd. Mil.

OGLE, Spencer - Pvt. - Tedford's Co. - 1st TN Inf.

OLIPHANY, Felix B. - Pvt. - Feazell's Co. - 1st TN Inf.

OLIPHANT, Samuel B. - Pvt. - Feazell's Co. - 1st TN Inf.

OLIVER, Archibald - Pvt. - Hudlow's Co. - 1st TN Inf.

OLIVER, James - Pvt. - Neely's Co. - 3rd Btn. TN Inf.

ONESBY, E. C. - Pvt. - Hunter's & Miller's Co. -1st TN Inf.

ORE, Calvin M. - Pvt. - Talbott's Co. - 2nd TN Mtd. Inf.

ORGAN, Enness - Sgt. - Dearing's Co. - Lauderdale's Btn TN Mtd. Inf.

ORIAH, Calvin - Pvt. - Hickey's Co. - 1st TN Inf.

ORME, James - Pvt. - Parham's Co. - 1st TN Mtd. Inf.

ORME, John - 1st Corporal - Parham's Co. - 1st TN Mtd. Inf.

ORR, George - 1st Sgt. - Morrow's Co. - Lindsay's Reg't TN Mtd.

OSBORNE, J. W. - Pvt. - Cooke's Co. - 3rd Btn. TN Inf.

OVERTON, William B. - Pvt. - Cooke's co. - 3rd Btn. TN Inf.

OVERTON, William T. - Corporal - Dossett's Co. - 3rd Btn. TN Inf.

OWEN, Benjamin W. - Pvt. - Cherry's Co. - Lauderdale's Btn. TN Mtd.

OWEN, Francis - Pvt. - Cunningham's Co. - Lindsay's Reg;'t TN Mtd.

OWEN, Jesse B. - Pvt. - Elliott's Co. - Lauderdale's Btn. Tn Mtd. Inf.

OWEN, John D. - Pvt. - Dearing's Co. - Lauderdale's Btn. TN Mtd. Inf.

OWEN, Richard - Pvt. - Hill's ?Co. - 1st TN Inf.

OWEN/OWENS, Robinson - Drum Major - F. & S.

Co. - 1st TN Mtd. Inf.

OWEN, Wesley - Pvt. - Hill's Co. - 1st TN Inf.

OWENS, Adam - Pvt. - Roger's Co. - 3rd TN Mtd. Mil.

OWENS/OWINGS, Alfred - Pvt. - Hembree's Co. - Lindsay's Reg't 2nd TN Mtd. Inf.

OWENS/OWINGS, Edward S. - Pvt. - Hembree's Co. - 2nd TN Mtd. Inf.

OWENS, Francis - Pvt. - Cunningham's Co. - Lindsay's Reg't TN Mtd.

OWENS, Jacob - Pvt. - Roger's Co. - 3rd TN Mtd. Mil.

OWENS/OWINGS, John - Hembree's Co. - Lindsay's Reg't TN Mtd.

OWENS, Nicholas - Pvt. - Elliott's Co. - Lauderdale's Btn. TN Mtd. Inf.

OWENS, Philip P. - Pvt. - Morrow's Co. - Lindsay's Reg't TN Mtd.

OWENS/OWINGS, Samuel - Pvt. - Hembree's Co. - 2nd TN Mtd. Inf.

OWENS, William - Pvt. - Roger's Co. - 3rd TN Mtd. Mil.

OWENSBY, R. C. - Pvt. - Hunter's & Miller's Co. - 1st TN Inf.

OWNBY, West - Pvt. - West's Co. - 2nd Tn Mtd. Inf.

OXSHER, George - 2nd Sgt. - Parham's co. - 1st TN Mtd. Inf.

OYLER, Daniel - Pvt. - Standefer's Co. - 1st TN Mtd. Inf.

OYLER, Frederick - Pvt. - Standefer's Co. - 1st TN Mtd. Inf.

OYLER, John - Pvt. - Standefer's Co. - 1st TN Mtd. Inf.

P

PACK, Thomas - Pvt. - Hickey's Co. - 1st TN Inf.

PADGATE, Elijah - n/a - Peak's & Byrd's Co. - 2nd TN Mtd. Inf.

PADGATE/PADGET/PAGGET, Jesse - Peak's & Byrd's Co. - 2nd TN Mtd. Inf.

PAFFORD, James - Sgt. - Cannon's Co. - 1st TN Mtd. Inf.

PAGE, Archailis - Pvt. - Dossett's Co. - 3rd Btn. TN Inf.

PAGE, John - Pvt. - Powell's Co. - Lindsay's Reg't. TN Mtd.

PAGE, John - Pvt. - McClellan's Co. - 2nd TN Mtd. Inf.

PAGE, Tucker - Pvt - Maupin's Co. - 2nd TN Mtd. Mil.

PAGE, Woodson - Pvt. - Gillespie's Co. - 2nd Tn Mtd. Inf.

PAIN, Joseph - Pvt. - Peak''s Co. - Lindsay's Reg't TN Mtd.

PAIN, Madison - Pvt. - Peak's Co. - Lindsay's Reg't TN Mtd.

PALMER, Isaac G. - Pvt. - Cooke's Co. - 3rd Btn. TN Inf.

PANGLE, David - Pvt. - Talbott's Co. - 2nd TN Mtd. Inf.

PANKEY, Albert - Sgt. - Boyd's Co. - 1st TN Inf.

PARHAM, Daniel - Pvt. - Hill's Co. - 1st TN Inf.

PARHAM, Shamwell - Captain - Parham's Co. - 1st TN Mtd. Inf.

PARHAM, William P. - Pvt. - Wear's Co. - 2nd TN Mtd. Inf.

PARKER, John - Pvt. - Morrow's Co. - Lindsay's Reg't TN Mtd.

PARKER, John - Pvt. - Roger's Co. - 3rd TN Mtd. Mil.

PARKER, Joseph - 3rd Corporal - Hembree's Co. - Lindsay's Reg't TN Mtd.

PARKER, Preston - Pvt. - Morrow's Co. - Lindsay's Reg't TN Mtd.

PARKER, Preston - Pvt. - Morrow's & Gillespie's Co. - 1st TN Mtd. Inf.

PARKER, Washington - Pvt. - Wild's & Waterhouse's Co. - Lauderdale's Btn. TN Mtd.

PARKER, William P. - Pvt. - Howell's Co. - 1st TN Inf.

PARKER, William R. - Pvt. - Hembree's Co. - Lindsay's Rgt. TN Mtd.

PARKER, Wilson - Pvt. - Roger's Co. - 3rd TN Mtd. Mil.

PARKERSON, James - Pvt. - Laffery's Co. - Lindsay's Rgt. TN Mtd.

PARKERSON/PARKINSON, Peter - Pvt. - Wild's Co. - Lauder-dale's Btn. TN Mtd. Inf.

PARKS, A. I. - Pvt. - Morrow's Co. - Lindsay's Rgt. TN Mtd.

PARKS, Alfred - Pvt. - Ellis' Co. - 2nd TN Mtd. Inf.

PARKS, Elijah - Pvt. - Hudlow's Co. - 1st TN Inf.

PARKS, Joseph - Pvt. - Hembree's Co. - 2nd TN Mtd. Inf.

PARKS, Levi - Drummer - Laffery's Co. - Lindsay's Rgt. TN Mtd.

PARKS, William - Pvt. - Cherry's Co. - Lauderdale's Btn. TN Mtd. Inf.

PARMER, Everett - Pvt. - Vernon's Co. - 1st TN Mtd. Inf.

PARMLEY, John - Pvt. - Peak's & Byrd's Co. - 2nd TN Mtd. Inf.

PARMLEY, Samuel - Pvt. - Peak's & Byrd's Co. - 2nd TN Mtd. Inf.

PARRIVET, William - Pvt. - Dossett's Co. - 3rd Btn TN Inf.

PARROT, William - Pvt. - Dossett's Co. - 3rd Btn. TN Inf.

PARSLEY, Stephen - N/A - Peak's & Byrd's Co. - 2nd TN Mtd. Inf.

PARSONS, J. A. S. - 2nd Sgt. - Caldwell's Co. - Lindsay's Rgt. TN Mtd.

PARSONS, Manuel - Pvt. - Morrow's Co. - Lindsay's Rgt. TN Mtd.

PARSONS, Thomas - Pvt. - Feazell's Co. - 1st TN Inf.

PARSONS, Thomas W. - Pvt. - Tedford's Co. - 2nd TN Mtd. Mil.

PARSONS, William D. - Pvt. - Bart's Co. - 1st TN Mtd. Mil.

PASCHAL, Jesse M. - Pvt. - Cooke's Co. - 3rd Btn TN Inf.

PATON, Thomas O. - 1st Lt. - Ellis' Co. - 2nd TN Mtd. Inf.

PATRICK, John - Pvt. - Dodson's Co. - Lindsay's Rgt. TN Mtd.

PATTERSON, Cornelius - Musician - Pearson's Co. - Lindsay's Rgt. TN Mtd.

PATTERSON, General Washington - Pvt. - Caldwell's Co. - Lindsay's Rgt. TN Mtd.

PATTERSON, Jackson - Pvt. - Cherry's Co. - Lauderdale's Btn. TN Mtd. Inf.

PATTERSON, Thomas S. - Pvt. - Elliott's Co. - Lauderdale's Btn. TN Mtd. Inf.

PATTERSON, William - Sgt. - Fain's Co. - 1st TN Mtd. Inf.

****

PATTERSON, Willis - Pvt. - Hill's Co. - 1st TN Inf.

PATTEY, Jesse - Pvt. - Peak's & Byrd's Co. - 2nd TN Mtd. Inf.

PATTON, Buce - Pvt. - Boyd's Co. - 1st TN Inf.

PATTON, Samuel M. - Pvt. - Yoakum's & McLin's Co. - 1st TN Inf.

PATTON, Thomas - Pvt. - Howell's Co. - 1st TN Inf.

PATTON, Yandell S. - Pvt. - Yoakum's & McLin's Co. - 1st TN Inf.

PATTY, Jesse - Pvt. - Peak's Co. - Lindsay's Rgt. TN Mtd.

PATTY, Obed - Pvt. - Peak's & Bryd's Co. - 2nd TN Mtd. Inf.

PATTY, Obed W. - Pvt. - Peak's & Byrd's Co. - 2nd TN Mtd. Inf.

PATY, Obed W. - Pvt. - Peak's Co. - Lindsay's Rgt. TN Mtd.

PAUKY, Gerrow - Sgt. - Anderson's Co. - 1st TN Mtd. Mil.

PAYNE, John R. - Corp. - Cannon's Co. - 1st TN Mtd. Inf.

PAYNE, Joseph - Pvt. - Peak's Co. - Lindsay's Rgt. TN Mtd.

PAYNE, Seaburn - Pvt. - Hill's Co. - 1st TN Inf.

PAYNE, William - Pvt. - Peak's Co. - Lindsay's Rgt. TN Mtd.

PEAK, Jacob - Capt. - Peak's Co. - Lindsay's Rgt. TN Mtd.

PEAK, Jacob - Capt. - Peak's & Byrd's Co. - 2nd TN Mtd. Inf.

PEAK, Luke - Pvt. - 2nd Mtd. Rgt. TN

PEAK, Nathan - Pvt. - Campbell's Co. - 1st TN Mtd. Inf.

PEAK, Newton - Pvt. - Peak's Co. - Lindsay's Rgt. TN Mtd.

PEAK, William - Sgt. - 2nd Mtd. Rgt. TN

PEAKE, Newton - Pvt. - Peak's Co. - Lindsay's Rgt. TN Mtd.

PEALE, Micajah - Ensign - Hill's Co. - 1st TN Inf.

PEALS, William - Pvt. - Boyd's Co. - 2nd TN Mtd. Inf.

PEARCE, Alfred J. - Pvt. - Ellis' Co. - 2nd TN Mtd. Inf.

PEARCE, Daniel - Pvt. - Bart's Co. - 1st TN Mtd. Mil.

PEARCE, James - Corp. - Bart's Co. - 1st TN Mtd. Mil.

PEARCE, James - Pvt. - Robinson's Co. - TN Mtd.

PEARCE, Lewis - Pvt. - Dodson's Co. - Lindsay's Rgt. TN Mtd.

PEARCE, Moses - Pvt. - Powell's Co. - Lindsay's Rgt. TN Mtd.

PEARCE, Thomas - Corp. - Dodson's Co. - Lindsay's Rgt. TN Mtd.

PEARCE, Wesley - Pvt. - Robinson's Co. - TN Mtd.

PEARCE, West - Pvt. - Robinson's Co. - TN Mtd.

PEARCE, Western - Pvt. - Cunningham's Co. - Lindsay's Rgt. Tn Mtd.

PEARCE, Western - Pvt. - Bart's Co. - 1st TN Mtd. Mil.

PEARS, Alfred J. - Pvt. - Ellis' Co. - 2nd TN Mtd. Inf.

PEARSON, I. W. - Capt. - Pearson's Co. - Lindsay's Rgt. TN Mtd.

PEBLEY, Jacob - Pvt. - Maupin's Co. - 2nd TN Mtd. Mil.

PECK, Adam C. - Pvt. - Talbott's Co. - 2nd TN Mtd. Mil.

PECK, Douglas - Pvt. - 2nd Mtd. Rgt. TN

PECK, James H. - 3rd Sgt. - Caldwell's Co. - 1st TN Mtd. Inf.

PECK, James M. - 3rd Sgt. - Caldwell's Co. - Lindsay's Rgt. TN Mtd.

PECKARD, Wm. T. - Pvt. - Cooke's Co. - 3rd Btn. TN Inf.

PECKARD, Wm. T. - Pvt. - Cooke's Co. - 3rd Btn. TN Inf.

PELTIER, James S. - Pvt. - Netherland's Co. - 3rd TN Mtd. Mil.

PEMBERTON, Elcanah D. - Pvt. - Gregg's Co. - 3rd Btn. TN Inf.

PEMBERTON, Henry H. - Pvt. - McClellan's Co. - 2nd TN Mtd. Inf.

PEMMAL [?], Tilford - Pvt. - Hill's Co. - 1st TN Inf.

PENCE, Jesse - Pvt. - Neely's Co. - 3rd Btn. TN Inf.

PENINGTON, Isaac - Pvt. - Hembree's Co. - Lindsay's Rgt. TN Mtd.

PENINGTON, Joel E. - Pvt. - Hembree's Co. - Lindsay's Rgt. TN Mtd.

PENLAND, George - Pvt. - Hembree's Co. - Lindsay's Rgt. TN Mtd.

PENN, Abram C. - 3rd Sgt. - Yoakum's & McLin's Co. - 1st TN Inf.

PENNINGTON, Isaac - Pvt. - Hembree's Co. - Lindsay's Rgt. TN Mtd.

PENNINGTON, Joel H. - Pvt. - Hembree's Co. - Lindsay's Rgt. TN Mtd.

PENNINGTON, Joel H. - Pvt. - Hembree's Co. - 2nd TN Mtd. Inf.

PENNY, James - Pvt. - Cannon's Co. - 1st TN Mtd. Inf.

PENUEL, Tilford - Pvt. - Hill's Co. - 1st TN Inf.

PEPPER/PEPPERS, William M. - Pvt. - Gillespie's Co. - 2nd TN Mtd. Inf.

PERIGIN, Isaac - Pvt. - Waterhouse's Co. - Lauderdale's Btn. TN Mtd. Inf.

PERKINS, Benjamin - Pvt. - McMillin's Co. - 1st TN Mtd. Mil.

PERKINS, Lewis - Pvt. - Peak's Co. - Lindsay's Rgt. TN Mtd.

PERKINS, Lorenzo D. - Pvt. - Tedford's Co. - 1st TN Inf.

PERRY, A. B. - Pvt. - Wild's Co. - Lauderdale's Btn. TN Mtd. Inf.

PERRY, James - Pvt. - Gregg's Co. - 3rd Btn. TN Inf.

PERRY, John - Pvt. - Gregg's Co. - 3rd Btn. TN Inf.

PERRYMAN, James - Pvt. - West's Co. - 2nd TN Mtd. Inf.

PERSON, Jefferson - Pvt. - Hill's Co. - 1st TN Inf.

PERVINE, Moses H. - Pvt. - Hickey's Co. - 1st TN Inf.

PETERS, Alfred - Pvt. - Powell's Co. - 1st TN Mtd. Inf.

PETERS, Alfred C. - Pvt. - Powell's Co. - Lindsay's Rgt. TN Mtd.

PETERS, Christian - 2nd Sgt. - Robinson's Co. - TN Mtd.

PETERS, James - Pvt. - Powell's Co. - 1st TN Mtd. Inf.

PETERS, James T. - Pvt. - Powell's Co. - Lindsay's Rgt. TN Mtd.

PETERS, Jason - Pvt. - Dossett's Co. - 3rd Btn. TN Inf.

PETERS, John - Pvt. - McLin's Co. - 2nd TN Mtd. Inf.

PETERS/PEETERS, Joseph B. - Pvt. - Gillespie's Co. - 2nd TN Mtd. Inf.

PETERSON, Calvin - Sgt. - Maupin's Co. - 2nd TN

Mtd. Mil.

PETERSON, Even - Pvt. - Waterhouse's Co. - Lauderdale's Btn. TN Mtd. Inf.

PETERSON, Joseph - Pvt. - Waterhouse's Co. - Lauderdale's Btn. TN Mtd. Inf.

PETROSS, James - Corp. - Maupin's Co. - 2nd TN Mtd. Inf.

PETTIT, Joel - Pvt. - Campbell's Co. - 1st TN Mtd. Inf.

PETTY, William - Corp. - Talbott's Co. - 2nd TN Mtd. Inf.

PEW, Joel P. - Pvt. - Neely's Co. - 3rd Btn. TN Inf.

PEW, Josiah - Pvt. - Tedford's Co. - 2nd TN Mtd. Inf.

PEW, William C. - Pvt. - Neely's Co. - 3rd Btn. TN Inf.

PEW, Willoughby - Pvt. - Neely's Co. - 3rd Btn. TN Inf.

PHARIS, John - Pvt. - West's Co. - 2nd TN Mtd. Inf.

PHARRIS, John L. - 2nd Sgt. - Vernon's Co. - 1st TN Mtd. Inf.

PHETSER, R. S. - Pvt. - Campbell's Co. - 1st TN Mtd. Inf.

PHIBS, James - Pvt. - 2nd Mtd. Rgt. TN

PHILIPS, Daniel - Pvt. - Talbott's Co. - 2nd TN Mtd. Inf.

PHILIPS, John - Lt. - Maupin's Co. - 2nd TN Mtd. Mil.

PHILIPS, Joseph - Pvt. - Boyd's Co. - 1st TN Inf.

PHILIPS, Lazerus - Pvt. - Roger's Co. - 1st TN Mtd. Inf.

PHILIPS, Robert E. - Pvt. - Wallace's Co. - 3rd Btn. TN Inf.

PHILIPS, William - Pvt. - Terry's Co. - 1st TN Mtd. Inf.

PHILLIPS, Elkana - Pvt. - Powell's Co. - Lindsay's Rgt. TN Mtd.

PHILLIPS, Elkana - Pvt. - Powell's Co. - 1st TN Mtd. Inf.

PHILLIPS, Henry - Pvt. - Hudlow's Co. - 1st TN Inf.

PHILLIPS, Jackson - Pvt. - Wallace's Co. - 3rd Btn. TN Inf.

PHILLIPS, Joseph - Pvt. - Boyd's Co. - 1st TN Inf.

PHILLIPS, Nathan J. - N/A - William's Co. - 1st TN Mtd. Inf.

PHILLIPS, Robert - Pvt. - Prigmore's Co. - 1st TN Mtd. Mil.

PHILLIPS, William K. - Pvt. - Powell's Co. - Lindsay's Rgt. TN Mtd.

PHILLIPS, Williams - Pvt. - Cannon's Co. - 1st TN Mtd. Inf.

PHIPPS, Isaac - Pvt. - Gregg's Co. - 3rd Btn. TN Inf.

PHIPPS, Westly - Corp. - Simpson's Co. - 1st TN Inf.

PICKENS, Charles A. - 2nd Corp. - Morrow's Co. - Lindsay's Rgt. TN Mtd.

PICKENS, Joseph - Pvt. - Wear's Co. - 2nd TN Mtd. Inf.

PICKETT, James - Pvt. - Terry's Co. - 1st TN Mtd. Inf.

PICKLE, Sampson R. - Pvt. - Wear's Co. - 2nd TN Mtd. Inf.

PIERCE, Alfred J. - Pvt. - Ellis' Co. - 2nd TN Mtd. Inf.

PIERCE, Arther [sic] - Pvt. - Roger's Co. - 3rd TN Mtd. Mil.

PIERCE, Moses - Pvt. - Powell's Co. - Lindsay's Rgt. TN Mtd.

PIERCE, Moses - Pvt. - Powell's Co. - 1st TN Mtd. Inf.

****

PIERCE, Robert - Blacksmith - Vernon's Co. - Lindsay's Rgt. TN Mtd.

PIERCE, Thomas - Pvt. - Maupin's Co. - 2nd TN Mtd. Mil.

PIERSON, Jefferson - Pvt. - Mill's Co. - 1st TN Inf.

PILAND, Elijah - Pvt. - Miller's & Hunter's Co. - 1st TN Inf.

PILAND, Hardy - Pvt. - Miller's & Hunter's Co. - 1st TN Inf.

PILAND, James C. - Pvt. - Miller's & Hunter's Co. - 1st TN Inf.

PILANT, James - Pvt. - Hudlow's Co. - 1st TN Inf.

PILANT, Robert M. - Pvt. - Hudlow's Co. - 1st TN Inf.

PILE, Cedron - Pvt. - Waterhouse's Co. - Lauderdale's Btn. TN Mtd. Inf.

PILE, David - Pvt. - McClellan's Co. - 2nd TN Mtd. Inf.

PILE, John - Pvt. - Gregg's Co. - 3rd Btn. TN Inf.

PILE/PITE, Thomas C. - Pvt. - Gillespie's Co. - 2nd TN Mtd. Inf.

PINKSTON, Obediah - Pvt. - Boyd's Co. - 1st TN Inf.

PIPER, Albert - Pvt. - Simpson's Co. - 1st TN Inf.

PIPER, William - Pvt. - Fain's Co. - 1st TN Mtd. Inf.

PIPER, William - Pvt. - Fain's Co. - 1st TN Mtd. Inf.

PIPKIN, Shadrack - 1st Sgt. - Neely's Co. - 3rd Btn. TN Inf.

PIPKIN, William - Pvt. - Neely's Co. - 3rd Btn. TN Inf.

PLAY, James - Sgt. - Hill's Co. - 1st TN Inf.

PLEASANT, Thomas J. - Pvt. - Pearson's Co. - Lindsay's Rgt. TN Mtd.

PLUMLEE, Jackson O. - Pvt. - Tedford's Co. - 1st TN Inf.

PLUMLEY, Abraham - 3rd Corp. - Morrow's Co. - 1st TN Mtd. Inf.

PLUMLEY, Jackson O. - Pvt. - Tedford's Co. - 1st TN Inf.

POE, James - Pvt. - Ferris' Co. - Lauderdale's Btn. TN Mtd. Inf.

POE, John - Pvt. - Ferris' Co. - Lauderdale's Btn. TN Mtd. Inf.

POE, John - Pvt. - Waterhouse's Co. - Lauderdale's Btn. TN Mtd. Inf.

POE, Lewis S. - Pvt. - Ferris' Co. - Lauderdale's Btn. TN Mtd. Inf.

POE, Samuel - Pvt. - Maupin's Co. - 2nd TN Mtd. Mil.

POE, William - Pvt. - Morrow's Co. - Lindsay's Rgt. TN Mtd.

POE, William - Pvt. - Powell's Co. - 1st TN Mtd. Inf.

POINDEXTER, John G. - Pvt. - Gregg's Co. - 3rd Btn. TN Inf.

POLLARD, Thomas - Pvt. - Simpson's Co. - 1st TN Inf.

PONDEXTER, George - Ensign - Fain's Co. - 1st TN Mtd. Inf.

PONDEXTER, James - Pvt. - Fain's Co. - 1st TN Mtd. Inf.

POPE, James J. - Pvt. - Standefer's Co. - 1st TN Mtd. Inf.

POPE, James M. - Pvt. - Terry's Co. - 1st TN Mtd. Inf.

POPE, Thomas A. - 1st Lt. - Standefer's Co. - 1st TN Mtd. Inf.

POPE, Thomas C. - Pvt. - Terry's Co. - 1st TN Mtd. Inf.

PORCH, William - Pvt. - Dearing's Co. - Lauderdale's Btn. TN Mtd. Inf.

PORTER, Andrew - Corp. - Bart's Co. - 1st TN Mtd.

****

Mil.

PORTER, Benjamin - Pvt. - West's Co. - 2nd TN Mtd. Inf.

PORTER, James - Pvt. - Parham's Co. - 1st TN Mtd. Inf.

PORTER, James C. - 2nd Lt. - West's Co. - 2nd TN Mtd. Inf.

PORTER, Michael W. - Pvt. - West's Co. - 2nd TN Mtd. Inf.

PORTER, Nicholas C. - Pvt. - West's Co. - 2nd TN Mtd. Inf.

PORTER, Pleasant M. - Pvt. - Vernon's Co. - 1st TN Mtd. Inf.

PORTER, William - Pvt. - Neely's Co. - 3rd Btn. TN Inf.

PORTER, William B. - 2nd Sgt. - Morrow's Co. - 1st TN Mtd. Inf.

POSEY, Bartley - Pvt. - Ferris' Co. - Lauderdale's Btn. TN Mtd. Inf.

POSEY, James - Pvt. - Ferris' Co. - Lauderdale's Btn. TN Mtd. Inf.

POTT, Isaac - Pvt. - Morrow's Co. - Lindsay's Rgt. TN Mtd.

POTTER, Solomon - Pvt. - Hembree's Co. - 2nd TN Mtd. Inf.

POTTS, Isaac - Pvt. - Morrow's Co. - Lindsay's Rgt. TN Mtd.

POWEL, Job - Pvt. - Netherland's Co. - 3rd TN Mtd. Mil.

POWELL, Alexander - Pvt. - Dossett's Co. - 3rd Btn. TN Inf.

POWELL, Garland - Pvt. - Hembree's Co. - Lindsay's Rgt. TN Mtd.

POWELL, John A. - Capt. - Powell's Co. - Lindsay's Rgt. TN Mtd.

POWELL, John A. - 2nd Lt. - Powell's Co. - 1st TN Mtd. Inf.

POWELL, Joseph - Capt. - Powell's Co. - Lindsay's Rgt. TN Mtd.

POWELL, Joseph - Capt. - Powell's Co. - 1st TN Mtd. Inf.

POWELL, Joseph - Lt. Col.

POWELL, Joseph Q. - Pvt. - Gregg's Co. - 3rd Btn. TN Inf.

POWELL, Samuel - Pvt. - Ferris' Co. - Lauderdale's Btn. TN Mtd. Inf.

POWELL, Thomas S. - Pvt. - Yoakum's & McLin's Co. - 1st TN Inf.

POWELL, William M. - Corp. - Yoakum's & McLin's Co. - 1st TN Inf.

POWERS, Robert - Pvt. - Vernon's Co. - 1st TN Mtd. Inf.

POWERS, Robert S. - Pvt. - Vernon's Co. - Lindsay's Rgt. TN Mtd.

PRESLEY/PRESLY, John - Pvt. - Parham's Co. - 1st TN Mtd. Inf.

PRESTON, William G. - Pvt. - Boyd's Co. - 1st TN Inf.

PRICE, Charles I. - Sgt. - McMillin's Co. - 1st TN Mtd. Mil.

PRICE, Henry - Pvt. - Fain's Co. - 1st TN Mtd. Inf.

PRICE, John - Pvt. - Pearson's Co. - Lindsay's Rgt. TN Mtd.

PRICE, Joseph H. - Corp. - Boyd's Co. - 1st TN Inf.

PRICE, Josiah - 3rd Sgt. - Morrow's Co. - Lindsay's Rgt. TN Mtd.

PRICE, Josiah - Pvt. - McMillin's Co. - 1st TN Mtd. Mil.

PRICE, Nimrod - Pvt. - Howell's Co. - 1st TN Inf.

PRICE, R. W. - Pvt. - Morrow's Co. - Lindsay's Rgt. TN Mtd.

PRICE, Thomas F. - Pvt. - Vernon's Co. - Lindsay's Rgt. TN Mtd.

PRIER, Harris - Pvt. - 2nd Mtd. Rgt. TN

PRIGMORE, James - 1st Sgt. - Anderson's Co. - 1st TN Mtd. Mil.

PRIGMORE, Joseph K. - Ensign - Standefer's Co. - 1st TN Mtd. Inf.

PRIGMORE, Thomas - Capt. - Prigmore's Co. - 1st TN Mtd. Inf.

PRINCE, David - Pvt. - 2nd Mtd. Rgt. TN

PRINCE, Hiram - Pvt. - Miller's & Hunter's Co. - 1st TN Inf.

PRINCE, Joseph - Pvt. - 2nd Mtd. Rgt. TN

PRINCE, Nathan - Pvt. - Cherry's Co. - Lauderdale's Btn. TN Mtd. Inf.

PRIOR, Samuel - Pvt. - Tedford's Co. - 2nd Tn Mtd. Mil.

PRIVETT, Lewis/Lewis C.. - Pvt. - Gillespie's Co. - 2nd TN Mtd. Inf.

PRIVETT, Lewis O. - Pvt. - Wild's Co. - Lauderdale's Btn. TN Mtd. Inf.

PROCTAR/PROCTER/PROCTOR, Richard - Pvt. - Powell's Co. - Lindsay's Rgt. TN Mtd.

PRUETT, E. V. - Pvt. - Howell's Co. - 1st TN Inf.

PRYOR, Henry - Ensign - Netherland's Co. - 3rd TN Mtd. Mil.

PRYOR, William - 1st Lt. - Boyd's Co. - 1st TN Inf.

PUCKETT, John S. - Pvt. - Laffery's Co. - Lindsay's Rgt. TN Mtd.

PUCKETT, William B. - Corp. - Cannon's Co. - 1st TN Mtd. Inf.

PUGH, David - Pvt. - Powell's Co. - 1st TN Mtd. Inf.

PULLIN, Wilie - Pvt. - Talbott's Co. - 2nd TN Mtd. Inf.

PULSE, Elisha - Pvt. - Simpson's Co. - 1st TN Inf.

PURDAM, George - Pvt. - Miller's & Hunter's Co. - 1st TN Inf.

PURDOM, George - Pvt. - Hunter's & Miller's Co. - 1st TN Inf.

PURSLEY, John W. - Pvt. - Pearson's Co. - Lindsay's Rgt. TN Mtd.

PURSLEY, William - Pvt. - Pearson's Co. - Lindsay's Rgt. TN Mtd.

PURSLEY, William - Pvt. - Boyd's & Peark's Co. - 2nd TN Mtd. Inf.

PUTNAM, Abel S. - 2nd Corp. - Miller's & Hunter's Co. - 1st TN Inf.

PYBURN, Hugh D. - Corp. - Champion's Co. - 1st TN Mtd. Mil.

PYLAND, Elijah - Pvt. - Hunter's & Miller's Co. - 1st TN Inf.

PYLAND, Hardy - Pvt. - Hunter's & Miller's Co. - 1st TN Inf.

PYLAND, James O. - Pvt. - Hunter's & Miller's Co. - 1st TN Inf.

Q

QUEENER, James C. - Pvt. - Campbell's Co. - 1st TN Mtd. Inf.

QUEENER, James G. - Pvt. - Morrow's Co. - Lindsay's Rgt. TN Mtd.

QUEENER, John - Pvt. - Campbell's Co. - 1st TN Mtd. Inf.

****

QUEENER, John - Pvt. - Morrow's Co. - Lindsay's Rgt. TN Mtd.

R

RABERSON, Ransom G. - Pvt. - Powell's Co. - 1st TN Mtd. Inf.

RAGAN, Daniel - Pvt. - West's Co. - 2nd TN Mtd. Inf.

RAGAN, Erasmus - Pvt. - Caldwell's Co. - Lindsay's Rgt. TN Mtd.

RAGAN, John H. - Pvt. - West's Co. - 2nd TN Mtd. Inf.

RAGAN, Richard - Pvt. - West's Co. - 2nd TN Mtd. Inf.

RAGERS, S. A. - Pvt. - Boyd's Co. - 1st TN Inf.

RAINES, George - Corp. - Boyd's Co. - 1st TN Inf.

RAINES, James - Pvt. - Neely's Co. - 3rd Btn. TN Inf.

RAINS, George - Corp. - Boyd's Co. - 1st TN Inf.

RAINS, Isaac - Pvt. - Feazell's Co. - 1st TN Inf.

RAINWATERS, James - Corp. - West's Co. - 2nd TN Mtd. Inf.

RAMINES, Thomas - Pvt. - Powell's Co. - Lindsay's Rgt. TN Mtd.

RAMSAY, David - Pvt. - Tedford's Co. - 1st TN Inf.

RAMSAY, Z. L. - Pvt. - Dearing's Co. - Lauderdale's Btn. TN Mtd. Inf.

RAMSEY, David - Pvt. - Tedford's Co. - 1st TN Inf.

RAMSEY, Harrison - Fife Major - F & S Co. - 1st TN Mtd. Inf.

RAMSEY, Harvey - Pvt. - Gregg's Co. - 3rd Btn. TN Inf.

RAMSEY, James - Pvt. - Wild's Co. - Lauderdale's Btn. TN Mtd. Inf.

RAMSEY, John - Pvt. - Fain's Co. - 1st TN Mtd. Inf.

RAMSEY, John - Pvt. - Cannon's Co. - 1st TN Mtd. Inf.

RAMSEY, John - Pvt. - Wild's Co. - Lauderdale's Btn. TN Mtd. Inf.

RAMSEY, John L. - Pvt. - Hembree's Co. - 2nd TN Mtd. Inf.

RAMSEY, Josiah - Pvt. - Dossett's Co. - 3rd Btn. TN Inf.

RAMSEY, Samuel M. - Pvt. - Hembree's Co. - 2nd TN Mtd. Inf.

RAMSEY, William - Pvt. - Dossett's Co. - 3rd Btn. TN Inf.

RAMSEY, Z. L. - Pvt. - Dearing's Co. - Lauderdale's Btn. TN Mtd. Inf.

RANDALL, John - 1st Corp. - Hickey's Co. - 1st TN Inf.

RANDALL, Noah - Pvt. - Pearson's Co. - Lindsay's Rgt. TN Mtd.

RANDALS, James F. - Pvt. - Vernon's Co. - 1st TN Mtd. Inf.

RANDELS, James F. - Pvt. - Vernon's Co. - 1st TN Mtd. Inf.

RANDLE, James F. - Pvt. - Vernon's Co. - 1st TN Mtd. Inf.

RANDLES, James F. - Pvt. - Vernon's Co. - 1st TN Mtd. Inf.

RANDLES, John - Pvt. - Wear's Co. - 2nd TN Mtd. Inf.

RANDOLPH, Robert - Pvt. - Wallace's Co. - 3rd Btn. TN Inf.

RANDOLPH, William - Pvt. - Boyd's Co. - 2nd TN Mtd. Mil.

RANSDALE, I. P. - Drummer - Wallace's Co. - 3rd Btn. TN Inf.

RANSOM, Benjamin F. - Pvt. - Yoakum's & McLin's Co. - 1st TN Inf.

RANSOM, John C. - Pvt. - Yoakum's & McLin's Co. - 1st TN Inf.

RANSON, John C. - Pvt. - Yoakum's & McLin's Co. - 1st TN Inf.

RAPER, James L. - Pvt. - Caldwell's Co. - 1st TN Mtd. Inf.

RASE, James - Pvt. - Boyd's Co. - 1st TN Inf.

RATHER, Daniel - Pvt. - Peak's Co. - Lindsay's Rgt. TN Mtd.

RATHER, Daniel - Pvt. - Byrd's & Peak's Co. - 2nd TN Mtd. Inf.

RAWLINGS, Asahel - 2nd Lt. - Cannon's Co. - 1st TN Mtd. Inf.

RAWLINGS, Benjamin - Pvt. - Champion's Co. - 1st TN Mtd. Mil.

RAWLINGS, Lewis - Pvt. - Champion's Co. - 1st TN Mtd. Mil.

RAWLINGS, Rosin M. - 1st Lt. - Cannon's Co. - 1st TN Mtd. Inf.

RAY, Hiram - Pvt. - Ferris' Co. - Lauderdale's Btn. TN Mtd. Inf.

RAY, Hiram - Pvt. - Hickey's Co. - 1st TN Inf.

RAY, John P. - Pvt. - Wallace's Co. - 3rd Btn. TN Inf.

RAY, Richardson J. - Pvt. - Simpson's Co. - 1st TN Inf.

RAY, William F. - 3rd Corp. - Neely's Co. - 3rd Btn. TN Inf.

RAYSTON, John - Pvt. - Powell's Co. - Lindsay's Rgt. TN Mtd.

READ, Daniel I. - Pvt. - Talbott's Co. - 2nd TN Mtd. Inf.

READ, Joseph P. - Corp. - Cunningham's Co. - Lindsay's Rgt. TN Mtd.

READ, Robert W. - Pvt. - Champion's Co. - 1st TN Mtd. Mil.

READ, Thomas A. G. - Pvt. - Maupin's Co. - 2nd TN Mtd. Mil.

READEN, Isaac - Pvt. - Prigmore's Co. - 1st TN Mtd. Mil

READEN, Thomas - Pvt. - Prigmore's Co. - 1st TN Mtd. Mil.

REAGAN, Erasmus - Pvt. - Caldwell's Co. - Lindsay's Rgt. TN Mtd.

REAGAN, Erasmus - Pvt. - Caldwell's Co. - 1st TN Mtd. Inf.

REAGAN, Thomas I. - Pvt. - Hill's Co. - 1st TN Inf.

REAGAN, William - Pvt. - 2nd Mtd. Rgt. TN

REAMS, John - Pvt. - Powell's Co. - Lindsay's Rgt. TN Mtd.

REAMS, John - Pvt. - Ellis' Co. - 2nd TN Mtd. Inf.

REANIS, John - Pvt. - Dodson's Co. - Lindsay's Rgt. TN Mtd.

REASONER, John - Pvt. - Caldwell's Co. - Lindsay's Rgt. TN Mtd.

RECE, Alfred - Pvt. - Ellis' Co. - 2nd TN Mtd. Inf.

RECE, William - Pvt. - Ellis' Co. - 2nd TN Mtd. Inf.

RECTOR, David M. - Pvt. - 2nd Mtd. Rgt. TN

REDDEN, Isaac - Pvt. - Peak's Co. - Lindsay's Rgt. TN Mtd.

REDDICK, James - Pvt. - Cooke's Co. - 3rd Btn. TN Inf.

REDDING, Isaac - Pvt. - Peak's Co. - Lindsay's Rgt. TN Mtd.

REDMAN, Nelson - Pvt. - Vernon's Co. - 1st TN Mtd. Inf.

REDMAN, William H. - Pvt. - Vernon's Co. - 1st TN Mtd. Inf.

REDMON, Nelson - Pvt. - Vernon's Co. - 1st TN Mtd. Inf.

REDMON, William H. - Pvt. - Vernon's Co. - 1st TN Mtd. Inf.

REECE, Alfred - Pvt. - Ellis' Co. - 2nd TN Mtd. Inf.

REECE/REESE, Henry - Pvt. - Waterhouse's Co. - Lauder-dale's Btn. TN Mtd. Inf.

REECE, Joseph B. M. - Pvt. - Talbott's Co. - 2nd TN Mtd. Inf.

REECE, William - Pvt. - Ellis' Co. - 2nd TN Mtd. Inf.

REED, Joseph F. - Corp. - Cunningham's Co. - Lindsay's Rgt. TN Mtd.

REED, Michael A. - Pvt. - Caldwell's Co. - 1st TN Mtd. Inf.

REED, Nathan - Corp. - Parham's Co. - 1st TN Mtd. Inf.

REED, Thomas A. - Pvt. - Miller's & Hunter's Co. - 1st TN Inf.

REED, Thomas W. - N/A - Williams' Co. - 1st TN Mtd. Inf.

REED/REID, Wilson C. - Pvt. - Hudlow's Co. - 1sn TN Inf.

REEDS, James - Pvt. - Cunningham's Co. - 2nd TN Mtd. Mil.

REEMS, John - Pvt. - Ellis' Co. - 2nd TN Mtd. Inf.

REESE, Alfred - Pvt. - Ellis' Co. - 2nd TN Mtd. Inf.

REESE, J. B. - Surgeon - F & S Co. - 1st TN Mtd. Inf.

REESE, Joseph M. - Brig. Surgeon - 3rd Brg. Mtd. TN

REESE, William - Pvt. - Ellis' Co. - 2nd TN Mtd. Inf.

REESE, William - Pvt. - Scrugg's Co. - 3rd TN Mtd. Mil.

REESNER, John - Pvt. - Caldwell's Co. - Lindsay's Rgt. TN Mtd.

REGGAN, Thomas J. - Pvt. - Hill's Co. - 1st TN Inf.

REID, Franklin - Pvt. - Campbell's Co. - 1st TN Inf.

REID, Joseph F. - Pvt. - Cunningham's Co. - Lindsay's Rgt. TN Mtd.

REID, William - Pvt. - Hudlow's Co. - 1st TN Inf.

REITESELL, William - Pvt. - Scrugg's Co. - 3rd TN Mtd. Mil.

RELERFORD, John - Q. M. Sgt. - F & S Co. & Tedford's Co. - 1st TN Inf.

RENEAU, William - Pvt. - Fain's Co. - 1st TN Mtd. Inf.

RENFRO, Mark - Pvt. - Peak's Co. - 2nd TN Mtd. Inf.

RENFROE, Erasmus - Pvt. - Cunningham's Co. - Lindsay's Rgt. TN Mtd.

RENFROE, Mark - Pvt. - Peak's Co. - 2nd TN Mtd. Inf.

RENFROE, Robert - Pvt. - Cunningham's Co. - Lindsay's Rgt. TN Mtd.

RENFROW, Erasmus - Pvt. - Cunningham's Co. - Lindsay's Rgt. TN Mtd.

RENFROW, John - Vernon's Co. - 1st TN Mtd. Inf.

RENFROW, Robert - Pvt. - Cunningham's Co. - Lindsay's Rgt. TN Mtd.

RENFROW, Thomas - Pvt. - Vernon's Co. - 1st TN Mtd. Inf.

RENTFROE, John - N/A - Byrd's & Peak's Co. - 2nd TN Mtd. Inf.

RENTFROE, Mark - Pvt. - Byrd's & Peak's Co. - 2nd TN Mtd. Inf.

RENTFROE, Robert - Pvt. - Cunningham's Co. - Lindsay's Rgt. TN Mtd.

RENTFROW, Erasmus - Pvt. - Cunningham's Co. - Lindsay's Rgt. TN Mtd.

RENTFROW, John - Pvt. - Vernon's Co. - 1st TN Mtd. Inf.

RENTFROW, Thomas - Pvt. - Vernon's Co. - 1st TN Mtd. Inf.

REYNOLDS, Henry - Pvt. - Laffery's Co. - Lindsay's Rgt. TN Mtd.

REYNOLDS, John - Pvt. - Cunningham's Co. - Lindsay's Rgt. TN Mtd.

REYNOLDS, Montraville - 2nd Sgt. - Cunningham's Co. - Lindsay's Rgt. TN Mtd.

REYNOLDS, Montraville - Pvt. - Bart's Co. - 1st TN Mtd. Mil.

REYNOLDS, William - Pvt. - Roger's Co. - 1st TN Mtd. Inf.

REYNOLDS, William N. - Corp. - Gillespie's Co. - 2nd TN Mtd. Inf.

RHEA, Abner - Pvt. - Vernon's Co. - Lindsay's Rgt. TN Mtd.

RHEA, Jalm - Pvt. - Tedford's Co. - 2nd TN Mtd. Mil.

RHEA, Pleasant - Pvt. - Waterhouse's Co. - Lauderdale's Btn. TN Mtd. Inf.

RHEA, Thomas - Pvt. - Cunningham's Co. - Lindsay's Rgt. TN Mtd.

RHEA, Thomas - Pvt. - Talbott's Co. - 2nd TN Mtd. Inf.

RHEA, William - Pvt. Scrugg's Co. - 3rd TN Mtd. Mil.

RHINEHEART, John - Pvt. - Scrugg's Co. - 3rd TN Mtd. Mil.

RHODES, John - Pvt. - 2nd Mtd. Rgt. TN

RICE, Alexander - 3rd Sgt. - Vernon's Co. - 1st TN Mtd. Inf.

RICE, David - Pvt. - Cannon's Co. - 1st TN Mtd. Inf.

RICE, Richard - Pvt. - Vernon's Co. - Lindsay's Rgt. TN Mtd.

RICE, Thomas - Pvt. - Talbott's Co. - 2nd TN Mtd. Inf.

RICE, William - Pvt. - Morrow's Co. - Lindsay's Rgt. TN Mtd.

RICH, Gabriel - Pvt. - Feazell's Co. - 1st TN Inf.

RICH, William - Pvt. - Hembree's Co. - Lindsay's Rgt. TN Mtd.

RICH, William - Pvt. - Hembree's Co. - 2nd TN Mtd. Inf.

RICHARDS, James - Pvt. - Standefer's Co. - 1st TN Mtd. Inf.

RICHARDS, King - Pvt. - Standefer's Co. - 1st TN Mtd. Inf.

RICHARDS, William - Pvt. - Wallace's Co. - 3rd Btn. TN Inf.

RICHARDSON, Hugh - Pvt. - Cherry's Co. - Lauderdale's Btn. TN Mtd. Inf.

RICHARDSON, Thomas - Pvt. - Waterhouse's Co. - Lauderdale's Btn. TN Mtd. Inf.

RICHEE, David - Corp. - Cooke's Co. - 3rd Btn. TN Inf.

RICHY, Sanford - Pvt. - Laffery's Co. - Lindsay's Rgt. TN Mtd.

RICK, William - Pvt. - Hembree's Co. - Lindsay's Rgt. TN Mtd.

RIDDLE, Joshua - Pvt. - Cannon's Co. - 1st TN Mtd. Inf.

RIDENOUR, Jeremiah - Pvt. - Maupin's Co. - 2nd TN Mtd. Mil.

RIDINGS, Thomas - Pvt. - West's Co. - 2nd TN Mtd. Mil.

****

RIDLEY, William - Pvt. - Pearson's Co. - Lindsay's Rgt. TN Mtd.

RIGGS, Ellis M. - Pvt. - Talbott's Co. - 2nd TN Mtd. Inf.

RIGGS, J. J. - Pvt. - Bart's Co. - 2nd TN Mtd. Mil.

RIGGS, Samuel - Pvt. - Bart's Co. - 1st TN Mtd. Mil.

RIGHT, Benjamin - Fifer - Hunter's & Miller's Co. - 1st TN Inf.

RILEY, Andrew - Pvt. - Neely's Co. - 3rd Btn. TN Inf.

RILEY, Jacob J. - Pvt. - Gregg's Co. - 3rd Btn. TN Inf.

RILEY, James B. - 2nd Lt. - McClellan's Co. - TN Mtd. Inf.

RINKEL, Calvin - Pvt. - Peak's Co. - TN Mtd. Inf.

RIPLEY, Jacob C. - Bugler - Hurst's Co. - 1st TN Mtd. Mil.

ROANE, George - Pvt. - Hunter's & Miller's Co. - 1st TN Inf.

ROARK, Isell - Pvt. - Ferris' & Cherry's Co. - Lauderdale's Btn. TN Mtd. Inf.

ROARK, John - Pvt. - Cherry's Co. - Lauderdale's Btn. TN Mtd. Inf.

ROARK, William P. - 4th Corp. - Neely's Co. - 3rd Btn. TN Inf.

ROBARDS, Moses - Pvt. - 2nd Mtd. Rgt. TN

ROBB/ROBBS, Edward - Pvt. - Wild's Co. - Lauderdale's Btn. TN Mtd. Inf.

ROBERDS, Minson - Pvt. - 2nd Mtd. Rgt. TN

ROBERSON, Henry - Pvt. - Wallace's Co. - 3rd Btn. TN Inf.

ROBERSON, Isaac - 1st Sgt. - Terry's Co. - 1st TN Mtd. Inf.

ROBERSON, James R. - Pvt. - Peak's Co. - 2nd TN Mtd. Inf.

ROBERSON, John F. - Pvt. - Ellis' Co. - 2nd TN Mtd. Inf.

ROBERSON, Joseph - Qtr. Master - F & S Co. - 3rd Btn. TN Inf.

ROBERSON, Ransom G. - Pvt. - Powell's Co. - Lindsay's Rgt. TN Mtd.

ROBERSON, Samuel M. - Ensign - Ellis' Co. - 2nd TN Mtd. Inf.

ROBERSON, William - Pvt. - Champion's Co. - 1st TN Mtd. Mil.

ROBERTS, Birdet F. - Pvt. - McMillin's Co. - 1st TN Mtd. Mil.

ROBERTS, Burdit F. - Pvt. - Powell's Co. - Lindsay's Rgt. TN Mtd.

ROBERTS, Calvin - Pvt. - Hembree's Co. - 2nd TN Mtd. Inf.

ROBERTS, Elias - Pvt. - Hembree's Co. - Lindsay's Rgt. TN Mtd.

ROBERTS, Frederica - Pvt. - West's Co. - 2nd TN Mtd. Inf.

ROBERTS, George - Pvt. - Cherry's Co. - Lauderdale's Btn. TN Mtd. Inf.

ROBERTS, George B. - Pvt. - Terry's Co. - 1st TN Mtd. Inf.

ROBERTS, George W. - Pvt. - Caldwell's Co. - 1st TN Mtd. Inf.

ROBERTS, Hansford - Pvt. - Cherry's Co. - Lauderdale's Btn. TN Mtd. Inf.

ROBERTS, Henry B. - Corp. - Tedford's Co. - 2nd TN Mtd. Mil.

ROBERTS, Isaac - Pvt. - Hembree's Co. - 2nd TN Mtd. Inf.

ROBERTS, Ivy I. - Pvt. - Caldwell's Co. - 1st TN Mtd. Inf.

ROBERTS, John G. - Corp. - Hill's Co. - 1st TN Inf.

ROBERTS, John H. - Pvt. - West's Co. - 2nd TN Mtd. Inf.

ROBERTS, John W. - Pvt. - Caldwell's Co. - Lindsay's Rgt. TN Mtd.

ROBERTS, Littlebury - Pvt. - Hembree's Co. - 2nd TN Mtd. Inf.

ROBERTS, Loranzy D. - Pvt. - McMillin's Co. - 1st TN Mtd. Mil.

ROBERTS, Philip - Pvt. - West's Co. - 2nd TN Mtd. Inf.

ROBERTS, S. H. - Pvt. - Hembree's Co. - Lindsay's Rgt. TN Mtd.

ROBERTS, Sidney - Pvt. - Cherry's Co. - Lauderdale's Btn. TN Mtd. Inf.

ROBERTS, Sidney - Corp. - Hembree's Co. - 2nd TN Mtd. Inf.

ROBERTS, Sidney R. - Pvt. - Hembree's Co. - Lindsay's Rgt. TN Mtd.

ROBERTS, William - Pvt. - Wild's Co. - Lauderdale's Btn. TN Mtd. Inf.

ROBERTS, William - Pvt. - Hembree's Co. - Lindsay's Rgt. TN Mtd.

ROBERTS, William - Corp. - Prigmore's Co. - 1st TN Mtd. Mil.

ROBERTS, William - Pvt. - Caldwell's Co. - 1st TN Mtd. Inf.

ROBERTS, William - Pvt. - Hembree's Co. - 2nd TN Mtd. Inf.

ROBERTS, William F. - Pvt. - Neely's Co. - 3rd Btn. TN Inf.

ROBERTS, William P. - Pvt. - Robinson's Co. - TN Mtd.

ROBERTS, William P. - Pvt. - Prigmore's Co. - 1st TN Mtd. Mil.

ROBERTS, Wilson P. - Pvt. - West's Co. - 2nd TN Mtd. Inf.

ROBERTSON, A. N. - Pvt. - Talbott's Co. - 2nd TN Mtd. Inf.

ROBERTSON, Abel H. - Pvt. - Hickey's Co. - 1st TN Inf.

ROBERTSON, Edward M. - Pvt. - Gillespie's Co. - 2nd TN Mtd. Inf.

ROBERTSON, Eliga - Pvt. - 2nd Mtd. Rgt. TN

ROBERTSON, Henry - Pvt. - Wallace's Co. - 3rd Btn. TN Inf.

ROBERTSON, James - Pvt. - Peak's Co. - Lindsay's Rgt. TN Mtd.

ROBERTSON, James H. - Pvt. - Peak's & Byrd's Co. - 2nd TN Mtd.

ROBERTSON, John F. - Musician - Peak's Co. - Lindsay's Rgt. TN Mtd.

ROBERTSON, John F. - Pvt. - Ellis' Co. - 2nd TN Mtd. Inf.

ROBERTSON, Joseph - 1st Lt. - Cunningham's Co. - Lindsay's Rgt. TN Mtd.

ROBERTSON, Joseph - Adjt. - F & S Co. - 1st TN Mtd. Inf.

ROBERTSON, L. M. - Pvt. - Hembree's Co. - Lindsay's Rgt. TN Mtd.

ROBERTSON, Lewis M. - Pvt. - Hembree's Co. - 2nd TN Mtd. Inf.

ROBERTSON, Madison J. - Tedford's Co. - 1st TN Inf.

ROBERTSON, Ransom - Pvt. - Powell's Co. - Lindsay's Rgt. TN Mtd.

ROBERTSON, Samuel M. - Pvt. - Peak's Co. - Lindsay's Rgt. TN Mtd.

ROBERTSON, Samuel M. - Ensign - Ellis' Co. - 2nd TN Mtd. Inf.

****

ROBERTSON, Umphrey - Pvt. - Elliott's Co. - Lauderdale's Btn. TN Mtd. Inf.

ROBESON, Lewis M. - Pvt. - Hembree's Co. - 2nd TN Mtd. Inf.

ROBINSON, Elijah - Corp. - West's Co. - 2nd TN Mtd. Inf.

ROBINSON, I. R. - Pvt. - Dossett's Co. - 3rd Btn. TN Inf.

ROBINSON, James [R.] - Pvt. - Peak's Co. - Lindsay's Rgt. TN Mtd.

ROBINSON, James F. - Pvt. - Dearing's Co. - Lauderdale's Btn. TN Mtd. Inf.

ROBINSON, John - Pvt. - West's Co. - 2nd TN Mtd. Inf.

ROBINSON, John F. - Musician - Peak's Co. - Lindsay's Rgt. TN Mtd.

ROBINSON, Joseph - 1st Lt. - Cunningham's Co. - Lindsay's Rgt. TN Mtd.

ROBINSON, Joseph - Capt. - Robinson's Co. - TN Mtd.

ROBINSON, Joseph - Adjt. - F & S Co. - 1st TN Mtd. Inf.

ROBINSON, Joseph - Pvt. - Campbell's Co. - 1st TN Mtd. Inf.

ROBINSON, Joseph - Qrt. Master - F & S Co. - 3rd Btn. TN Inf.

ROBINSON, L. M. - Pvt. - Hembree's Co. - Lindsay's Rgt. TN Mtd.

ROBINSON/ROBISON, Lewis M. - Pvt. - Hembree's Co. - 2nd TN Mtd. Inf.

ROBINSON, Madison J. - Pvt. - Tedford's Co. - 1st TN Inf.

ROBINSON, Matthew B. - Pvt. - West's Co. - 2nd TN Mtd. Inf.

ROBINSON, Noah - Corp. - West's Co. - 2nd TN Mtd. Inf.

ROBINSON, Ransom - Pvt. - Powell's Co. - Lindsay's Rgt. TN Mtd.

ROBINSON, Ransom G. - Pvt. - Powell's Co. - 1st TN Mtd. Inf.

ROBINSON, Richard - Pvt. - West's Co. - 2nd TN Mtd. Inf.

ROBINSON, Samuel M. - Pvt. - Peak's Co. - Lindsay's Rgt. TN Mtd.

ROBINSON, Samuel M. - Ensign - Ellis' Co. - 2nd TN Mtd. Inf.

ROBINSON, William C. - Pvt. - Hurst's Co. - 1st TN Mtd. Mil.

ROBISON, I. H. - Pvt. - Dossett's Co. - 3rd Btn. TN Inf.

ROBISON, John - Corp. - Hurst's Co. - 1st TN Mtd. Mil.

ROBISON, Joseph - Adjt. - F & S Co. - 1st TN Mtd. Inf.

ROCH, David - Lt. - Boyd's Co. - 2nd TN Mtd. Mil.

ROCKHOLD, Thomas - Pvt. - Vernon's Co. - Lindsay's Rgt. TN Mtd.

ROCKHOLD, Thomas T. - Pvt. - McClellan's Co. - 2nd TN Mtd. Inf.

ROCKHOLD, William - Pvt. - Vernon's Co. - Lindsay's Rgt. TN Mtd.

ROCKHOLT, Thomas T. - Pvt. - Vernon's Co. - Lindsay's Rgt. TN Mtd.

ROCKHOLT, William - Pvt. - Vernon's Co. - Lindsay's Rgt. TN Mtd.

RODDEY/RODDY, Harvey - Pvt. - Waterhouse's Co. - Lauderdale's Btn. TN Mtd. Inf.

RODDIE, Reuben - 2nd Lt. - Powell's Co. - Lindsay's Rgt. TN Mtd.

RODDIE, Ruben - 1st Sgt. - Powell's Co. - 1st TN Mtd. Inf.

RODDY, Harvy - Pvt. - Gillespie's Co. - 2nd TN Mtd. Inf.

RODDY, Reuben - 1st Sgt. - Powell's Co. - 1st TN Mtd. Inf.

RODDY, William - 2nd Lt. - Caldwell's Co. - 1st TN Mtd. Inf.

RODGERS, Bennett - Pvt. - Hudlow's Co. - 1st TN Inf.

RODGERS, Bethel - Pvt. - Hudlow's Co. - 1st TN Inf.

RODGERS, Cornelius - Sgt. - Boyd's Co. - 1st TN Inf.

RODGERS, David - Major - F & S Co. - 1st TN Inf.

RODGERS, Michael - Pvt. - Neely's Co. - 3rd Btn. TN Inf.

RODGERS, Stephen A. - Pvt. - Boyd's Co. - 1st TN Inf.

RODGERS, William - N/A - Gregg's Co. - 3rd Btn. TN Inf.

RODGERS, William S. - Pvt. - Terry's Co. - 1st TN Mtd. Inf.

RODGERS, William S. - Pvt. - Boyd's Co. - 1st TN Inf.

RODGERS, Wm. - Pvt. - Gregg's Co. - 1st TN Inf.

ROGERS, Anderson - Pvt. - Roger's Co. - 3rd TN Mtd. Mil.

ROGERS, Berry - Pvt. - Bart's Co. - 1st TN Mtd. Mil.

ROGERS, Caswell - Pvt. - West's Co. - 2nd TN Mtd. Inf.

ROGERS, Cornlius - Sgt. - Boyd's Co. - 1st TN Inf.

ROGERS, David F. - 1st Lt. - Roger's Co. - 3rd TN Mtd. Mil.

ROGERS, David S. - Sgt. - Roger's Co. - 1st TN Mtd. Mil.

ROGERS, David S. - Capt. - Roger's Co. - 1st TN Mtd. Inf.

ROGERS, Fountain - Pvt. - Anderson's Co. - 1st TN Mtd. Mil.

ROGERS, Isaac N. - 2nd Lt. - Roger's Co. - 3rd TN Mtd. Mil.

ROGERS, James - Ensign - Cannon's Co. - 1st TN Mtd. Inf.

ROGERS, James M. - Pvt. - McMillin's Co. - 1st TN Mtd. Mil.

ROGERS, James M. - Pvt. - Roger's Co. - 3rd TN Mtd. Mil.

ROGERS, James W. - Pvt. - Anderson's Co. - 1st TN Mtd. Mil.

ROGERS, Jefferson - Pvt. - Roger's Co. - 3rd TN Mtd. Mil.

ROGERS, Jesse - Ensign - Roger's Co. - 3rd TN Mtd. Mil.

ROGERS, John - Pvt. - Fain's Co. - 1st TN Mtd. Inf.

ROGERS, John - Capt. - Roger's Co. - 1st TN Mtd. Mil.

ROGERS, Jonathan C. - Pvt. - Wild's Co. - Lauderdale's Btn. TN Mtd. Inf.

ROGERS, Joseph M. - Pvt. - Anderson's Co. - 1st TN Mtd. Mil.

ROGERS, Larkin - Pvt. - Roger's Co. - 1st TN Mtd. Mil.

ROGERS, Lot - Pvt. - Cunningham's Co. - 2nd TN Mtd. Mil.

ROGERS, Michael - Pvt. - Neely's Co. - 3rd Btn. TN Inf.

ROGERS, Stephen - Pvt. - Anderson's Co. - 1st TN Mtd. Mil.

ROGERS, T. J. - Qtr. Master

****

ROGERS, Thomas - Pvt. - Cunningham's Co. - 2nd TN Mtd. Mil.

ROGERS, William - Pvt. - West's Co. - 2nd TN Mtd. Inf.

ROGERS, William - Pvt. - Netherland's Co. - 3rd TN Mtd. Mil.

ROGERS, Willis - Pvt. - Cunningham's Co. - 2nd TN Mtd. Mil.

ROGERS, Wm. S. - Pvt. - Boyd's Co. - 1st TN Inf.

ROGERS, John, Jr. - Pvt. - McMillin's Co. - 1st TN Mtd. Mil.

ROISON, Charles - Pvt. - Hurst's Co. - 1st TN Mtd. Mil.

ROLLINS, Benjamin C. - Pvt. - Cherry's Co. - Lauderdale's Btn. TN Mtd. Inf.

ROLLINS, George D. - Pvt. - Cunningham's Co. - Lindsay's Rgt. TN Mtd.

ROMINES, John - Pvt. - Ellis' Co. - 2nd TN Mtd. Inf.

ROMINES, Jonathan - Ensign - Dodson's Co. - Lindsay's Rgt. TN Mtd.

ROMINES, Jonathan - Pvt. - Ellis' Co. - 2nd TN Mtd. Inf.

ROMINES, P. D. - Sgt. - Dodson's Co. - Lindsay's Rgt. TN Mtd.

ROMINES, P. D. - Pvt. - Hurst's Co. - 1st TN Mtd. Mil.

ROMINES, Rolly - Pvt. - Ellis' Co. - 2nd TN Mtd. Inf.

ROMINES, Thomas - Pvt. - Powell's Co. - Lindsay's Rgt. TN Mtd.

ROMINES, Thomas - Pvt. - Ellis' Co. - 2nd TN Mtd. Inf.

ROMINES, Wright - Pvt. - Dodson's Co. - Lindsay's Rgt. TN Mtd.

RONE, George - Pvt. - Hunter's & Miller's Co. - 1st TN Inf.

ROOKARD, James B. - Pvt. - Simpson's Co. - 1st TN Inf.

ROPER, George W. - Pvt. - Vernon's Co. - Lindsay's Rgt. TN Mtd.

ROSE, Claiborn D. - Pvt. - Cherry's Co. - Lauderdale's Btn. TN Mtd.

ROSE, Elijah - Pvt. - Peak's & Byrd's Co. - 2nd TN Mtd. Inf.

ROSE, George W. - Pvt. - Cherry's Co. - Lauderdale's Btn. TN Mtd.

ROSE, Green G. L. W. - Pvt. - Scrugg's Co. - 3rd TN Mtd. Mil.

ROSE, Henry - Pvt. - Hurst's Co. - 1st TN Mtd. Mil.

ROSE, Henry - Pvt. - Dearing's Co. - Lauderdale's Btn. TN Mtd. Inf.

ROSE, James - Pvt. - Boyd's Co. - 1st TN Inf.

ROSE, Joseph - Corp. - Scurgg's Co. - 3rd TN Mtd. Mil.

ROSE, Mitchel - Pvt. - Peak's & Byrd's Co. - 2nd TN Mtd. Inf.

ROSE, Nathan - Pvt. - Cunningham's Co. - 2nd TN Mtd. Mil.

ROSE, Rutherford - Pvt. - Hurst's Co. - 1st TN Mtd. Mil.

ROSE, Thos. G. - Pvt. - Cherry's Co. - Lauderdale's Btn. TN Mtd. Inf.

ROSE, William - N/A - Peak's & Byrd's Co. - 2nd TN Mtd. Inf.

ROSE, Winston C. - Pvt. - Powell's Co. - Lindsay's Rgt. TN Mtd.

ROSE, Winston C. - Pvt. - Morrow's Co. - 1st TN Mtd. Inf.

ROSS, Alexander - 1st Corp. - Hembree's Co. - 2nd TN

Mtd. Inf.

ROSS, Felix G. - Pvt. - Yoakum's & McLin's Co. - 1st TN Inf.

ROSS, James F. - Pvt. - Neely's Co. - 1st TN Inf.

ROSS, James F. - N/A - Neely's Co. - 3rd Btn. TN Inf.

ROSS, Jesse - Pvt. - Parham's Co. - 1st TN Mtd. Inf.

ROSS, John - Pvt. - Dossett's Co. - 3rd Btn. TN Inf.

ROSS, Nathaniel - Pvt. - Morrow's Co. - Lindsay's Rgt. TN Mtd.

ROSS, Nathaniel - Pvt. - Campbell's Co. - 1st TN Mtd. Inf.

ROW, Lewis - Pvt. - Peak's Co. - Lindsay's Rgt. TN Mtd.

ROW, Solomon - Pvt. - Peak's Co. - Lindsay's Rgt. TN Mtd.

ROWAN, James - Pvt. - Hickey's Co. - 1st TN Inf.

ROWAN, James H. - Pvt. - Cunningham's Co. - 2nd TN Mtd. Mil.

ROWARK, Isal - Pvt. - Cherry's & Ferris' Co. - Lauderdale's Btn. TN Mtd. Inf.

ROWE, Lewis - Pvt. - Peak's Co. - Lindsay's Rgt. TN Mtd.

ROWE, Solomon - Pvt. - Peak's Co. - Lindsay's Rgt. TN Mtd.

ROYALTY, John Q. - Pvt. - Netherland's Co. - 3rd TN Mtd. Mil.

ROYSTON, John - Pvt. - Powell's Co. - Lindsay's Rgt. TN Mtd.

RUBLE, Ira - Pvt. - Powell's Co. - Lindsay's Rgt. TN Mtd.

RUBLE, Ira - Pvt. - Powell's Co. - 1st TN Mtd. Inf.

RUCE, John W. - Pvt. - Hudlow's Co. - 1st TN Inf.

RUCKEN, Robert B. - Pvt. - Yoakum's & McLin's Co. - 1st TN Mtd.

RUCKER, Edmond P. - Pvt. - Yoakum's & McLin's Co. - 1st TN Inf.

RUCKER, Robert B. - Pvt. - Yoakum's & McLin's Co. - 1st TN Inf.

RUCKIN, Edmond P. - Pvt. - Yoakum's & McLin's Co. - 1st TN

RUDD, Anderson - Pvt. - Tedford's Co. - 1st TN Inf.

RUDD, Anderson - Pvt. - Tedford's Co. - 2nd TN Mtd. Mil.

RUDD, George - Pvt. - Tedford's Co. - 2nd TN Mtd. Mil.

RUDD, George - Pvt. - Tedford's Co. - 1st TN Inf.

RUDD, William - Pvt. - Campbell's Co. - 1st TN Mtd. Inf.

RUFF, Andrew C. - Pvt. - Scrugg's Co. - 3rd TN Mtd. Mil.

RUFF, David - Pvt. - Scrugg's Co. - 3rd TN Mtd. Mil.

RUFF, Peter - Pvt. - Vernon's Co. - 1st TN Mtd. Inf.

RUFF, Uriel B. - Pvt. - Boyd's Co. - 1st TN Inf.

RUNIONS, Joseph - Drummer - Tedford's Co. - 1st TN Inf.

RUNNELS, Barney M. P. - Pvt. - Ferris' Co. - Lauderdale's Btn. TN Mtd. Inf.

RUNNELS, Dosica T. - Pvt. - Ferris' Co. - Lauderdale's Btn. TN Mtd. Inf.

RUNNELS, Henry - Pvt. - Laffery's Co. - Lindsay's Rgt. TN Mtd.

RUNNELS, Henry - Pvt. - Roger's Co. - 3rd TN Mtd. Mil.

RUNNELS, John - Pvt. - Ferris' Co. - Lauderdale's Btn. TN Mtd. Inf.

****

RUNNOLDS, Henry - Pvt. - Anderson's Co. - 1st TN Mtd. Mil.

RUNYAN, Barefoot W. - Pvt. - West's Co. - 2nd TN Mtd. Inf.

RUNYAN, Simson - Pvt. - Vernon's Co. - Lindsay's Rgt. TN Mtd.

RUSH, Lorenzo - Pvt. - Vernon's Co. - 1st TN Mtd. Inf.

RUSHING, Abel B. - Pvt. - Peak's & Byrd's Co. - Lindsay's - 2nd TN Mtd. Inf.

RUSLE, Benjamin H. - Pvt. - Cunningham's Co. - 2nd TN Mtd. Mil.

RUSS, James - Pvt. - Yoakum's & McLin's Co. - 1st TN Inf.

RUSSEL, Benjamin - Pvt. - Powell's Co. - Lindsay's Rgt. TN Mtd.

RUSSEL, Charles - Corp. - Dossett's Co. - 3rd Btn. TN Inf.

RUSSELL, Barclay M. - Lt. - Tedford's Co. - 2nd TN Mtd. Mil.

RUSSELL, Daniel - Pvt. - Scrugg's Co. - 3rd TN Mtd. Mil.

RUSSELL, Daniel - Pvt. - Feazell's Co. - 1st TN Inf.

RUSSELL, John - Pvt. - Dodson's Co. - Lindsay's Rgt. TN Mtd.

RUSSELL, Lewis - Pvt. - Hudlow's Co. - 1st TN Inf.

RUSSELL, Major - Pvt. - Dodson's Co. - Lindsay's Rgt. TN Mtd.

RUSSELL, Tilman G. - Pvt. - Wallace's Co. - 3rd Btn. TN Inf.

RUSSELL, William - Pvt. - Wild's Co. - Lauderdale's Btn. TN Mtd. Inf.

RUTH, William - Pvt. - Wear's Co. - 2nd TN Mtd. Inf.

RUTHERFORD, Archibald - Pvt. - Scrugg's Co. - 3rd TN Mtd. Mil.

RUTHERFORD, Harvey - Pvt. - Parham's Co. - 1st TN Mtd. Inf.

RUTHERFORD, J. H. - Pvt. - Bart's Co. - 1st TN Mtd. Mil.

RUTHERFORD, John - Q. M. Sgt. -F & S & Tedford's Co. - 1st TN Inf.

RUTHERFORD, Larkin - Pvt. - Cunningham's Co. - Lindsay's Rgt. TN Mtd.

RUTHERFORD, William - Pvt. - Pearson's Co. - Lindsay's Rgt. TN Mtd.

RUTHERFORD, William - Pvt. - Prigmore's Co. - 1st TN Mtd. Mil.

RUTLEDGE, Edward C. - Pvt. - McClellan's Co. - 2nd TN Mtd. Inf.

RUTLEDGE, Richard - Pvt. - Dearing's co. - Lauderdale's Btn. TN Mtd. Inf.

RUTLEDGE, Wilson - Pvt. - Wear's Co. - 2nd TN Mtd. Inf.

RUTLEDGE, Edward G. - Pvt. - McClellan's Co. - 2nd TN Mtd. Inf.

RYAN, C. C. - Pvt. - Howell's Co. - 1st TN Inf.

RYAN, Harris - Pvt. - Gillespie's Co. - 2nd TN Mtd. Inf.

RYAN/RYON, Joel - Pvt. - Howell's Co. - 1st TN Inf.

RYAN, Washington - Corp. - Netherland's Co. - 3rd TN Mtd. Mil.

RYON, C. C. - Pvt. - Howell's Co. - 1st TN Inf.

RYON, Harris - Pvt. - Gillespie's Co. - 2nd TN Mtd. Inf.

S

SAGE, John - Pvt. - West's Co. - 2nd TN Mtd. Inf.

SAGE, Morgan - Pvt. - West's Co. - 2nd TN Mtd. Inf.

SAILS, Hampton - Pvt. - Boyd's Co. - 1st TN Inf.

SALES, Hampton - Pvt. - Terry's Co. - 1st TN Mtd. Inf.

SAMPLES, George - Corp. - Boyd's Co. - 2nd TN Mtd. Mil.

SAMPLES, Jesse - Pvt. - Boyd's Co. - 2nd TN Mtd. Mil.

SAMPSEL, Peter - Pvt. - William's & Roger's Co. - 1st TN Mtd. Inf.

SAMSEL, Peter - Pvt. - William's & Roger's Co. - 1st TN Mtd. Inf.

SANDER, Henerich - Pvt. - Miller's Co. - 1st TN Inf.

SANDERS, Jesse - Pvt. - McLin's Co. - 1st TN Inf.

SANDERS, John - Pvt. - Powell's Co. - Lindsay's Rgt. TN Mtd.

SANDERS, John - Pvt. - McClellan's C. - 2nd TN Mtd. Inf.

SANDERS, John W. - Pvt. - Neely's Co. - 3rd Btn. TN Inf.

SANDERS/SAUNDERS, Joseph - Bugler - Roger's Co. - 1st TN Mtd. Inf.

SANDERS, Philip - Pvt. - McLin's Co. - 1st TN Inf.

SANDERS, Thomas - Pvt. - Cherry's Co. - Lauderdale's Btn. TN Mtd. Inf.

SANDERS, W. C. - Capt. - Staff Armstrong's Brg. TN Mtd. Mil.

SANDERS, Wilson C. - Qtr. Master - F & S Co. - Lauderdale's Btn. TN Mtd. Inf.

SANDRICH, Hudson - Pvt. - Simpson's Co. - 1st TN Inf.

SANDRIDGE, Pendleton - Pvt. - Ferris' Co. - Lauderdale's Btn. TN Mtd. Inf.

SANDS, Anderson - Pvt. - Morrow's Co. - 1st TN Mtd. Inf.

SANFORD, John S. - 4th Corp. - McLin's Co. - 1st TN Inf.

SANS, Anderson - Pvt. - Morrow's Co. - 1st TN Mtd. Inf.

SARTAIN, George W. - 1st Sgt. - Cherry's Co. - Lauderdale's Btn. TN Mtd. Inf.

SARTAIN, James B. - Pvt. - Cherry's Co. - Lauderdale's Btn. TN Mtd. Inf.

SARTAIN, Lovel D. - Pvt. - Cherry's Co. - Lauderdale's Btn. TN Mtd. Inf.

SARTIN, Christopher - Pvt. - Feazell's Co. - 1st Tn Inf.

SATTERFIELD, James - Pvt. - Simpson's Co. - 1st TN Inf.

SATTIFIELD, Hesikiah - Pvt. - Tedford's Co. - 2nd TN Mtd. Mil.

SAUNDERS, Jesse - Pvt. - McLin's Co. - 1st TN Inf.

SAUNDERS, John H. - Pvt. - Howell's Co. - 1st TN Inf.

SAUNDERS, Philip - Pvt. - McLin's Co. - 1st TN Inf.

SAWERS, Henry T. M. - Pvt. - Hill's Co. - 1st TN Inf.

SAWYERS, Henry T. M. - Pvt. - Hill's Co. - 1st TN Inf.

SAWYERS, John C. - Pvt. - McClellan's Co. - 3rd TN Mtd. Inf.

SCAGGS, Gideon - 2nd Corp. - Morrow's Co. - 1st TN Mtd. Inf.

SCAGGS, Jerom W. - Pvt. - Morrow's Co. - 1st TN Mtd. Inf.

SCARBERRY, James - Pvt. - Hembree's Co. - 2nd TN Mtd. Inf.

SCARBOROUGH, James - Fifer - Parham's Co. - 1st TN Mtd. Inf.

SCARBOROUGH, James - Pvt. - Hembree's Co. - 2nd TN Mtd. Inf.

SCARBOROUGH, John - 2nd Sgt. - Parham's Co. - 1st TN Mtd. Inf.

SCARBROUGH, James - Pvt. - Hembree's Co. - 2nd TN Mtd. Inf.

SCARBURY, James - Pvt. - Hembree's Co. - 2nd TN Mtd. Inf.

SCARLET, Hasket - Pvt. - Tedford's Co. - 1st TN Inf.

SCARLET, Stephen - Pvt. - Tedford's Co. - 1st TN Inf.

SCHLEETER, H. L. - Pvt. - Howell's Co. - 1st TN Inf.

SCHTEETER, H. L. - Pvt. - Howell's Co. - 1st TN Inf.

SCOTT, Elisha - Pvt. - Laffery's Co. - Lindsay's Rgt. TN Mtd.

SCOTT, John G. - Pvt. - Feazell's Co. - 1st TN Inf.

SCOTT, John G. - Pvt. - McClellan's Co. - 2nd TN Mtd. Inf.

SCOTT, Joseph - Pvt. - Morrow's Co. - 1st TN Mtd. Inf.

SCOTT, Noah - Pvt. - Cannon's Co. - 1st TN Mtd. Inf.

SCOTT, Terry - Aid de Camp - 3rd Brg. Mtd. TN

SCOTT, Thomas - 1st Lt. - Parham's Co. - 1st TN Mtd. Inf.

SCRAGGINS, Burges - Pvt. - Morrow's Co. - Lindsay's Rgt. TN Mtd.

SCROGGINS, Burgess - Pvt. - Morrow's Co. - Lindsay's Rgt. TN Mtd.

SCRUGGS, Frederic - Capt. - Scrugg's Co. - 3rd TN Mtd. Mil.

SCRUGGS, Richard M. - Pvt. - Scrugg's Co. - 3rd TN Mtd. Mil.

SEA, Thomas - Pvt. - Vernon's Co. - 1st TN Mtd. Inf.

SEABURN, Isaac R. - Pvt. - Hill's Co. - 1st TN Inf.

SEABURN, Payne - Pvt. - Hills' Co. - 1st TN Inf.

SEALS, James - Pvt. - Roger's Co. - 1st TN Mtd. Inf.

SEALS, John - Pvt. - Terry's Co. - 1st TN Mtd. Inf.

SEALS, John W. - Pvt. - Howell's Co. - 1st TN Inf.

SEALS, Wilson - Pvt. - Roger's Co. - 1st TN Mtd. Inf.

SELBY, Greenbury - Ensign - Parham's Co. - 1st TN Mtd. Inf.

SELF, Elihu H. - Pvt. - Feazell's Co. - 1st TN Inf.

SELLARS, Nathan - Pvt. - Meek's Co. - 3rd TN Mtd. Mil.

SELVAGE, Jeremiah - Pvt. - Peak's & Byrd's Co. - 2nd TN Mtd. Inf.

SELVAGE, William - Corp. - Wear's Co. - 2nd TN Mtd. Inf.

SELVEDGE/SELVIDGE, James - Pvt. - Hickey's Co. - 1st TN Inf.

SELVIDGE, Jeremiah - Pvt. - Peak's & Byrd's Co. - 2nd TN Mtd. Inf.

SENTER, P. M. - Sgt. Maj. - William's Co. - 1st TN Mtd. Inf.

SEYMORE/SEYMOUR, Isaac H. - Pvt. - Waterhouse's Co. - Lauderdale's Btn. TN Mtd. Inf.

SHANKS, Charles - 1st Lt. - Hudlow's Co. - 1st TN Inf.

SHANKS, George - Pvt. - Roger's Co. - 1st TN Mtd. Inf.

SHANKS, John - 3rd Sgt. - Roger's Co. - 1st TN Mtd. Inf.

SHARP, Daniel - Pvt. - Cherry's Co. - Lauderdale's Btn. TN Mtd. Inf.

SHARP, Elisha - 2nd Lt. - Vernon's Co. - 1st TN Mtd.

Inf.

SHARP, John - Pvt. - Boyd's Co. - 1st TN Inf.

SHARP, John - Pvt. - Peak's & Byrd's Co. - 2nd TN Mtd. Inf.

SHARP, John - Pvt. - Scrugg's Co. - 3rd TN Mtd. Mil.

SHARP, John P. - Corp. Meek's Co. - 3rd TN Mtd. Mil.

SHARP, Leonard L. B. - Pvt. - Morrow's Co. - Lindsay's Rgt. TN Mtd.

SHARP, Nicholas - Pvt. - Roger's Co. - 3rd TN Mtd. Mil.

SHARP, Obediah - Pvt. - Maupin's Co. - 2nd TN Mtd. Mil.

SHARP, Richard - Pvt. Waterhouse's Co. - Lauderdale's Btn. TN Mtd. Inf.

SHARP, Richard A. - Pvt. - Maupin's Co. - 2nd TN Mtd. Mil.

SHARP, William - Pvt. - Maupin's Co. - 2nd TN Mtd. Mil.

SHARP, William D. - Corp. - Maupin's Co. - 2nd TN Mtd. Mil.

SHAVER, M. - Pvt. - Prigmore's Co. - 1st TN Mtd. Mil.

SHAW, H. M. - Pvt. - Neely's Co. - 1st TN Inf.

SHAW, H. M. - Pvt. - Neely's Co. - 3rd Btn. TN Inf.

SHAW, Richard L. - Pvt. - Miller's Co. - 1st TN Inf.

SHAW, Robert - Corp. - Howell's Co. - 1st TN Inf.

SHAW, Thomas J. - Pvt. - Neely's Co. - 3rd Btn. TN Inf.

SHAW, W. B. - Qtr. Master

SHEALDS, George - Pvt. - Caldwell's Co. - Lindsay's Rgt. TN Mtd.

SHEHANE, John - Pvt. - Miller's Co. - 1st TN Inf.

SHEHANE, Michael - Pvt. - Miller's Co. - 1st TN Inf.

SHELL, Albert - Pvt. - Meek's Co. - 3rd TN Mtd. Mil.

SHELL, James - Pvt. - Cunningham's Co. - Lindsay's Rgt. TN Mtd.

SHELL, James - Pvt. - Powell's Co. - 1st TN Mtd. Inf.

SHELL, James - Pvt. - Prigmore's Co. - 1st TN Mtd. Mil.

SHELLER, Elijah - Pvt. - Roger's Co. - 3rd TN Mtd. Mil.

SHELLEY, Charles F. - Bugler - McClellan's Co. -2nd TN Mtd. Inf.

SHELTON, Azeriah - Pvt. - Gillespie's Co. - 2nd TN Mtd. Inf.

SHELTON, John D. - Corp. - Pearson's Co. - Lindsay's Rgt. TN Mtd.

SHELTON, William - Pvt. - Elliott's Co. - Lauderdale's Btn. TN Mtd. Inf.

SHERLEY, John C. - Pvt. - Anderson's Co. - 1st TN Mtd. Mil

SHERRIL, Littlepaid [?] - Pvt. - Pearson's Co. - Lindsay's Rgt. TN MTd.

SHERRILL, Simms - Pvt. - Boyd's Co. - 2nd TN Mtd. Mil.

SHERRILL, Sims - Pvt. - Powell's Co. - Lindsay's Rgt. TN Mtd.

SHETTAN, William - Pvt. - Prigmore's Co. - 1st TN Mtd. Mil.

SHEWMAKER, William - Pvt. - Prigmore's Co. - 1st TN Mtd. Mil.

SHIELDS, Daniel - Pvt. - Cannon's Co. - 1st TN Mtd. Inf.

SHIELDS, George - Pvt. - Caldwell's Co. - Lindsay's TN Mtd.

SHIELDS, Richard B. - 1st Lt. - West's Co. - 2nd TN Mtd. Inf.

SHILENT, Thomas A. - Pvt. - Hill's Co. - 1st TN Inf.

SHIPLEY, Benjamin - Pvt. - Gregg's Co. - 3rd Btn. TN Inf.

SHIPLEY, Edward - Pvt. - Powell's Co. - 1st TN Mtd. Inf.

SHIPLEY, James H. - Pvt. - Prigmore's Co. - 1st TN Mtd. Mil.

SHIPLEY, Reuben - Pvt. - Gregg's Co. - 3rd Btn. TN Inf.

SHIPLEY, Samuel - Pvt. - Gregg's Co. - 3rd Btn. TN Inf.

SHIPLEY, Shelby T. - N/A - William's Co. - 1st TN Mtd. Inf.

SHIPLEY, William C. - Bugler - Morrow's Co. - Lindsay's Rgt. TN Mtd.

SHIPLEY, William C. - Pvt. - William's Co. - 1st TN Mtd. Inf.

SHIPLY, Edward - Pvt. - Powell's Co. - 1st TN Mtd. Inf.

SHIPLY, S. T. - N/A - William's Co. - 1st TN Mtd. Inf.

SHIPLY, William C. - Pvt. - Morrow's & William's Co. - 1st TN Mtd. Inf.

SHIRLEY, John C. - Pvt. - Cannon's Co. - 1st TN Mtd. Inf.

SHOCKLEY, Samuel - N/A - William's Co. - 1st TN Mtd. Inf.

SHOCKLY, Samuel - N/A - William's Co. - 1st TN Mtd. Inf.

SHOEMAKER, William - Pvt. - Cunningham's Co. - Lindsay's Rgt. TN Mtd.

SHOOK, William - Pvt. - Hickey's Co. - 1st TN Inf.

SHOOK, William - Pvt. - Hurst's Co. - 1st TN Mtd. Mil.

SHORT, William H. - Pvt. - Simpson's Co. - TN Inf.

SHOUSE, Wiley - Pvt. - Netherland's Co. - 3rd TN Mtd. Mil.

SHROPSHIRE, James - Pvt. - Simpson's Co. - TN Inf.

SHUART, John - Pvt. - Dodson's Co. - Lindsay's Rgt. TN Mtd.

SHULTZ, Philip - Sgt. - West's Co. - 3rd TN Mtd. Inf.

SHULTZ, Pleasant W. - Pvt. - West's Co. - 2nd TN Mtd. Inf.

SILLS, Samuel - Pvt. - Neely's Co. - 3rd Btn. TN Inf.

SILTON, Samuel - Pvt. - Boyd's Co. - 1st TN Inf.

SILVEY, Alexander - Pvt. - Waterhouse's Co. - Lauderdale's Btn. TN Inf.

SILVEY, Joseph - Pvt. - Waterhouse's Co. - Lauderdale's Btn. TN Inf.

SILVY, William - Pvt. - Boyd's Co. - 1st TN Inf.

SIMMONS, William - Pvt. - Laffery's Co. - Lindsay's Rgt. TN Mtd.

SIMPSON, James K. - Capt. - Simpson's Co. - 1st TN Inf.

SIMS, Asa - Pvt. - Terry's Co. - 1st TN Mtd. Inf.

SIMS, Elijah - Pvt. - Pearson's Co. - Lindsay's Rgt. TN Mtd.

SIMS, Elisha H. - Pvt. - Cherry's & Ferris' Co. - Lauderdale's Btn. TN Mtd. Inf.

SIMS, Thadeas - Pvt. - Terry's Co. - 1st TN Mtd. Inf.

SIMS, Thomas - Pvt. - Elliott's Co. - Lauderdale's Btn. TN Mtd. Inf.

SIMS, William - Pvt. - Cherry's Co. - Lauderdale's Btn. TN Mtd. Inf.

****

SINGLETON, David - Pvt. - Boyd's Co. - 1st TN Inf.

SINGLETON, Henry - Pvt. - Vernon's Co. - 1st TN Mtd. Inf.

SINGLETON, John - Pvt. - Howell's Co. - 1st TN Inf.

SINGLETON, John - Pvt. - Boyd's Co. - 1st TN Inf.

SINGLETON, Mountain - Pvt. - Tedford's Co. - 1st TN Inf.

SINGLETON, William - Pvt. - Cunningham's Co. - 2nd TN Mtd. Mil.

SKAGGS, Gerom - Pvt. - Morrow's Co. - 1st TN Mtd. Inf.

SKAGGS, Gideon - 2nd Corp. - Morrow's Co. - 1st TN Mtd. Inf.

SKEANE, James - Pvt. - Talbott's Co. - 2nd TN Mtd. Inf.

SKELTON, Thomas - Pvt. - Bart's Co. - 1st TN Mtd. Mil.

SKILES, David - Pvt. - Elliott's Co. - Lauderdale's Btn. TN Mtd. Inf.

SKILES, David - Pvt. - Terry's Co. - 1st TN Mtd. Inf.

SKILES, Ephraim - Pvt. - Terry's Co. - 1st TN Mtd. Inf.

SKIPPITH, William - Pvt. - Howell's Co. - 1st TN Inf.

SLATTEN, John - Pvt. - Roger's Co. - 1st TN Mtd. Inf.

SLAUGHTER, Jacob W. - Pvt. - Cunningham's Co. - 2nd TN Mtd. Mil.

SLONE, George W. - Pvt. - Tedford's Co. - 2nd TN Mtd. Mil.

SLONE, Samuel - Pvt. - Tedford's Co. - 2nd TN Mtd. Mil.

SLOVER, Abraham - Pvt. - McMillin's Co. - 1st TN Mtd. Mil.

SLYGAR, Adam - Pvt. - Prigmore's Co. - 1st TN Mtd. Mil.

SLYGAR, Henry - Pvt. - Prigmore's Co. - 1st TN Mtd. Mil.

SMALL, William H. - Pvt. - Prigmore's Co. - 1st TN Mtd. Mil.

SMALLIN, Montgomery - Pvt. - Caldwell's Co. - Lindsay's Rgt. TN Mtd.

SMALLING, Solomon - Pvt. - Gregg's Co. - 3rd Btn. TN Inf.

SMALLWOOD, James - Pvt. - West's Co. - 2nd TN Mtd. Inf.

SMALLWOOD, William - Pvt. - West's Co. - 2nd TN Mtd. Inf.

SMALLY, Joshua - Pvt. - Laffery's Co. - Lindsay's Rgt. TN Mtd.

SMART, John B. - Drummer - Vernon's Co. - Lindsay's Rgt. TN Mtd.

SMIDDY, Calvin - Pvt. - Dossett's Co. - 3rd Btn. TN Inf.

SMIDDY, Jesse - Pvt. - Dossett's Co. - 3rd Btn. TN Inf.

SMILEY, Willis H. - Pvt. - Miller's Co. - 1st TN Inf.

SMITH, Abraham - Pvt. - Ellis' Co. - 2nd TN Mtd. Inf.

SMITH, Alexander - Pvt. - Hudlow's Co. - 1st TN Inf.

SMITH, Alexander H. - Pvt. - McClellan's Co. - 2nd TN Mtd. Inf.

SMITH, Allen - Pvt. - Roger's Co. - 1st TN Mtd. Inf.

SMITH, Anderson - Pvt. - Boyd's Co. - 2nd TN Mtd. Mil.

SMITH, Andrew J. - Pvt. - Ferris' Co. - Lauderdale's Btn. TN Mtd. Inf.

SMITH, Archelius - Pvt. - Wild's Co. - Lauderdale's Btn. TN Mtd. Inf.

SMITH, Benj. B. - Pvt. - Gregg's Co. - 1st TN Inf.

SMITH, Benjamin - Pvt. - McClellan's Co. - 2nd TN Mtd. Inf.

SMITH, Benjamin B. - N/A - Gregg's Co. - 3rd Btn. TN Inf.

SMITH, Bryan L. - N/A - Gregg's Co. - 3rd Btn. TN Inf.

SMITH, Burdine - Pvt. - Ellis' Co. - 2nd TN Mtd. Inf.

SMITH, Caleb W. - Corp. - Scrugg's Co. - 3rd TN Mtd. Mil.

SMITH, Calvin - Pvt. - Wild's Co. - Lauderdale's Btn. TN Mtd. Inf.

SMITH, Charles - Corp. - Waterhouse's Co. - Lauderdale's Btn. TN Mtd. Inf.

SMITH, Charles - 3rd Sgt. - Gillespie's Co. - 2nd TN Mtd. Inf.

SMITH, Daniel - Pvt. - Anderson's Co. - 1st TN Mtd. Mil.

SMITH, David - Pvt. - Dearing's Co. - Lauderdale's Btn. TN Mtd. Inf.

SMITH, David - Pvt. - Powell's Co. - 1st TN Mtd. Inf.

SMITH, David - Pvt. - Cannon's Co. - 1st TN Mtd. Inf.

SMITH, David - Pvt. - Tedford's Co. - 1st TN Inf.

SMITH, David G. - Pvt. - Scrugg's Co. - 3rd TN Mtd. Mil.

SMITH, David H. - Sgt. - Simpson's Co. - TN Inf.

SMITH, Edwin - Pvt. - Wild's Co. - Lauderdale's Btn. TN Mtd. Inf.

SMITH, Elias - Pvt. - Cherry's Co. - Lauderdale's Btn. TN Mtd. Inf.

SMITH, Elijah - Pvt. - Dearing's Co. - Lauderdale's Btn. TN Mtd. Inf.

SMITH, Elijah - Pvt. - Cannon's Co. - 1st TN Mtd. Inf.

SMITH, George L. - Pvt. - McClellan's Co. - 2nd TN Mtd. Inf.

SMITH, George L. - Pvt. - Powell's Co. - Lindsay's Rgt. TN Mtd.

SMITH, George R. - Pvt. - McClellan's Co. - 2nd TN Mtd. Inf.

SMITH, George W. - Pvt. - Hickey's Co. - 1st TN Inf.

SMITH, Gideon W. - Pvt. - Campbell's Co. - 1st TN Mtd. Inf.

SMITH, Gilbert - Fifer - Ellis' Co. - 2nd TN Mtd. Inf.

SMITH, Green - Pvt. - Wild's Co. - Lauderdale's Btn. TN Mtd. Inf.

SMITH, Hardy - Pvt. - Robinson's Co. - TN Mtd.

SMITH, Henry - Pvt. - McClellan's Co. - 2nd TN Mtd. Inf.

SMITH, Henry - Pvt. - Vernon's Co. - Lindsay's Rgt. TN Mtd.

SMITH, Henry F. - Pvt. - Elliott's Co. - Lauderdale's Btn. TN Mtd. Inf.

SMITH, Hiram K. - Pvt. - Cherry's Co. - Lauderdale's Btn. TN Mtd. Inf.

SMITH, Huling W. - Pvt. - Gillespie's Co. - 2nd TN Mtd. Inf.

SMITH, Isaac - Pvt. - Vernon's Co. - Lindsay's Rgt. TN Mtd.

SMITH, Israel - Musician - Cunningham's Co. - Lindsay's Rgt. TN Mtd.

SMITH, Israel - Musician - Bart's Co. - 1st TN Mtd. Mil.

SMITH, James - Pvt. - Simpson's Co. - TN Inf.

SMITH, James - Pvt. - Wild's Co. - Lauderdale's Btn. TN Mtd. Inf.

SMITH, James - Pvt. - Gillespie's Co. - 2nd TN Mtd. Inf.

****

SMITH, James - Pvt. - Maupin's Co. - 2nd TN Mtd. Inf.

SMITH, James F. - Pvt. - Hudlow's Co. - 1st TN Inf.

SMITH, James M. - Pvt. - Cherry's Co. - Lauderdale's Btn. TN Mtd. Inf.

SMITH, Jefferson - Pvt. - Cherry's Co. - Lauderdale's Btn. TN Mtd. Inf.

SMITH, Jesse M. - Pvt. - Wild's Co. - Lauderdale's Btn. TN Mtd. Inf.

SMITH, John - Pvt. - Boyd's Co. - 2nd TN Mtd. Mil.

SMITH, John - Pvt. - Vernon's Co. - Lindsay's Rgt. TN Mtd.

SMITH, John - Pvt. - Wild's Co. - Lauderdale's Btn. TN Mtd. Inf.

SMITH, John - Corp. - Robinson's Co. - TN Mtd.

SMITH, John - Pvt. - Dearing's Co. - Lauderdale's Btn. TN Mtd. Inf.

SMITH, John - Pvt. - Tedford's Co. - 2nd TN Mtd. Mil.

SMITH, John - Pvt. - Terry's Co. - 1st TN Mtd. Inf.

SMITH, John J. - Pvt. - Standefer's Co. - 1st TN Mtd. Inf.

SMITH, John J. - Pvt. - McClellan's Co. - 2nd TN Mtd. Inf.

SMITH, John P. - Sgt. - McLin's Co. - 1st TN Inf.

SMITH, John P. - Pvt. - Neely's Co. - 3rd Btn. TN Inf.

SMITH, John T. - 2nd Lt. - Waterhouse's Co. - Lauderdale's Btn. TN Mtd. Inf.

SMITH, John W. - Pvt. - Hickey's Co. - 1st TN Inf.

SMITH, John W - Pvt. - Vernon's Co. - Lindsay's Rgt. TN Mtd.

SMITH, Joseph - 2nd Lt. - Dearing's Co. - Lauderdale's Btn. TN Mtd. Inf.

SMITH, Joseph - Ensign - Roger's Co. - 1st TN Mtd. Inf.

SMITH, Joseph L. - 3rd Sgt. - Gregg's Co. - 3rd Btn. TN Inf.

SMITH, L. - Pvt. - Howell's Co. - 1st TN Inf.

SMITH, Matthew W. - 1st Sgt. - Elliott's Co. - Lauderdale's Btn. TN Mtd. Inf.

SMITH, Maxwell - 3rd Sgt. - McClellan's Co. - 2nd TN Mtd. Inf.

SMITH, McAmy - Pvt. - Powell's Co. - Lindsay's Rgt. TN Mtd.

SMITH, McAmy - Pvt. - Powell's Co. - Lindsay's Rgt. TN Mtd.

SMITH, Melvin J. - Pvt. - Caldwell's Co. - 1st TN Mtd. Inf.

SMITH, Nat D. - Pvt. - Bart's Co. - 1st TN Mtd. Mil.

SMITH, Nath - Pvt. - Gregg's Co. - 1st TN Inf.

SMITH, Nathaniel M. - Pvt. - McClellan's Co. - 2nd TN Mtd. Inf.

SMITH, Nathaniel - Pvt. - Campbell's Co. - 1st TN Mtd. Inf.

SMITH, Nathaniel M. - N/A - Gregg's Co. - 3rd Btn. TN Inf.

SMITH, Nathaniel - Col. - F & S Co. - 1st TN Mtd. Inf.

SMITH, Nathaniel - Pvt. - Cunningham's Co. - Lindsay's Rgt. TN Mtd.

SMITH, Nile - Asst. Surgeon

SMITH, Pleasant - Pvt. - Ellis' Co. - 2nd TN Mtd. Inf.

SMITH, Pryor A. - Pvt. - Wild's Co. - Lauderdale's Btn. TN Mtd. Inf.

SMITH, Ralph R. - Pvt. - Hembree's Co. - 2nd TN Mtd. Inf.

SMITH, Redford B. - Pvt. - Terry's Co. - 1st TN Mtd.

Inf.

SMITH, Richard - Pvt. - Roger's Co. - 1st TN Mtd. Inf.

SMITH, Riley M. - Pvt. - Gregg's Co. - 3rd Btn. TN Inf.

SMITH, Robert G. - Pvt. - McLin's Co. - 1st TN Inf.

SMITH, Sam'l - Pvt. - Robinson's Co. - TN Mtd.

SMITH, Samuel P. - Pvt. - Feazell's Co. - 1st TN Inf.

SMITH, Stephen - Pvt. - Prigmore's Co. - 1st TN Mtd. Mil.

SMITH, Sterling - Pvt. - Maupin's Co. - 2nd TN Mtd. Mil.

SMITH, Temple S. - Pvt. - Fain's Co. - 1st TN Mtd. Inf.

SMITH, Thomas - Pvt. - Hurst's Co. - 1st TN Mtd. Inf.

SMITH, Thomas - Ensign - Boyd's Co. - 2nd TN Mtd. Inf.

SMITH, Thomas - Pvt. - Fain's Co. - 1st TN Mtd. Inf.

SMITH, Thomas G. - Pvt. - Boyd's Co. - 1st TN Inf.

SMITH, Thomas M. - Pvt. - Cunningham's Co. - Lindsay's Rgt. TN Mtd.

SMITH, Thomas R. - Pvt. -Wild's Co. - Lauderdale's Btn. TN Mtd. Inf.

SMITH, Valentine D. - Pvt. - Feazell's Co. - 1st TN Inf.

SMITH, Wade H. - Pvt. - Fain's Co. - 1st TN Mtd. Inf.

SMITH, William - Corp. - Cunningham's Co. - Lindsay's Rgt. TN Mtd.

SMITH, William - Pvt. - Scrugg's Co. - 3rd TN Mtd. Mil.

SMITH, William - Pvt. - Wild's Co. - Lauderdale's Btn. TN Mtd. Inf.

SMITH, William - Pvt. - Bart's Co. - 1st TN Mtd. Mil.

SMITH, William D. - 2nd Lt. - Bart's Co. - 1st TN Mtd. Mil.

SMITH, William E. - 2nd Lt. - Cunningham's Co. - Lindsay's Rgt. TN Mtd.

SMITH, William F. - Pvt. - Waterhouse's Co. - Lauderdale's Btn. TN Mtd. Inf.

SMITH, Willis J. - Neely's Co. - 3rd Btn. TN Inf.

SMITH, Wilson G. - Pvt. - Vernon's Co. - 1st TN Mtd. Inf.

SMITH, John, Jr. - Pvt. - Roger's Co. - 1st TN Mtd. Inf.

SMITH, John, Sr. - Pvt. - Roger's Co. - 1st TN Mtd. Inf.

SMITHE, Melvin J. - Pvt. - Caldwell's Co. - Lindsay's Rgt. TN Mtd.

SNAPP, John T. - Pvt. - Gregg's Co. - 3rd Btn. TN Inf.

SNAPP, Samuel B. - Pvt. - Gregg's Co. - 3rd Btn. TN Inf.

SNEED, Henry - Pvt. - Hurst's Co. - 1st TN Mtd. Mil.

SNELL, Albert - Pvt. - Hudlow's Co. - 1st TN Inf.

SNELL, Theophilus B. - Pvt. - McLin's Co. - 1st TN Inf.

SNIDER, George - Pvt. - Caldwell's Co. - Lindsay's Rgt. TN Mtd.

SNIDER, George - Pvt. - Caldwell's Co. - 1st TN Mtd. Inf.

SNIDER, George - Pvt. - Cunningham's Co. - 2nd TN Mtd. Mil.

SNIDER, Martin - Corp. - Cunningham's Co. - 2nd TN Mtd. Mil.

SNIDER, Washington - Pvt. - Caldwell's Co. - Lindsay's Rgt. TN Mtd.

SNIDER, Washington - Pvt. - Caldwell's Co. - 1st TN Mtd. Inf.

SNODERLY, Lerory - Fifer - Dossett's Co. - 3rd Btn. TN Inf.

SNODGRASS, John - Pvt. - Powell's Co. - Lindsay's Rgt. TN Mtd.

SNODGRASS, John - Pvt. - Parham's Co. - 1st TN Mtd. Inf.

SNODGRASS, John - Ensign - Caldwell's Co. - 1st TN Mtd. Inf.

SNODGRASS, Walter - Pvt. - McClellan's Co. - 2nd TN Mtd. Inf.

SNODGRASS, William - Pvt. - Caldwell's Co. - Lindsay's Rgt. TN Mtd.

SNODGRASS, William - Bugler - McClellan's Co. - 2nd TN Mtd. Inf.

SNODGRASS, William - Pvt. - Wear's Co. - 2nd TN Mtd. Inf.

SNODGRASS, William B. - Pvt. - Boyd's Co. - 1st TN Inf.

SNODGRASS, William G. - Pvt. - Gregg's Co. - 3rd Btn. TN Inf.

SNOTERLY, Leroy - Fifer - Dossett's Co. - 3rd Btn. TN Inf.

SNOW, Henry J. - Pvt. - Roger's Co. - 3rd TN Mtd. Inf.

SNOW, Thomas - N/A - Peak's & Byrd's Co. - 2nd TN Mtd. Inf.

SNUFFER, George - Pvt. - Roger's Co. - 3rd TN Mtd. Inf.

SOAP, James - Pvt. - McLin's Co. - 1st TN Inf.

SOLOMON, George - Fifer - Hudlow's Co. - 1st TN Inf.

SOLOMON, William R. - Pvt. - Hudlow's Co. - 1st TN Inf.

SOMERS, Anderson - Pvt. - Cherry's Co. - Lauderdale's Btn. TN Mtd. Inf.

SOMERS, George - Pvt. - Cherry's Co. - Lauderdale's Btn. TN Mtd. Inf.

SOOTE, Johnson - Pvt. - Cunningham's Co. - 2nd TN Mtd. Mil.

SOPER, James - Pvt. - Howell's Co. - TN Inf.

SORRELS, William B. - Pvt. - McLin's Co. - TN Inf.

SOUTHERN, Laban - Pvt. - Anderson's Co. - 1st TN Mtd. Mil.

SPAIN, William - Pvt. - Cherry's Co. - Lauderdale's Btn. TN Mtd. Inf.

SPARKS, Alfred B. - Corp. - Laffery's Co. - Lindsay's Rgt. TN Mtd.

SPARKS, Elijah - Pvt. - Elliott's Co. - Lauderdale's Btn. TN Mtd. Inf.

SPARKS, James - Corp. - Laffery's Co. - Lindsay's Rgt. TN Mtd.

SPARKS, Stephen - Pvt. - Elliott's Co. - Lauderdale's Btn. TN Mtd. Inf.

SPEARS, James G. - Pvt. - Terry's Co. - 1st TN Mtd. Inf.

SPEHAN, John - Pvt. - Miller's Co. - 1st TN Inf.

SPEHAN, Michael - Pvt. - Miller's Co. - 1st TN Inf.

SPEIGLE, Lorenzo J. - Pvt. - Champion's Co. - 1st TN Mtd. Mil.

SPENCE, Stephen - Sgt. - Waterhouse's Co. - Lauderdale's Btn. TN Mtd. Inf.

SPITZER, John - Pvt. - Simpson's Co. - 1st TN Inf.

SPIVEY, David D. - Pvt. - McClellan's Co. - 2nd TN Mtd. Inf.

SPRINGER, Jackson - Pvt. - Laffery's Co. - Lindsay's Rgt. TN Mtd.

SPRINGER, William - Pvt. - Laffery's Co. - Lindsay's Rgt. TN Mtd.

ST. JOHN, Alvis - Pvt. - Roger's Co. - 3rd TN Mtd. Mil.

ST. JOHN, Alvis - Pvt. - Dossett's Co. - 3rd Btn. TN Inf.

STACY, Michael - Pvt. - Simpson's Co. - 1st TN Inf.

STACY, Miller - Pvt. - Simpson's Co. - 1st TN Inf.

STACY, William R. - Pvt. - Hickey's Co. - 1st TN Inf.

STAFFORD, Daniel J. - Pvt. - Wild's Co. - Lauderdale's Btn. TN Mtd. Inf.

STAFFORD, Joseph - Pvt. - Cherry's Co. - Lauderdale's Btn. TN Mtd. Inf.

STAFFORD, Joshua - Pvt. - West's Co. - 2nd TN Mtd. Inf.

STAFFORD, Nathan A. - Pvt. - Dodson's Co. - Lindsay's Rgt. TN Mtd.

STALY, Michael - Pvt. - Simpson's Co. - 1st TN Inf.

STAMPS, Daniel B. - Sgt. - Ferris' Co. - Lauderdale's Btn. TN Mtd. Inf.

STAMPS, James W. - Pvt. - Ferris' Co. - Lauderdale's Btn. TN Mtd. Inf.

STAMPS, John S. - Pvt. - Ferris' Co. - Lauderdale's Btn. TN Mtd. Inf.

STAMPS, Nathan B. - Corp. - Ferris' Co. - Lauderdale's Btn. TN Mtd. Inf.

STANDEFER, James M. - Pvt. - Standerfer's Co. - 1st TN Mtd. Inf.

STANDEFER, Skellon C. - Corp. - Terry's Co. - 1st TN Mtd. Inf.

STANDEFER, William I. - Capt. - Standerfer's Co. - 1st TN Mtd. Inf.

STANDIFER, Skelton G. - Pvt. - Elliott's Co. - Lauderdale's Btn. TN Mtd. Inf.

STANDIFER, William J. - 1st Sgt. - Ferris' & Wild's Co. - Lauderdale's Btn. TN Mtd. Inf.

STANFORD, Robert L. - Pvt. - Scrugg's Co. - 3rd TN Md. Mil.

STANLEY, John L. - Pvt. - Morrow's Co. - 1st TN Mtd. Inf.

STANLEY, John L. - Pvt. - Morrow's Co. - 1st TN Mtd. Inf.

STAPLES, Alexander - Pvt. - Feazell's Co. - 1st TN Inf.

STAPLES, Alexander - Pvt. - Talbott's Co. - 2nd TN Mtd. Inf.

STAR, James - Pvt. - Elliott's Co. - Lauderdale's Btn. TN Mtd. Inf.

STARHEY, Joel - Pvt. - Ellis' Co. - 2nd TN Mtd. Inf.

STARK, Charles - Pvt. - Cherry's Co. - Lauderdale's Btn. TN Mtd. Inf.

STARK, Thomas - Pvt. - Howell's Co. - 1st TN Inf.

STARKEY, Joel - Pvt. - Powell's Co. - Lindsay's Rgt. TN Mtd.

STARKY, Joel - Pvt. - Ellis' Co. - 2nd TN Mtd. Inf.

STARLING, Willey - Pvt. - Wild's Co. - Lauderdale's Btn. TN Mtd. Inf.

STARMER, Jefferson - Pvt. - Peak's & Byrd's Co. - 2nd TN Mtd. Inf.

STARMER, Jefferson - Pvt. - Peak's Co. - Lindsay's Rgt. TN Mtd.

STARNS, Elias H. - Pvt. - Feazell's Co. - 1st TN Inf.

STARNS, John - Pvt. - Scrugg's Co. - 3rd TN Mtd. Mil.

STARRETT, James - Pvt. - Elliot's Co. - Lauderdale's Btn. TN Mtd. Inf.

STARRETT, Moses G. - Pvt. - McLin's Co. - 1st TN Inf.

STEARNS, Elias H. - Pvt. - Feazell's Co. - 1st TN Inf.

STEEL, David - Pvt. - McClellan's Co. - 2nd TN Mtd. Inf.

STEEL, John - Pvt. - McClellan's Co. - 2nd TN Mtd. Inf.

STEELE, Alexander - Pvt. - Standefer's Co. - 1st TN Mtd. Inf.

STENNETT, Andrew J. - Pvt. - Miller's Co. - 1st TN Inf.

STEPHENS, Gabriel - Pvt. - Pearson's Co. - Lindsay's Reg't TN Mtd.

STEPHENS, George - Pvt. - Peak's & Byrd's Co. - 2nd TN Mtd. Inf.

STEPHENS, Henry E. - 1st Corporal/ 2nd Lieut. - Caldwell's Co. - 1st TN Mtd. Inf. - Lindsay's Reg't.

STEPHENS, Maxwell - Pvt. - Hickey's Co. - 1st TN Inf.

STEPHENS, Mitchell A. - Pvt. - Hickey's Co. - 1st TN Inf.

STEPHENS, Philip - Ensign - Peak's & Byrd's co. - 2nd TN Mtd. Inf.

STEPHENS, William - 2nd Lieut. - Scrugg's Co. - 3rd TN Mtd. Mil.

STEPHENS, William T. - Pvt. - Hudlow's Co. - 1nd TN Inf.

STEPHENSON, Daniel - Pvt. - Peak's Co. - Lindsay's Reg't TN Mtd.

STEPHENSON, Edward - Corporal - Bart's Co. - 1st TN Mtd. Mil.

STEPHENSON, Matthew - Pvt. - Peak's Co. - Lindsay's Reg't TN Mtd.

STEPP, John - Pvt. - Terry's Co. - 1st TN Mtd. Inf.

STERGES/STERGISS, John - Pvt. - Hembree's Co. - 2nd TN Mtd. Inf.

STEWART, George - Pvt. - Peak's & Byrd's Co. - 2nd TN Mtd. Inf.

STEWART, James - Pvt. - McMillin's Co. - 1st TN Mtd. Mil.

STEWART, John G. - Pvt. - Parham's Co. - 1st TN Mtd. Inf.

STEWART, John M. - Pvt. - Scrugg's Co. - 3rd TN Mtd. Mil.

STEWART, Joseph - Pvt. - McMillin's Co. - 1st TN Mtd. Mil.

STEWART, Joseph - Pvt. - Standefer's Co. - 1st TN Mtd. Inf.

STEWART, Joshua R. - Pvt. - Hudlow's Co. - 1st TN Inf.

STEWART, William - Pvt. - Ferris' Co. - Lauderdale's Btn. TN Mtd. Inf.

STIFF, Thomas - Pvt. - Cannon's Co. - 1st TN Mtd. Inf.

STIFF, William K. - Pvt. - Waterhouse's Co. - Lauderdale's Btn. TN Mtd. Inf.

STILL, George W. - Pvt. - Hill's Co. - 1st TN Inf.

STINNETT, Isham - Pvt. - Roger's Co. - 3rd TN Mtd. Mil.

STINNETT, William - Pvt. - Roger's Co. - 3rd TN Mtd. Mil.

STITH, Alexander - Pvt. - Cherry's Co. - Lauderdale's Btn. TN Mtd. Inf.

STOCKTON, Samuel - Pvt. - West's Co. - 2nd TN Mtd. Inf.

STOCKTON, Thomas - Pvt. - Peak's & Byrd's Co. - 2nd TN Mtd. Inf.

STOE, Robert - Pvt. - Cunningham's Co. - Lindsay's Reg't TN Mtd.

STOFFLE, Isaac - Pvt. - McClellan's Co. - 2nd TN Mtd. Inf.

STOKELY, J. H. - Pvt. - Scrugg's Co. - 3rd TN Mtd. Mil.

STOKELY, Nathan- Pvt. - Scrugg's Co. - 3rd TN Mtd. Mil.

STOKELY, Royal - Pvt. - Scrugg's Co. - 3rd TN Mtd. Mil.

STONE, Ambrose - Pvt. - Prigmore's Co. - 1st TN Mtd. Mil.

STONE, Hiram - Pvt. - Terry's Co. - 1st TN Mtd. Inf.

STONE, James - Pvt. - Terry's Co. - 1st TN Mtd. Inf.

STONE, Madison - Pvt. - Peak's & Byrd's Co. - 2nd TN Mtd. Inf.

STONE, Nathaniel - Pvt. - Boyd's Co. - 1st TN Inf.

STONE, Peter B. - Pvt. - Neely's Co. - 3rd Btn Tn Inf.

STONE, William - Pvt. - Peak's & Byrd's Co. - 2nd TN Mtd. Inf.

STONE, William - Pvt. - Cooke's Co. - 3rd Btn. TN Inf.

STONE, William G. - Gregg's Co. - 3rd Btn TN Inf.

STORMER, Jefferson - Pvt - Peak's Co. - Lindsay's 2nd TN Reg't Mtd. Inf.

STORY, William - Corporal - Cannon's Co. - 1st TN Mtd. Inf.

STORY, William - Pvt. - Wild's Co. - Lauderdale's Btn. TN Mtd. Inf.

STOUT, Godfrey - Pvt. - Maupin's Co. - 2nd Tn Mtd. Mil.

STOUT, Henry - Pvt. - Maupin's Co. - 2nd TN Mtd. Mil.

STOUT, Thomas - Pvt. - Maupin's Co. - 2nd TN Mtd. Mil.

STOVEALL, John D. - Pvt. - Ferris' Co. - Lauderdale's Btn TN Mtd. Inf.

STOW, Robert - Pvt. - Hurst's Co. - 1st TN Mtd. Mil.

SATOW, Solomon - Pvt. - Hembree's Co. - Lindsay's Reg't TN Mtd.

STOW, Solomon L. - Pvt. - Prigmore's Co. - 1st TN Mtd. Mil.

STRAIN, James - Sgt. - Tedford's Co. - 1st TN Inf.

STRANGE, Benjamin - Pvt. - Hill's Co. - 1st TN Inf.

STRANGE, John - Pvt. - Hembree's Co. - Lindsay's 2nd Reg't TN Mtd. Inf.

STRATTON, John - Lieut. - Tedford's Co. - 2nd TN Mtd. Mil

STREBECH, William H. [E.] - Pvt. - Morrows Co. - 1st TN Mtd. Inf.

STREET, Anthony - Sgt. - Ferris' Co. - Lauderdale's Btn. TN Mtd. Inf.

STRICKLAND, Armon - Pvt. - Ferris' & Cherry's Co. - Lauderdale's Btn. TN Mtd. Inf.

STRINGER, James - Pvt. - Wild's Co. - Lauderdale's Btn. TN Mtd. Inf.

STRIPLIN/STIPLING, John - Pvt. - Feazell's Co. - 1st TN Inf.

STRONG, Thomas - Pvt. - Parham's Co. - 1st TN Mtd. Inf.

STRONG, Thomas - Pvt. - Campbell's Co. - 1st TN Mtd. Inf.

STRONGER, James - Pvt. - Cannon's Co. - 1st TN Mtd. Inf.

STROUD, Merrit - Pvt. - Wear's Co. - 2nd TN Mtd. Inf.

STUART, John - Pvt. - Dodson's Co. - Lindsay's Reg't TN Mtd.

STUFFLE, Isaac - Pvt. - McClellan's Co. - 2nd TN Mtd. Inf.

STUKESBURY, Jacob - Pvt. - Tedford's Co. - 2nd TN Mtd. Mil.

STULTS/STULTZ, Absalom - Pvt. - Vernon's Co. -

1st TN Mtd. Inf.

STURAT, Moses G. - McLin's Co. - 1st TN Inf.

SUFFLE, Green B. - Pvt. - Tedford's Co. - 2nd TN Mtd. Mil

SUGGS, Joseph J. - Pvt. - Miller's Co. - 1st TN Inf.

SULIVAN/SULLIVAN, Calvin - Pvt. - McLin's Co. - 1st TN Inf.

SULLENS, James M. - Pvt. - Scrugg's Co. - 3rd TN Mtd. Mil.

SULLIVAN, William - Sgt. - Simpson's Co. - 1st TN Inf.

SULLIVAN, Willilam - Pvt. - Cooke's Co. - 3rd Btn. TN Inf.

SUMMERS, Anderson - Pvt. - Cherry's Co. - Lauderdale's Btn. TN Mtd. Inf.

SUMMERS, George - Pvt. - Cherry's Co. - Lauderdale's Btn. TN Mtd. Inf.

SUMMERS, Hamilton - Pvt. - Campbell's Co. - 1st TN Mtd. Inf.

SUNDERLAND, Thomas J. - Pvt. - Talbott's Co. - 2nd TN Mtd. Inf.

SUNDERLAND, William - Pvt. - Talbott's Co. - 2nd TN Mtd. Inf.

SUTHARD, Alfred - Pvt. - Hurst's Co. - 1st TN Mtd. Mil.

SUTHARD, Aron - Pvt. - Hurst's Co. - 1st TN Mtd. Mil.

SUTHERLAND, Robert J. - Pvt. - Hickey's Co. - 1st TN Inf.

SUTHERLAND, Westley W. - Pvt. - Cherry's Co. - Lauderdale's Btn. TN Mtd. Inf.

SUTTON, William - Pvt. - Boyd's Co. - 1st TN Inf.

SWAFFORD/SWOFFORDS, Alfred - Pvt. - Parham's Co. - 1st TN Mtd. Inf.

SWAFFORD/SWIFFIRD, Richard - Pvt. - Parham's Co. - 1st TN Mtd. Inf.

SWAN, John - Pvt. - Bart's Co. - 1st TN Mtd. Mil.

SWAN, Moses H. - Pvt. - Maupin's Co. - 2nd TN Mtd. Mil.

SWAN, Thomas D. - Captain - Hembree's Co. - 2nd TN Mtd. Inf.

SWANGER/SWONGER, Jacob - Pvt. - Elliott's Co. - Lauderdale's Btn. TN Mtd. Inf.

SWANN, Samuel - Pvt. - Ferris' Co. - Lauderdale's Btn. TN Mtd. Inf.

SWARD, Henry - Pvt. - Dossett's Co. - 3rd Btn. TN Inf.

SWINFORD, James - Pvt. - Pearson's Co. - Lindsay's Reg't TN Mtd.

SWINFORD, Jonathan - Pvt. - hickey's Co. - 1st TN Inf.

T

TAILOR, Franklin - Pvt. - Dossett's Co. - 3rd Btn. TN Inf.

TALBERT, Michale M. [M. M.] - Pvt. - Feazell's Co. - 1st TN Inf.

TALBOT/TALBOTT, John - Captain - Talbott's Co. - 2nd TN Mtd. Inf.

TALBOT, Alexander G. - Pvt. - Talbott's Co. - 2nd TN Mtd. Inf.

TALLENT, Jeptha - Pvt. - Caldwell's Co. - Lndsay's Reg't TN Mtd.

TALLENT, Thomas - Pvt. - Caldwell's Co. - Lindsay's Reg't TN Mtd.

TALLETT/TOLLETT, Greenbury W. - Pvt. - Parham's Co. - 1st TN Mtd. Inf.

TALLEY, John S. - Pvt. - Peak's Co. - 2nd TN Mtd.

Inf.

TANER/TANNER, James D. - Pvt. - Feazell's Co. - 1st TN Inf.

TANKERETLY/TANKERSLY, James - Pvt. - Laffery's Co. - Lindsay's Reg't TN Mtd.

TANKERSLY/TANKESTLY, Daniel - Pvt. - laffery's co. - Lindsay's Reg't TN Mtd.

TANKERSLY/TAKESTLY, John - Pvt. - Laffery's Co. - Lindsay's Reg't TN Mtd.

TANKERSLY/TANKESTLY, Roland - Pvt. - Laffery's Co. - Lindsay's Reg't TN Mtd.

TANKESLY, William - Pvt. - Ferris' Co. - Lauderdale's Btn. TN Mtd. Inf.

TANKESLY, Willis - Pvt. Ferris' Co. - Lauderdale's Btn. Tn Mtd. Inf.

TANNER, James D. - Pvt. - Talbott's 2nd TN Mtd. Inf.

TANSEL/TANSIL, E. A. - 1st Lieut. - Cooke's Co. - 3rd Btn TN Inf.

TANSELL/TANSIL, Mark - Pvt. - McMahon's Co. - 1st TN Mtd. Inf.

TAPLEY, James C. - Pvt. - Parham's Co. - 1st TN Mtd. Inf.

TARWATER, David - Fifer - Tedford's Co. - 1st TN Inf.

TASEY/TASSEY, Alexander - Pvt. - Yoakum's & McLin's Co. - 1st Tn Inf

TATE, James - Bugler - Vernon's Co. - Lindsay's Reg't TN Mtd.

TATE, John - Pvt. - Simpson's Co. - 1st TN Inf.

TATE, Mitchell - Pvt./Corporal - Vernon's Co. - Lindsay's Reg't - 1st TN Mtd. Inf.

TATTENT, Japtha - Pvt. - Caldwell's Co. - 1st TN Mtd. Inf.

TATUM, John - Pvt. - Champion's Co. - 1st TN Mtd. Mil.

TATUM, John W. - Pvt. - Howell's Co. - 1st TN Inf.

TAYLER, Nathaniel L./P/ - Pvt./3rd Corporal - Powell's Co. - 1st TN Mtd. Inf.

TAYLOR, Albert - Pvt. - Waterhouse's Co. - Lauderdale's Btn. TN Mtd. Inf.

TAYLOR, Albert - Pvt. - Hembree's Co. - 2nd TN Mtd. Inf.

TAYLOR, Andrew J. - Pvt. - Vernon's Co. - Lindsay's Reg't TN Mtd.

TAYLOR, Daniel - Pvt. - Dearing's Co. - Lauderdale's Btn TN Mtd. Inf.

TAYLOR, Garret R. - Pvt. - Caldwell's Co. - Lindsay's Reg't TN Mtd.

TAYLOR, George - Pvt. - Netherland's Co. - 3rd TN Mtd. Mil.

TAYLOR, George W. - Pvt. - Wallace's Co. - 3rd Btn. TN Inf.

TAYLOR, James - Pvt. - Wild's Co. - Lauderdale's Btn. TN Mtd. Inf.

TAYLOR, James - Pvt. - Wallace's Co. - 3rd Btn. TN Inf.

TAYLOR, James H. - Pvt. - Howell's Co. - 1st TN Inf.

TAYLOR, John - Pvt. - Roger's Co. - 1st TN Mtd. Inf.

TAYLOR, Levi - Pvt. - Neely's Co. - 1st TN Inf.

TAYLOR, Nathaniel L./P. - 1st Sgt./ 3rd Corporal - Powell's Co. - 1st TN Inf.

TAYLOR, Shaderick M. - Pvt. - McMillin's Co. - 1st TN Mtd. Mil.

TAYLOR, Thomas - Pvt. - Hembree's Co. - Lindsay's Reg't TN Mtd.

TAYLOR, Thomas L. - Pvt. - Ferris' Co. - Lauderdale's Btn. TN Mtd. Inf.

TAYLOR, Vinyard - Pvt. - McMahon's Co. - 1st TN Mtd. Inf.

TAYLOR, William E. - Pvt. - Wild's Co. - Lauderdale's Btn. TN Mtd. Inf.

TAYLOR, William V. - Pvt. - Neely's Co. - 3rd Btn. Tn Inf.

TEAFILALLON, Washington - Pvt. - Cunningham's Co. - 2nd TN Mtd. Mil

TEAGUE, Joseph B. - 3rd Sgt. - Neely's Co. - 3rd Btn. TN Inf.

TEDFO"RD, James - Captain - Tedford's Co. - 2nd TN Mtd. Mil.

TEDFORD, Robert A. - Captain - Tedford's Co. 1st TN Inf.

TEMPLE, Oliver P. - Corporal - Feazell's Co. - 1st TN Inf.

TEMPLETON, John - Pvt. - Wear's Co. - 2nd Tn Mtd. Inf.

TEMPLETON, Wyly - Pvt. - Wear's Co. - 2nd TN Mtd. Inf.

TERRELL, William - Pvt. - Cherry's Co. - Lauderdale's Btn. TN Mtd. Inf.

TERRY, Scott - Captain - Terry's Co. - 1st TN Mtd. Inf.

TERTLETON, Barney - Pvt. - Hunter's Co. - 1st TN Inf.

THARP, Joel - Corporal - Tedford's Co. - 1st TN Inf.

THERMAN, William - Pvt. - Cunningham's Co. - 2nd TN Mtd. Mil.

THOMAS, Andrew J. - Pvt. - Cunningham's Co. - 2nd TN Mtd. Mil.

THOMAS Calvin M. - Pvt. - Cunningham's Co. - Lindsay's Reg't TN Mtd.

THOMAS, Chestley - Pvt. - Maupin's Co. - 2nd TN Mtd. Mil.

THOMAS, Daniel J. - 1st Sgt. - Robinson's Co. - TN Mtd.

THOMAS, James - Pvt. - Caldwell's Co. - Lindsay's Reg't TN Mtd.

THOMAS, James - Pvt. - Bart's Co. - 1st TN Mtd. Mil.

THOMAS, James J. - Pvt. - Caldwell's Co. - 1st TN Mtd. Inf.

THOMAS, John - Pvt. - Hunter's & Miller's Co. - 1st TN Inf.

THOMAS, Jonathan - Pvt. - Cherry's Co. - Lauderdale's Btn. TN Mtd. Inf.

THOMAS, Jonathan - Pvt. - Caldwell's Co. - 1st TN Mtd. Inf.

THOMAS, Jonathan - Pvt. - Caldwell's Co. - Lindsay's Rgt. TN Mtd.

THOMAS, Samuel J. - Pvt. - Cunningham's Co. - Lindsay's Rgt. TN Mtd.

THOMAS, William - Pvt. - West's Co. - 2nd TN Mtd. Inf.

THOMAS, Wilson - Pvt. - Maupin's Co. - 2nd TN Mtd. Mil.

THOMASON, Elisha - 1st Corp. - William's Co. - 1st TN Mtd. Inf.

THOMPSON, Andrew - 2nd Lt. - 2nd Mtd. Rgt. TN

THOMPSON, Andrew - Pvt. - Dossett's Co. - 3rd Btn. TN Inf.

THOMPSON, Charles - Pvt. - Hembree's Co. - Lindsay's Rgt. TN Mtd.

THOMPSON, Charles - Pvt. - Hembree's Co. - 2nd TN Mtd. Inf.

THOMPSON, Daniel - Pvt. - Cunningham's Co. - Lindsay's Rgt. TN Mtd.

THOMPSON, David S. - Pvt. - Yoakum's & McLin's Co. - 1st TN Inf.

THOMPSON, Henry L. - Pvt. - Miller's & Hunter's Co. - 1st TN Inf.

THOMPSON, Ison - Pvt. - Bart's Co. - 1st TN Mtd. Mil.

THOMPSON, Jacob - Pvt. - Vernon's Co. - 1st TN Mtd. Inf.

THOMPSON, James - Pvt. - Hudlow's Co. - 1st TN Inf.

THOMPSON, Jesse - Ensign - Boyd's Co. - 1st TN Inf.

THOMPSON, Jesse B. - Sgt. - Tedford's Co. - 1st TN Inf.

THOMPSON, John - Pvt. - Hudlow's Co. - 1st TN Inf.

THOMPSON, John - Pvt. - 2nd Mtd. Rgt. TN

THOMPSON, John J. - Pvt. - Miller's & Hunter's Co. - 1st TN Inf.

THOMPSON, John L. - Sgt. - Waterhouse's Co. - Lauderdale's Btn. TN Mtd. Inf.

THOMPSON, John L. - Pvt. - Gillespie's Co. - 2nd TN Mtd. Inf.

THOMPSON, Joseph - Pvt. - Neely's Co. - 3rd Btn. TN Inf.

THOMPSON, Russell - Corp. - Waterhouse's Co. - Lauderdale's Btn. TN Mtd.

THOMPSON, S. M. D. - Pvt. - Gillespie's Co. - 2nd TN Mtd. Inf.

THOMPSON, Samuel - Sgt. - Cherry's Co. - Lauderdale's Btn. TN Mtd. Inf.

THOMPSON, Stephen H. - Pvt. - Waterhouse's Co. - Lauderdale's Btn. TN Mtd. Inf.

THOMPSON, Thomas M. - Pvt. - Dodson's Co. - Lindsay's Rgt. TN Mtd.

THOMPSON, William A. - Corp. - Waterhouse's Co. - Lauderdale's Btn. TN Mtd. Inf.

THOMPSON, William N. - Pvt. - Cherry's Co. - Lauderdale's Btn. TN Mtd. Inf.

THORNBERRY, James M. - Pvt. - Wear's Co. - 2nd TN Mtd. Inf.

THORNHILL, Alexander - Pvt. - Talbott's Co. - 2nd TN Mtd. Inf.

THORNSBURY, William T. - Pvt. - Boyd's Co. - 1st TN Inf.

THRAELKLL, William - Pvt. - Peak's Co. - 2nd TN Mtd. Inf.

THRAILKILL, William R. - Pvt. - Peak's Co. - 2nd TN Mtd. Inf.

THRAILKILL, William R. - Pvt. - Peak's Co. - 2nd TN Mtd. Inf.

TIEDER, Smith N. - Pvt. - Yoakum's & McLin's Co. - 1st TN Inf.

TIMES, Absolem - Pvt. - McMillin's Co. - 1st TN Mtd. Mil.

TIMES, Madison - Pvt. - McMillin's Co. - 1st TN Mtd. Mil.

TIMONS, Thomas D. - Pvt. - Neely's Co. - 3rd Btn. TN Inf.

TINER, John - Pvt. - Laffery's Co. - Lindsay's Rgt. TN Mtd.

TINSLEY, Alfred M. - Pvt. - Yoakum's & McLin's Co. - 1st TN Inf.

TIPLER, William F. - N/A - Neely's Co. - 3rd Btn. TN Inf.

TIPTON, David B. - 1st Lt. - Morrow's Co. - 1st TN Mtd. Inf.

TIPTON, Esaw - Pvt. - Hurst's Co. - 1st TN Mtd. Mil.

TIPTON, Jacob - Pvt. - Boyd's Co. - 2nd TN Mtd. Mil.

TIPTON, Jacob - Ensign - Cunningham's Co. - 2nd TN Mtd. Mil.

TIPTON, Jacob - Pvt. - Cunningham's Co. - 2nd TN

****

Mtd. Mil.

TIPTON, Jacob B. - Pvt. - Morrow's Co. - 1st TN Mtd. Inf.

TIPTON, John - Pvt. - Caldwell's Co. - 1st TN Mtd. Inf.

TIPTON, John - Pvt. - Cunningham's Co. - 2nd TN Mtd. Mil.

TIPTON, Jonathan - Ensign - Morrow's Co. - 1st TN Mtd. Inf.

TIPTON, Nathaniel L. - 3rd Corp. - Powell's Co. - 1st TN Mtd. Inf.

TIPTON, Reuben - Pvt. - Powell's Co. - Lindsay's Rgt. TN Mtd.

TIPTON, Samuel P. - 2nd Corp. - Powell's Co. - 1st TN Mtd. Inf.

TIPTON, Thomas I. - Pvt. - Morrow's Co. - 1st TN Mtd. Inf.

TIPTON, William R. - Corp. - McClellan's Co. - 2nd TN Mtd. Inf.

TITTSWORTH, Thomas - Pvt. - Netherland's Co. - 3rd TN Mtd. Mil.

TODD, Benjamin - Pvt. - Cherry's Co. - Lauderdale's Btn. TN Mtd. Inf.

TODD, Preston - Pvt. - Tedford's Co. - 2nd TN Mtd. Mil.

TOLBERT, Thomas - Pvt. - Wild's Co. - Lauderdale's Btn. TN Mtd. Inf.

TOLLETTE, Greenberry W. - Pvt. - Parham's Co. - 1st TN Mtd. Inf.

TOMLIN, John - Pvt. - Hill's Co. - 1st TN Inf.

TOMLINSON, Albert - Sgt. - Dearing's Co. - Lauderdale's Btn. TN Mtd. Inf.

TOMLINSON, Alfred - Pvt. - Dearing's Co. - Lauderdale's Btn. TN Mtd. Inf.

TOMLINSON, Henry - Pvt. - Dearing's Co. - Lauderdale's Btn. TN Mtd. Inf.

TONELL, N. J. - Q.M. Sgt. - F & S Co.- 1st TN Mtd. Inf.

TORBET, Augustus - Pvt. - Vernon's Co. - Lindsay's Rgt. TN Mtd.

TORBET, John - Pvt. - McClellan's Co. - 2nd TN Mtd. Inf.

TORBIT, Augustus - Pvt. - Vernon's Co. - Lindsay's Rgt. TN Mtd.

TORBITT, John - Pvt. - McClellan's Co. - 2nd TN Mtd. Inf.

TOTTON, Benjamin C. - Pvt. - Staff Armstrong's Brg. TN Mtd. Mil.

TOWNSEND, Peter - Sgt. - Howell's Co. - 1st TN Inf.

TOWNSEND, William - Pvt. - Pearson's Co. - Lindsay's Rgt. TN Mtd.

TRACE, Jefferson - Pvt. - Roger's Co. - 3rd TN Mtd. Mil.

TRAVELLION, T. C. - Pvt. - Cooke's Co. - 3rd Btn. TN Inf.

TRAVILLAIN, T. C. - Pvt. - Cooke's C0. 3rd Btn. TN Inf.

TRAVIS, Jackson - Pvt. - Hill's Co. - 1st TN Inf.

TRAVIS, Joseph - Pvt. - Hill's Co. - 1st TN Inf.

TRIBBLE, Morris - Pvt. - Netherland's Co. - 3rd TN Mtd. Mil.

TRIBBLE, William - Pvt. - Hudlow's Co. - 1st TN Inf.

TROLAUGH, John H. - Pvt. - Scrugg's Co. - 3rd TN Mtd. Mil.

TROTTEN, W. M. - Pvt. - Hill's Co. - 1st TN Inf.

TROTTER, Green - Pvt. - Bart's Co. - 1st TN Mtd. Mil.

TROTTER, William - Pvt. - Hill's Co. - 1st TN Inf.

TRUCE, Jefferson - Pvt. - Parham's Co. - 1st TN Mtd. Inf.

TRUE, Warner - Pvt. - Morrow's Co. - Lindsay's Rgt. TN Mtd.

TUCKER, Alexander - Pvt. - Champion's Co. - 1st TN Mtd. Mil.

TUCKER, Elijah - Pvt. - Terry's Co. - 1st TN Mtd. Mil.

TUCKER, George - 1st Sgt. - Champion's Co. - 1st TN Mtd. Mil.

TUCKER, Jarett - Pvt. - Howell's Co. - 1st TN Inf.

TUCKER, Joseph - Pvt. - Boyd's Co. - 2nd TN Mtd. Mil.

TUCKER, Richard W. - Pvt. - Wear's Co. - 2nd TN Mtd. Inf.

TUCKER, William - Pvt. - Standefer's Co. - 1st TN Mtd. Inf.

TUMBLIN, John - Pvt. - Hill's Co. - 1st TN Inf.

TUMOR, John T. - Pvt. - Cannon's Co. - 1st TN Mtd. Inf.

TUNE, William - Pvt. - Neely's Co. - 3rd Btn. TN Inf.

TUNNEL, James M. - Pvt. - Dossett's Co. - 3rd Btn. TN Inf.

TUNNELL, David - Pvt. - Peak's Co. - 2nd TN Mtd. Inf.

TUNNELL, James M. - Sgt. - 2nd Mtd. Rgt. TN

TUNNELL, Noble J. - Pvt. - Cannon's Co. - 1st TN Mtd. Inf.

TUNNELL, Samuel - 1st Sgt. - 2nd Mtd. Rgt. TN

TURMAN, William - Pvt. - Elliott's Co. - Lauderdale's Btn. TN Mtd. Inf.

TURMAN, William - Pvt. - Hurst's Co. - 1st TN Mtd. Mil.

TURNER, Fielding - Pvt. - Terry's Co. - 1st TN Mtd. Inf.

TURNER, Fisher C. - Pvt. - Powell's Co. - Lindsay's Rgt. TN Mtd.

TURNER, Gabriel G. - Pvt. - Tedford's Co. - 1st TN Inf.

TURNER, John - Pvt. - Hembree's Co. - Lindsay's Rgt. TN Mtd.

TURNER, John - 1st Lt. - Hickey's Co. - 1st TN Inf.

TURNER, M. L. - Pvt. - Howell's Co. - 1st TN Inf.

TURNER, Sterling T. - 2nd Lt. - Peak's Co. - Lindsay's Rgt. TN Mtd.

TURNER, Sterling T. - Lt. - Peak's Co. - 2nd TN Mtd. Inf.

TURNER, Thomas - Pvt. - Terry's Co. - 1st TN Mtd. Inf.

TURNER, Thomas - Pvt. - Elliott's Co. - Lauderdale's Btn. TN Mtd. Inf.

TURPIN, James T. - Pvt. - Hudlow's Co. - 1st TN Inf.

TURPIN, William - Pvt. - Tedford's Co. - 1st TN Inf.

TURTLETON, Barney - Pvt. - Hunter's Co. - 1st TN Inf.

TUTEN, Absalom - Pvt. - Peak's Co. - Lindsay's Rgt. TN Mtd.

TUTEN, James - N/A - Peak's Co. - 2nd TN Mtd. Inf.

TUTEN, Wiley - Pvt. - Peak's Co. - 2nd TN Mtd. Inf.

TUTER, Smith N. - Pvt. - Yoakum's & McLin's Co. - 1st TN Inf.

TUTON, Absalom - Pvt. - Peak's Co. - Lindsay's Rgt. TN Mtd.

TUTON, Willey - Pvt. - Peak's Co. - 2nd TN Mtd. Inf.

TYGART, Nathan - Corp. - Anderson's Co. - 1st TN Mtd. Mil.

TYLER/TYLOR, Clifford - Pvt. - McClellan's Co. - 2nd TN Mtd. Inf.

TYNER, John - Pvt. - Laffery's Co. - Lindsay's Rgt. TN Mtd.

TYNER, Reuben J. - Pvt. - Cannon's Co. - 1st TN Mtd. Inf.

TYNER, Sevier - Pvt. - Wild's Co. - Lauderdale's Btn. TN Mtd. Inf.

TYNER, William - Pvt. - Wild's Co. - Lauderdale's Btn. TN Mtd. Inf.

U

UNDERWOOD, Henry - Pvt. - Cannon's Co. - 1st TN Mtd. Inf.

UNDERWOOD, Henry - Pvt. - Robinson's Co. - TN Mtd.

UNDERWOOD, John C. - Pvt. - Yoakum's & McLin's Co. - 1st TN Inf.

UPSHAW, A. M. M. - Major - Staff Armstrong's Brg. TN Mtd. Mil.

UPTON, Isaac - Pvt. - Wear's Co. - 2nd TN Mtd. Inf.

UPTON, Nicholas B. - Farrier - Powell's Co. - Lindsay's Rgt. TN Mtd.

UPTON, William - Q. M. Sgt. - Co. N/A - 2nd TN Mtd. Inf.

URSERY/USRY, John - Pvt. - Gillespie's Co. - 2nd TN Mtd. Inf.

USREY, John - Pvt. - Waterhouse's Co. - Lauderdale's Btn. TN Mtd. Inf.

UTLEY, William - Pvt. - Hembree's Co. - Lindsay's Rgt. TN Mtd.

V

VANBEBER, John M. - 1st Lt. - Dossett's Co. - 3rd Btn. TN Inf.

VANC, P. H. - Pvt. - Feazell's Co. - 1st TN Inf.

VANCE, James H. - Pvt. - Gregg's Co. - 3rd Btn. TN Inf.

VANCE, Jonathan E. - Pvt. - McClellan's Co. - 2nd TN Mtd. Inf.

VANCE, Patrick H. - Pvt. - Feazell's Co. - 1st TN Inf.

VANDAGRAFT/VANDIGRIF/VANDIGRIFT, David - Sgt. - Dossett's Co. - 3rd Btn. TN Inf.

VANDAPOOL, John - Pvt. - Dossett's Co. - 3rd Btn. TN Inf.

VANDEPOOL, I. - Pvt. - Dossett's Co. - 3rd Btn. TN Inf.

VANDEVER/VANDIVER, James C. - Pvt. - Parham's Co. - 1st TN Mtd. Inf.

VANDIKE, Cornelius - Pvt. - Hurst's Co. - 1st TN Mtd. Mil.

VANHOOSIR, Isaac - Pvt. - Meek's Co. - 3rd TN Mtd. Mil.

VANN, Dickson - Pvt. - 2nd Mtd. Rgt. TN

VANPELT, Benjamin A. - Pvt. - Terry's Co. - 1st TN Mtd. Inf.

VARDELL, Robert B. - Pvt. - Yoakum's & McLin's Co. - 1st TN Inf.

VARDILL, Robert B. - Pvt. - Yoakum's & McLin's Co. - 1st TN Inf.

VARNALL/VARNELL, William - Pvt. - Morrow's Co. - Lindsay's Rgt. TN Mtd.

VARNUM, Isaac - Pvt. - Fain's Co. - 1st TN Mtd. Inf.

****

VAUGH, Murphey H. - Corp. - Hembree's Co. - Lindsay's Rgt. TN Mtd.

VAUGHAN, James J. - Pvt. - Yoakum's & McLin's Co. - 1st TN Inf.

VAUGHN, J. - Qtr. Master

VAUGHN, James - Pvt. - Wear's Co. - 2nd TN Mtd. Inf.

VAUGHN, James - R.Q.M - Co. N/A - 2nd TN Mtd. Inf.

VAUGHN, James J. - Pvt. - Yoakum's & McLin's Co. - 1st TN Inf.

VAUGHN, Joshua - Pvt. - Netherland's Co. - 3rd TN Mtd. Mil.

VAUGHN, Murpha - Pvt. - Hembree's Co. - 2nd TN Mtd. Inf.

VAUGHN, Murphy H. - Corp. - Hembree's Co. - Lindsay's Rgt. TN Mtd.

VAUGHN, Samuel P. - Pvt. - Hembree's Co. - 2nd TN Mtd. Inf.

VAUGHN, William B. - Pvt. - Yoakum's & McLin's Co. - 1st TN Inf.

VAUGHT, John - Pvt. - Tedford's Co. - 2nd TN Mtd. Mil.

VERNON, Miles - Capt. - Vernon's Co. - 1st TN Mtd. Inf.

VERNON, Miles - Capt. - Vernon's Co. - Lindsay's Rgt. TN Mtd.

VERNON, Thomas - Pvt. - Vernon's Co. - Lindsay's Rgt. TN Mtd.

VERNON, Miles, Jr. - Pvt. - Vernon's Co. - Lindsay's Rgt. TN Mtd.

VESTAL, Tilman A. - Pvt. - Scrugg's Co. - 3rd TN Mtd. Mil.

VESTEL/VESTELL, Isaac - Pvt. - Feazell's Co. - 1st TN Inf.

VIBERT, Peter - Pvt. - Cherry's Co. - Lauderdale's Btn. TN Mtd. Inf.

VICERY/VICKERY/VICKORY/VICKRY, George - Pvt. - Ellis' Co. - 2nd TN Mtd. Inf.

VICKERY/VICKORY, George - Pvt. - Powell's Co. - Lindsay's Rgt. TN Mtd.

VILBERT, Peter - Pvt. - Cherry's Co. - Lauderdale's Btn. TN Mtd. Inf.

VILES, Samuel - Pvt. - Hembree's Co. - 2nd TN Mtd. Inf.

VINSANT, Daniel - Pvt. - Maupin's Co. - 2nd TN Mtd. Mil.

VINYARD, Lindsey - Pvt. - Cunningham's Co. - 2nd TN Mtd. Mil.

VINZANT, William - Pvt. - Hurst's Co. - 1st TN Mtd. Mil.

VINZANT, William - 1st Lt. - Laffery's Co. - Lindsay's Rgt. TN Mtd.

VINZENT, Thomas - Pvt. - Laffery's Co. - Lindsay's Rgt. TN Mtd.

W

WADKINS, Thomas - Pvt. - Wild's Co. - Lauderdale's Btn. TN Mtd. Inf.

WADKINS, Walter - Pvt. - Wild's Co. - Lauderdale's Btn. TN Mtd. Inf.

WADKINS, William - Pvt. - Hembree's Co. - 2nd TN Mtd. Inf.

WADKINS, William - Pvt. - Bart's Co. - 1st TN Mtd. Mil.

WADKINS, William A. - Pvt. - Hembree's Co. - Lindsay's Rgt. TN Mtd.

WADLOW, David A. - Pvt. - Netherland's Co. - 3rd

TN Mtd. Mil.

WAFFORD, John W. - Pvt. - Wallace's Co. - 3rd Btn. TN Inf.

WAGNER, Solomon - Pvt. - Ferris' Co. - Lauderdale's Btn. TN Mtd. Inf.

WAIR, John B. - Pvt. - Dearing's Co. - Lauderdale's Btn. TN Mtd. Inf.

WALDIN, John - Pvt. - Prigmore's Co. - 1st TN Mtd. Mil.

WALDIN, Samuel - Pvt. - Prigmore's Co. - 1st TN Mtd. Mil.

WALKER, Anderson W. - 1st Sgt. - Scrugg's Co. - 3rd TN Mtd. Mil.

WALKER, Elisha A. - Pvt. - Gillespie's Co. - 2nd TN Mtd. Inf.

WALKER, Hiram - Pvt. - Cunningham's Co. - 2nd TN Mtd. Mil.

WALKER, Isaac - Pvt. - Wallace's Co. - 3rd Btn. TN Inf.

WALKER, James B. - Pvt. - Cunningham's Co. - 2nd TN Mtd. Mil.

WALKER, Jeremiah - Pvt. - Terry's Co. - 1st TN Mtd. Inf.

WALKER, John W. - Pvt. - Cherry's Co. - Lauderdale's Btn. TN Mtd.

WALKER, Mordica - Pvt. - Boyd's Co. - 2nd TN Mtd. Mil.

WALKER, Robert K. - Pvt. - McMillin's Co. - 1st TN Mtd. Mil.

WALKER, Robert K. - Pvt. - Morrow's Co. - Lindsay's Rgt. TN Mtd.

WALKER, Samuel - Pvt. - Prigmore's Co. - 1st TN Mtd. Mil.

WALKER, Thomas B. - Sgt. - Roger's Co. - 3rd TN Mtd. Mil.

WALKER, William - Pvt. - Scrugg's Co. - 3rd TN Mtd. Mil.

WALKER, William - Pvt. - Hill's Co. - 1st TN Inf.

WALKER, William P. - Pvt. - Peak's Co. - Lindsay's Rgt. TN Mtd.

WALKER, William S. - Pvt. - Wild's Co. - Lauderdale's Btn. TN Mtd. Inf.

WALLACE, A. - Capt. - Wallace's Co. - 3rd Btn. TN Inf.

WALLACE, Hiram - Pvt. - Ferris' Co. - Lauderdale's Btn. TN Mtd. Inf.

WALLACE, Hiram - Pvt. - Ferris' Co. - Lauderdale's Btn. TN Mtd. Inf.

WALLACE, James W. - Ensign - Howell's Co. - 1st TN Inf.

WALLACE, John - Pvt. - Morrow's Co. - 1st TN Mtd. Inf.

WALLACE, Thomas - N/A - Peak's Co. - 2nd TN Mtd. Inf.

WALLER, Abner - Pvt. - Powell's Co. - 1st TN Mtd. Inf.

WALLIN, Isaac - 2nd Lt. - Elliott's Co. - Lauderdale's Btn. TN Mtd. Inf.

WALLIS, James W. - Ensign - Howell's Co. - 1st TN Inf.

WALLIS, Joseph - Pvt. - Howell's Co. - 1st TN Inf.

WALLS, Charles - Pvt. - Elliott's Co. - Lauderdale's Btn. TN Mtd. Inf.

WALTERMAN, Western - Pvt. - Terry's Co. - 1st TN Mtd. Inf.

WALTERS, John - Pvt. - Wild's Co. - Lauderdale's Btn. TN Mtd. Inf.

WALTERS, Thomas - Pvt. - Cannon's Co. - 1st TN Mtd. Inf.

****

WALTERS, William - Pvt. - Cannon's Co. - 1st TN Mtd. Inf.

WALTERS, William - Pvt. - Wild's Co. - Lauderdale's Btn. TN Mtd. Inf.

WALTON, Robert H. - Pvt. - Neely's Co. - 3rd Btn. TN Inf.

WAMBLE, John - Pvt. - Hurst's Co. - 1st TN Mtd. Mil.

WAMBLE, John - Musician - Feazell's Co. - 1st TN Inf.

WAN/WANN, Daniel - Pvt. - Vernon's Co. - 1st TN Mtd. Inf.

WARD, Berchee - Pvt. - Tedford's Co. - 1st TN Inf.

WARD, D. F. - Pvt. - Morrow's Co. - Lindsay's Rgt. TN Mtd.

WARD, Jeremiah - Pvt. - Hickey's Co. - 1st TN Inf.

WARD, John - Drum Major - Cooke's & F & S Co. - 3rd Btn. TN Inf.

WARD, M. E. - Pvt. - Morrow's Co. - Lindsay's Rgt. TN Mtd.

WARDEN, Charles - Pvt. - Dodson's Co. - Lindsay's Reg't TN Mtd.

WARDLOW, James - Pvt. - Wild's Co. - Lauderdale's Btn. TN Mtd. Inf.

WARE, Allen - Ensign - Hickey's Co. - 1st TN Inf.

WAREN, Campbell - Pvt. - Gregg's Co. - 3rd Btn TN Inf.

WARNER, William D. - Sgt. - Hudlow's Co. - 1st TN Inf.

WARREN, Amzi - Pvt. - Wallace's Co. - 3rd Btn. TN Inf.

WARREN, George W. - Pvt. - Miller's & Hunter's Co. - 1st TN Inf.

WARREN, Jessee - Pvt. - Gillespie's Co. - 2nd TN Mtd. Inf.

WARREN, Peterson G. - 2nd Lieut. - Yoakum's & McLin's co. - 1st TN Inf.

WARSHAM, Orlando - 1st Corporal - Gregg's Co. - 3rd Btn - TN Inf.

WASHBURN, Drury - Pvt. - Hickey's Co. - 1st TN Inf.

WASSON, John A. - Pvt. - Vernon's Co. - Lindsay's Reg't TN Mtd.

WASSON, Joseph E. - Pvt. - Vernon's Co. - Lindsay's Reg't TN Mtd.

WATERHOUSE, Darius - 2nd Lieut. - Waterhouse's Co. - Lauderdale's Btn. TN Mtd. Inf.

WATERHOUSE, Franklin - Pvt. - Waterhouse's Co. - Lauderdale's Btn TN Mtd. Inf.

WATERHOUSE, Richard - Captain - Waterhouse's Co. - Lauderdale's Btn. TN Mtd. Inf.

WATERS, C. C. - Pvt. - Cannon's Co. - 1st TN Mtd. Inf.

WATERS, John - Corporal - Peak's Co. - Lindsay's Reg't TN Mtd.

WATERS, John - Corporal - Ellis' & Peak's Co. - 2nd TN Mtd. Inf.

WATERS/WATTERS, Lewis - Pvt. - Morrow's Co. - Lindsay's Reg't TN Mtd.

WATERS, Riley - Pvt. - Tedford's Co. - 1st TN Inf.

WATKINS, William - Corporal - Dearing's Co. - Lauderdale's Btn. TN Mtd. Inf.

WATKINS, William - Pvt. - Hembree's Co. - 2nd TN Mtd. Inf.

WATKINS, William A. - Pvt. - Hembree's Co. - Lindsay's Reg't TN Mtd.

WATSON, David E. - Pvt. - Hill's Co. - 1st TN Inf.

WATSON, George L. - Pvt. - Cunningham's Co. - Lindsay's Reg't TN Mtd.

WATSON, Henry - Pvt. - Anderson's Co. - 1st TN Mtd. Mil.

WATSON, I. S. - Corporal - Wallace's Co. - 3rd Btn. TN Inf.

WATSON, James R. - Pvt. - Hill's Co. - 1st TN Inf.

WATSON, John - Pvt. - Standefer's Co. - 1st TN Mtd. Inf.

WATSON, Nathan- Pvt. - Gillespie's Co. - 2nd TN Mtd. Inf.

WATSON, Nathaniel - Pvt. - Caldwell's Co. - Lindsay's 1st TN Mtd. Inf.

WATSON, Thomas - Pvt. - Wear's Co. - 2nd TN Mtd. Inf.

WATSON, Thomas I. - Pvt. - Wallace's Co. -3rd Btn. TN Inf.

WATSON, William - Pvt. - Maupin's Co. - 2nd TN Mtd. Mil.

WATSON, William - Pvt. - Dossett's Co. - 3rd Btn TN Inf.

WATTS, Charles - Ensign - Yoakum's & McLin's Co. - 1st TN Inf.

WATTS, Richard - Pvt. - Champion's Co. - 1st TN Mtd. Mil.

WATTS, William N. - Pvt. Fain's Co. - 1st TN Mtd. Inf.

WAUGH, William K. - Pvt. - Caldwell's Co. - Lindsay's Reg't TN Mtd.

WAYMIES/WAYMIRES/WAYMOYRES - David - Pvt. - Vernon's Co. - Lindsay's 1st TN Mtd. Inf

WEAR, Elias - Pvt.- Campbell's Co. - 1st TN Mtd. Inf.

WEAR/WEARE, Elias L. - Pvt. - Cunningham's Co. - Lindsay's Reg't TN Mtd.

WEAR, Erskine H. - Captain - Wear's Co. - 2nd TN Mtd. Inf.

WEAR, Pleasant M. - Pvt./Adj't - West's Co. - 2nd TN Mtd. Inf.

WEAR, Samuel T. - Sgt. - Wear's Co. - 2nd TN Mtd. Inf.

WEARE, Landon - Pvt. - Peak's Co. - 2nd TN Mtd. Inf.

WEATHERFORD/WETHERFORD, John Q. - Pvt. - Yoakum's & McLin's Co. - 1st TN Inf.

WEATHERS, Hugh - Pvt. - Hickey's Co. - 1st TN Inf.

WEATHERS, John - Pvt. - Bart's Co. - 1st TN Mtd. Mil.

WEATHERY, William - Pvt. - Hill's Co. - 1st TN Inf.

WEAVER, Adam - Pvt. - Cunningham's Co. - Lindsay's Reg't TN Mtd.

WEAVER, James - Bugler - Talbott's Co. - 2nd TN Mtd. Inf.

WEAVER, John - Pvt. - Ferris' Co. - Lauderdale's Btn. TN Mtd. Inf.

WEAVER, William - Pvt. - Laffery's Co. - Lindsay's Reg't TN Mtd.

WEBB, Jesse W. - Pvt. - Cooke's Co. - 3rd Btn. TN Inf.

WEBB, John - 1st Sgt. - Standefer's Co. - 1st TN Mtd. Inf.

WEBB, John - Pvt. - McClellan's Co. - 2nd TN Mtd. Inf.

WEBB, Joseph - Pvt. - Powell's Co. - Lindsay's Reg't TN Mtd.

WEBB, Lewis - Pvt. - Cannon's Co. - 1st TN Mtd. Inf.

WEBB, Lewis - Pvt. - Wild's Co. - Lauderdale's Btn. TN Mtd. Inf.

WEBB, Lilbourn H. - Pvt. - Gregg's Co. - 3rd Btn. TN Inf.

WEBB, Madison - Pvt. - Anderson's Co. - 1st TN Mtd.

Mil.

WEBB, Thomas - pvt. - Pvt. - Dearing's Co. - Lauderdale's Btn. TN Mtd. Inf.

WEBSTER, David - Pvt. - Peak's Co. - Lindsay's Reg't TN Mtd.

WEEMS, Thomas - Pvt. - Feazell's Co. - 1st TN Inf.

WEESE/WEISE, Solomon - Pvt. - Peak's Co. - Lindsay's Reg't TN Mtd.

WEESE/WEISE, William - Pvt. - Peak's Co. - Lindsay's Reg't TN Mtd.

WEISE, Landon - Pvt. - Peak's Co. - 2nd TN Mtd. Inf.

WELCH, Anthony - Pvt. - Scrugg's Co. - 3rd TN Mtd. Mil.

WELLS, Allen - Musician - Neely's Co. - 3rd Btn. TN Inf.

WELLS, James - farrier - Hembree's Co. - Lindsay's Reg't TN Mtd.

WELLS, Jesse - Pvt. - Tedford's Co. - 1st TN Inf.

WELLS, Moses - Corporal - Hembree's Co. - 2nd TN Mtd. Inf.

WELSH, Joshua - Pvt. - Dearing's Co. - Lauderdale's Btn. TN Mtd. Inf.

WESLEY/WESLY, George - Pvt. - Feazell's Co. - 1st TN Inf.

WEST, Morgan C. - Pvt. - Simpson's Co. - 1st TN Inf.

WEST, Samuel - Captain - West's Co. - 2nd TN Mtd. Inf.

WEST, Samuel - Pvt. - Morrow's Co. - Lindsay's Reg't TN Mtd.

WEST, Warren - Pvt. - Waterhouse's Co. - Lauderdale's Btn TN Mtd. Inf.

WEST, William G. - Hurst's Co. - 1st TN Mtd. Mil.

WESTBROOK, Richard A.- Pvt. - Neely's Co. - 3rd Btn. TN Inf.

WESTER, Washington - Pvt. - Hembree's Co. - Lindsay's Reg't TN Mtd.

WESTMORELAND, James - Pvt. - Hickey's Co. - 1st TN Inf.

WESTMORELAND, Joseph - Pvt. - Morrow's Co. - Lindsay's Reg't TN Mtd.

WESTMORELAND, Thomas - Pvt. - Morrow's Co. - Lindsay's Reg't TN Mtd.

WETHERLY, William - Pvt. - Hill's Co. - 1st TN Inf.

WETHERS, John - Pvt. - Dodson's Co. - Lindsay's Reg't TN Mtd.

WETHERS, Joseph - Pvt. - Hurst's Co. - 1st TN Mtd. Mil.

WEVER, William - Pvt. - Laffery's Co. - Lindsay's Reg't TN Mtd.

WEYMIRE/WEYMIRES, David - Pvt. - Vernon's Co. - Lindsay's Reg't TN Mtd.

WHALEN, Joseph - n/a - William's Co. - 1st TN Mtd. Inf.

WHARTON, Isaac - Pvt. - Hill's Co. - 1st TN Inf.

WHEATS/WHEET, Azariah - Pvt. - Hembree's Co. - 2nd TN Mtd. Inf.

WHEELER, Abel - Pvt. - Morrow's Co. - Lindsay's Reg't TN Mtd.

WHEELER, Allen - Pvt. - Powell's Co. - Lindsay's Reg't TN Mtd.

WHEELER, Allen - Pvt. - Morrow's Co. - 1st TN Mtd. Inf.

WHEELER, Hurdin - 1st Lieut. - Elliott's Co. - Lauderdale's Btn. TN Mtd. Inf.

WHEELER, Jacob - Pvt. – Ellis' Co. - 2nd Tn Mtd. Inf.

WHEELER, Jefferson - Pvt. - Morrow's Co. - 1st TN Mtd. Inf.

WHEELER, Jefferson - Pvt. - Caldwell's Co. - 1st TN Mtd. Inf.

WHEELER, Martin H. - Pvt. - Caldwell's Co. - Lindsay's Reg't TN Mtd.

WHEELER, Ramsom - Pvt. - Caldwell's Co. - Lindsay's Reg't TN Mtd.

WHEELER, Sidney - Pvt. - Maupin's Co. - 2nd TN Mtd. Mil.

WHEELER, Thomas - Pvt. - Maupin's Co. - 2nd TN Mtd. Mil.

WHILU, Abraham P.- Pvt. - Boyd's Co. - 1st TN Inf.

WHIST, David - Pvt. - Elliott's Co. - Lauderdale's Btn. TN Mtd.

WHIT, Green - Pvt. - Morrow's Co. - Lindsay's Reg't TN Mtd.

WHITE, Abraham P. - Pvt. - Boyd's Co. - 1st TN Inf.

WHITE, Aden - Drummer - Hunter's & Miller's Co. - 1st TN Inf.

WHITE, Alfred G. - Pvt. - Morrow's Co. - Lindsay's Reg't TN Mtd.

WHITE, Blumer - Pvt. - Hembree's Co. - 2nd TN Mtd. Inf.

WHITE, Hardy - Musician - Howell's Co. – 1st TN Inf.

WHITE, I. L. - Corporal - Wallace's Co. - 3rd Btn TN Inf.

WHITE, Isaac - Pvt. - Hickey's Co. - 1st TN Inf.

WHITE, James - Pvt. - Waterhouse's Co. - Lauderdale's Btn. TN Mtd. Inf.

WHITE, James - Pvt. - Peak's Co. - Lindsay's Reg't TN Mtd.

WHITE, James - Pvt. - Ellis' & Peak's Co. - 2nd TN Mtd. Inf.

WHITE, James B. - Pvt. - McClellan's Co. - 2nd TN Mtd. Inf.

WHITE, James G. - Pvt. - Hunter's & Miller's Co. - 1st TN Inf.

WHITE, James M. - Ensign - Gregg's Co. - 3rd Btn. TN Inf.

WHITE, John - Pvt. - Morrow's Co. - Lindsay's Reg't TN Mtd.

WHITE, John - Pvt. - Hickey's Co. - 1st TN Inf.

WHITE, John - Pvt. - Simpson's Co. - 1st TN Inf.

WHITE, John I. - Pvt. - Hill's Co. - 1st TN Inf.

WHITE, Joseph - Pvt. - Anderson's Co. - 1st TN Mtd. Mil.

WHITE, Larkin - Pvt. - Hickey's Co. - 1st TN Inf.

WHITE, Moses - Pvt. - Hembree's Co. - 2nd TN Mtd. Inf.

WHITE, Owen M. - Pvt. - McClellan's Co. - 2nd TN Mtd. Inf.

WHITE, Russell W. - Pvt. - Anderson's Co. - 1st TN Mtd. Mil.

WHITE, Samuel - Pvt. - Talbott's Co. - 2nd TN Mtd. Inf.

WHITE, Thomas I. - Corporal - Tedford's Co. - 1st TN Inf.

WHITE, William B.- Pvt. - Hunter's Co. - 1st TN Inf.

WHITEHEAD, William G. - Pvt. - Hill's Co. - 1st TN Inf.

WHITEMORE, Robert E. - Corporal - Hill's Co. - 1st TN Inf.

WHITEBARGER/WHITTENBERGER, Henry G. W. - Pvt. - Tedford's Co. - 1st TN Inf.

WHITFIELD, Lewis - Pvt. - Wallace's Co. - 3rd Btn. TN Inf.

WHITMON/WHITMORE, Howell - Pvt. - Vernon's Co. - TN Mtd. Inf.

****

WHITMORE, Howard - 1st Lieut. - Vernon's Co. - Lindsay's Reg't TN Mtd.

WHITSEN/WHITSON, Joseph - Pvt. - Laffery's Co. - Lindsay's Reg't TN Mtd.

WHITTAMORE, John E. - Pvt. - Hill's Co. - 1st TN Inf.

WHITTAMORE/WHITTEMORE, Sterling - Pvt. - Hill's Co. - 1st TN Inf.

WHITTEMORE, John H. - Pvt. - Hill's Co. - 1st TN Inf.

WHITTEMORE, Lewis - Pvt. Hill's Co. - 1st TN Inf.

WHITTEN, Jonathan - Ensign - Pearson's Co. - Lindsay's Reg't TN Mtd.

WHITTEN/WHITTON, Thomas M. - Sgt. - Pearson's Co. - Lindsay's Reg't TN Mtd.

WHITTENBURG, Samuel - Pvt. - Gillespie's Co. - 2nd TN Mtd. Inf.

WHITTENBURG, William - Pvt. - Gillespie's Co. - 2nd TN Mtd. Inf.

WHITWORTH, L. D. - Pvt. - Hill's Co. - 1st TN Inf.

WHORTON, Isaac - Pvt. - Hill's Co. - 1st TN Inf.

WIER, John B. - Pvt. - Dearing's Co. - Lauderdale's Btn. TN Mtd. Inf.

WIGGINS, West W. - Fifer - Neely's Co. - 3rd Btn. TN Inf.

WILDER, George - Pvt. - Roger's Co. - 1st TN Mtd. Inf.

WILDER, Shadrach - Pvt. - Roger's Co. - 1st TN Mtd. Inf.

WILDER, William E. - Pvt. - Ferris' Co. - Lauderdale's Btn. TN Mtd. Inf.

WILDS, Darlow [Darlen] A. - Captain - Wild's Co. - Lauderdale's Btn. TN Mtd. Inf.

WILEY, Hugh M. - Pvt. - Dearing's Co. - Lauderdale's Btn. TN Mtd. Inf.

WILEY, John M. - Pvt. - Dearing's Co. - Lauderdale's Btn. Tn Mtd. Inf.

WILEY, Nelson - 1st Corporal - Neely's Co. - 3rd Btn. TN Inf.

WILEY, Peter - Pvt. - Cherry's Co. - Lauderdale's Btn. TN Mtd. Inf.

WHILHITE, William - Pvt. - Pearson's Co. - Lindsay's Reg't TN Mtd.

WILKERSON, Lamson - Pvt. - Pearson's Co. - Lindsay's Rgt. TN Mtd.

WILKINS, Elisha - Pvt. - Byrd's Co. - 2nd TN Mtd. Inf.

WILKINS, Elisha - Pvt. - Peak's Co. - 2nd TN Mtd. Inf.

WILKINS, Lewillen - Pvt. - Cooke's Co. - 3rd Btn. TN Inf.

WILKINS, Martin - Pvt. - Hembree's Co. - Lindsay's Rgt. TN Mtd.

WILKINS, Morton - Pvt. - Hembree's Co. - Lindsay's Rgt. TN Mtd.

WILKINS, West - Drummer - Neely's Co. - 3rd Btn. TN Inf.

WILKINSON, Benjamin - Pvt. - Tedford's Co. - 1st TN Inf.

WILKISON, Lamson - Pvt. - Pearson's Co. - Lindsay's Rgt. TN Mtd.

WILLEFORD, Henry F. - Pvt. - Dearing's Co. - Lauderdale's Btn. TN Mtd. Inf.

WILLETT, Richard - Pvt. - Hunter's & Miller's Co. - 1st TN Inf.

WILLETT, Robert A. - Pvt. - Hunter's & Miller's Co. - 1st TN Inf.

WILLHITE, Joseph - Pvt. - Elliott's Co. - Lauderdale's Btn. TN Mtd. Inf.

WILLIAMS, Alexander - Pvt. - Maupin's Co. - 2nd TN Mtd. Mil.

WILLIAMS, Alphonsa - 2nd Lt. - Powell's Co. - Lindsay's Rgt. TN Mtd.

WILLIAMS, Alphonzo - Pvt. - Powell's Co. - 1st TN Mtd. Inf.

WILLIAMS, B. H. - Pvt. - Wallace's Co. - 3rd Btn. TN Inf.

WILLIAMS, Benjamin - Pvt. - Powell's Co. - Lindsay's Rgt. TN Mtd.

WILLIAMS, Benjamin - Pvt. - Ellis' Co. - 2nd TN Mtd. Inf.

WILLIAMS, Benson - Pvt. - Feazell's Co. - 1st TN Inf.

WILLIAMS, Benson - Pvt. - Feazell's Co. - 1st TN Inf.

WILLIAMS, Benson - Pvt. - Hurst's Co. - 1st TN Mtd. Mil.

WILLIAMS, David - Pvt. - Hurst's Co. - 1st TN Mtd. Mil.

WILLIAMS, David - Pvt. - Meek's Co. - 3rd TN Mtd. Mil.

WILLIAMS, Elbert - Pvt. - Tedford's Co. - 2nd TN Mtd. Mil.

WILLIAMS, Elisha - Pvt. - Boyd's Co. - 2nd TN Mtd. Mil.

WILLIAMS, Elisha - Pvt. - Dodson's Co. - Lindsay's Rgt. TN Mtd.

WILLIAMS, Frederick S. - Sgt. - Elliott's Co. - Lauderdale's Btn. TN Mtd. Inf.

WILLIAMS, George - Pvt. - Peak's Co. - Lindsay's Rgt. TN Mtd.

WILLIAMS, Hampton - Pvt. - Maupin's Co. - 2nd TN Mtd. Mil.

WILLIAMS, Jackson - Pvt. - Powell's Co. - 1st TN Mtd. Inf.

WILLIAMS, Jackson - Corp. - Powell's Co. - Lindsay's Rgt. TN Mtd.

WILLIAMS, Jacob - Pvt. - Wear's Co. - 2nd TN Mtd. Inf.

WILLIAMS, Jacob - Pvt. - Caldwell's Co. - Lindsay's Rgt. TN Mtd.

WILLIAMS, Jacob - Pvt. - Caldwell's Co. - Lindsay's Rgt. TN Mtd.

WILLIAMS, James - Capt. - William's Co. - 1st TN Mtd. Inf.

WILLIAMS, Joel - Pvt. - Dossett's Co. - 3rd Btn. TN Inf.

WILLIAMS, John L. - Pvt. - Cherry's Co. - Lauderdale's Btn. TN Mtd. Inf.

WILLIAMS, Joseph - Sgt. - Champion's Co. - 1st TN Mtd. Mil.

WILLIAMS, Labon - Pvt. - Fain's Co. - 1st TN Mtd. Inf.

WILLIAMS, Leonard - Pvt. - Ferris' Co. - Lauderdale's Btn. TN Mtd. Inf.

WILLIAMS, Leroy P. - Pvt. - Cherry's Co. - Lauderdale's Btn. TN Mtd. Inf.

WILLIAMS, Levi - Pvt. - Fain's Co. - 1st TN Mtd. Inf.

WILLIAMS, Lewis - Pvt. - Cooke's Co. - 3rd Btn. TN Inf.

WILLIAMS, Madison - Pvt. - Ferris' Co. - Lauderdale's Btn. TN Mtd. Inf.

WILLIAMS, Montgomery - Pvt. - Peak's Co. - Lindsay's Rgt. TN Mtd.

WILLIAMS, Montgomery - Pvt. - Peak's & Byrd's Co. - 2nd TN Mtd. Inf.

WILLIAMS, Robert I. - Pvt. - Feazell's Co. - 1st TN Inf.

WILLIAMS, Robt. L. - Pvt. - Feazell's Co. - 1st TN Inf.

WILLIAMS, Sharrod - Corp. - Ferris' Co. - Lauderdale's Btn. TN Mtd. Inf.

WILLIAMS, Silas - Ensign - Maupin's Co. - 2nd TN Mtd. Mil.

WILLIAMS, Thomas H. - Pvt. - Waterhouse's Co. - Lauderdale's Btn. TN Mtd. Inf.

WILLIAMS, Thomas Jefferson - Corp. - Cherry's Co. - Lauderdale's Btn. TN Mtd. Inf.

WILLIAMS, William - Pvt. - Wear's Co. - 2nd TN Mtd. Inf.

WILLIAMS, William - Pvt. - Ferris' Co. - Lauderdale's Btn. TN Mtd. Inf.

WILLIAMS, William - Corp. - Waterhouse's Co. - Lauderdale's Btn. TN Mtd. Inf.

WILLIAMS, William - Pvt. - Fain's Co. - 1st TN Mtd. Inf.

WILLIAMS, William - Pvt. - Powell's Co. - 1st TN Mtd. Inf.

WILLIAMS, William - Pvt. - Cunningham's Co. - 2nd TN Mtd. Mil.

WILLIAMS, Wm. - Pvt. - Morrow's Co. - Lindsay's Rgt. TN Mtd.

WILLIAMSON, George - Pvt. - Scrugg's Co. - 3rd TN Mtd. Mil.

WILLIAMSON, James - Pvt. - Hembree's Co. - Lindsay's Rgt. TN Mtd.

WILLIAMSON, John - Corp. - Hembree's Co. - 2nd TN Mtd. Inf.

WILLIAMSON, Thomas - Pvt. - Hill's Co. - 1st TN Inf.

WILLIFORD, Henry F. - Pvt. - Dearing's Co. - Lauderdale's Btn. TN Mtd. Inf.

WILLIS, Stephen - Pvt. - Simpson's Co. - 1st TN Inf.

WILLIS, Stephen C. - Pvt. - Howell's Co. - 1st TN Inf.

WILLMOUTH, John - Pvt. - Neely's Co. - 3rd Btn. TN Inf.

WILLOUGHBY, Volney - Pvt. - Morrow's Co. - 1st TN Mtd. Inf.

WILLOUGHBY, Wallace A. - Pvt. - Cannon's Co. - 1st TN Mtd. Inf.

WILLSON, Calvin H. - Pvt. - Meek's Co. - 3rd TN Mtd. Mil.

WILLSON, Robert - Corp. - Cunningham's Co. - Lindsay's Rgt. TN Mtd.

WILMOTH, John - Pvt. - Neely's Co. - 3rd Btn. TN Inf.

WILSON, Alexr. - Bugler - Robinson's Co. - TN Mtd.

WILSON, Alfred T. - Pvt. - Powell's Co. - 1st TN Mtd. Inf.

WILSON, Dennis - Pvt. - Powell's Co. - 1st TN Mtd. Inf.

WILSON, Dennis - Pvt. - Powell's Co. - 1st TN Mtd. Inf.

WILSON, Hezekiah - Pvt. - Hudlow's Co. - 1st TN Inf.

WILSON, Isaac - Pvt. - Howell's Co. - 1st TN Inf.

WILSON, Jacob - Corp. - Roger's Co. - 3rd TN Mtd. Mil.

WILSON, James M. - Pvt. - Hunter's & Miller's Co. - 1st TN Inf.

WILSON, Jeremiah - Pvt. - Maupin's Co. - 2nd TN Mtd. Mil.

WILSON, John - Pvt. - Tedford's Co. - 1st TN Inf.

WILSON, John - Pvt. - 2nd Mtd. Rgt. TN

WILSON, John C. - Pvt. - Pearson's Co. - Lindsay's Rgt. TN Mtd.

WILSON, John H. - Sgt. - Howell's Co. - 1st TN Inf.

WILSON, John M. - Corp. - McMillin's Co. - 1st TN

****

Mtd. Mil.

WILSON, John T. - Pvt. - Dodson's Co. - Lindsay's Rgt. TN Mtd.

WILSON, Jonathan - Pvt. - Roger's Co. - 1st TN Mtd. Inf.

WILSON, Meridith - Pvt. - Hembree's Co. - 2nd TN Mtd. Inf.

WILSON, Peter - Pvt. - Roger's Co. - 3rd TN Mtd. Mil.

WILSON, Robert - Pvt. - Prigmore's Co. - 1st TN Mtd. Mil.

WILSON, Robert - Corp. - Cunningham's Co. - Lindsay's Rgt. TN Mtd.

WILSON, Samuel - Pvt. - Scrugg's Co. - 3rd TN Mtd. Mil.

WILSON, Samuel - Pvt. - Bart's Co. - 1st TN Mtd. Mil.

WIMBERLY, Major - Pvt. - Campbell's Co. - 1st TN Mtd. Inf.

WINKLE, F. H. - Pvt. - Feazell's Co. - 1st TN Inf.

WINKLE, Calvin - Pvt. - Peak's Co. - Lindsay's Rgt. TN Mtd.

WINKLE, Frederic H. - Pvt. - Feazell's Co. - 1st TN Inf.

WINSON, Richard C. - Pvt. - Gregg's Co. - 3rd Btn. TN Inf.

WINSTEAD, John - Pvt. - Simpson's Co. - 1st TN Inf.

WINTERS, Joseph - Pvt. - Parham's Co. - 1st TN Mtd. Inf.

WISEMAN, Absolom - Pvt. - Cunningham's Co. - 2nd TN Mtd. Mil.

WITHERS, John V. A. - Pvt. - Howell's Co. - 1st TN Inf.

WITT, John - Pvt. - Talbott's Co. - 2nd TN Mtd. Inf.

WITT, John A. - Pvt. - Vernon's Co. - 1st TN Mtd. Inf.

WITT, John J. - Pvt. - Talbott's Co. - 2nd TN Mtd. Inf.

WITT, William R. - Pvt. - Campbell's Co. - 1st TN Mtd. Inf.

WITT, Burgess, Jr. - Pvt. - Campbell's Co. - 1st TN Mtd. Inf.

WITTAMORE, Lewis - Pvt. - Hill's Co. - 1st TN Inf.

WODDY, Joseph T. - Corp. - Ellis' Co. - 2nd TN Mtd. Inf.

WOLF, Sam'l - Pvt. - Morrow's Co. - Lindsay's Rgt. TN Mtd.

WOLF, Washington - Pvt. - Parham's Co. - 1st TN Mtd. Inf.

WOLFE, William - Pvt. - Simpson's Co. - 1st TN Inf.

WOLFENBARGER, Ruben - Pvt. - Morrow's Co. - 1st TN Mtd. Inf.

WOOD, Christopher - Pvt. - Peak's & Byrd's Co. - 2nd TN Mtd. Inf.

WOOD, Duncan C. - Pvt. - Hill's Co. - 1st TN Inf.

WOOD, Harrison - Pvt. - Morrow's Co. - 1st TN Mtd. Inf.

WOOD, Isaac - Pvt. - Morrow's Co. - Lindsay's Rgt. TN Mtd.

WOOD, Jackson H. - Pvt. - West's Co. - 2nd TN Mtd. Inf.

WOOD, Jacob - Pvt. - Feazell's Co. - 1st TN Inf.

WOOD, James - Pvt. - Tedford's Co. - 1st TN Inf.

WOOD, Solomon O. - 2nd Corp. - Vernon's Co. - 1st TN Mtd. Inf.

WOOD, William - Pvt. - Vernon's Co. - Lindsay's Rgt. TN Mtd.

WOODDY, Joseph T. - Corp. - Ellis' Co. - 2nd TN Mtd. Inf.

WOODDY, Samuel - Pvt. - Peak's Co. - 2nd TN Mtd. Inf.

WOODFIN, Dillen - Pvt. - Standefer's Co. - 1st TN Mtd. Inf.

WOODLAND, George - Pvt. - Dearing's Co. - Lauderdale's Btn. TN Mtd. Inf.

WOODRELL, Aquilla - Pvt. - Dearing's Co. - Lauderdale's Btn. TN Mtd. Inf.

WOODRELL, George - Pvt. - Dearing's Co. - Lauderdale's Btn. TN Mtd. Inf.

WOODS, Duncan C. - Pvt. - Hill's Co. - 1st TN Inf.

WOODS, James - Pvt. - Scrugg's Co. - 3rd TN Mtd. Mil.

WOODS, James - Pvt. - Morrow's Co. - Lindsay's Rgt. TN Mtd.

WOODS, Lytle - Pvt. - Powell's Co. - 1st TN Mtd. Inf.

WOODS, Lytle - Pvt. - Powell's Co. - Lindsay's Rgt. TN Mtd.

WOODS, Spence - 2nd Lt. - Ferris' Co. - Lauderdale's Btn. TN Mtd. Inf.

WOODS, Thomas - Pvt. - Simpson's Co. - 1st TN Inf.

WOODS, Uriah - Pvt. - McClellan's Co. - 2nd TN Mtd. Inf.

WOODS, William - Pvt. - Fain's Co. - 1st TN Mtd. Inf.

WOODS, William - Pvt. - Tedford's Co. - 1st TN Inf.

WOODS, William - Pvt. - Tedford's Co. - 1st TN Inf.

WOODWARD, Alexander - Pvt. - Dossett's Co. - 3rd Btn. TN Inf.

WOODWARD, Alexr. - Pvt. - Dossett's Co. - 1st TN Inf.

WOODY, Isaac - Pvt. - Hickey's Co. - 1st TN Inf.

WOODY, John - Pvt. - Cunningham's Co. - 2nd TN Mtd. Mil.

WOODY, Joseph T. - Corp. - Ellis' Co. - 2nd TN Mtd. Inf.

WOODY, Samuel - Pvt. - Peak's Co. - 2nd TN Mtd. Mil.

WOOLFENBARGER, Reuben - Pvt. - William's Co. - 1st TN Mtd. Inf.

WOOLSEY, John - Pvt. - Peak's Co. - Lindsay's Rgt. TN Mtd.

WOOLSY, John - Pvt. - Peak's Co. - Lindsay's Rgt. TN Mtd.

WOOTON, John M. - 2nd Lt. - Champion's Co. - 1st TN Mtd. Mil.

WORK, A. G. - Pvt. - Cooke's Co. - 3rd Btn. TN Inf.

WORMS, Thomas - Pvt. - Feazell's Co. - 1st TN Inf.

WORTHINGTON, Jesse - Pvt. - Parham's Co. - 1st TN Mtd. Inf.

WRIGHT, Benjamin W. - Fifer - Hunter's Co. - 1st TN Inf.

WRIGHT, Charles D. - Pvt. - Parham's Co. - 1st TN Mtd. Inf.

WRIGHT, David T. - Pvt. - Powell's Co. - 1st TN Mtd. Inf.

WRIGHT, David T. - 2nd Sgt. - Powell's Co. - Lindsay's Rgt. TN Mtd.

WRIGHT, Isaac - Pvt. - Simpson's Co. - 1st TN Inf.

WRIGHT, Isaac - N/A - William's Co. - 1st TN Mtd. Inf.

WRIGHT, James C. - Pvt. - Caldwell's Co. - 1st TN Mtd. Inf.

WRIGHT, John - Pvt. - Fain's Co. - 1st TN Mtd. Inf.

WRIGHT/WRITE, Joseph - Pvt. - Parham's Co. - 1st TN Mtd. Inf.

WRIGHT, Lewis J. - Pvt. - Parham's Co. - 1st TN Mtd. Inf.

WRIGHT, Nelson - Sgt. - Netherland's Co. - 3rd TN Mtd. Mil.

WRIGHT, William - Pvt. - Hurst's Co. - 1st TN Mtd. Mil.

WRINKLE, Calvin - Pvt. - Peak's Co. - Lindsay's Rgt. TN Mtd.

WRINKLE, Calvin - Pvt. - Peak's Co. - 2nd TN Mtd. Inf.

WRYAN, Morgan - Pvt. - Tablbott's Co. - 2nd TN Mtd. Inf.

WUCKS, W. K. - 1st Lt. - Staff Armstrong's Brg. TN Mtd. Mil.

WYATT, John - Pvt. - Cunningham's Co. - Lindsay's Rgt. TN Mtd.

WYRICK, Henry - Pvt. - Simpson's Co. - 1st TN Inf.

WYRICK, Hugh W. - Pvt. - Simpson's Co. - 1st TN Inf.

Y

YANDLE, George W. - Pvt. - Peak's Co. - 2nd TN Mtd. Inf.

YANDLE, George W. - Pvt. - Peak's Co. - Lindsay's Rgt. TN Mtd.

YANDLE, Henry - Pvt. - Peak's Co. - Lindsay's Rgt. TN Mtd.

YANDLE, Henry - Pvt. - Peak's Co. - 2nd TN Mtd. Inf.

YANDLE, Henry J. - Pvt. - Peak's Co. - 2nd TN Mtd. Inf.

YANDLE, James - N/A - Peak's Co. - 2nd TN Mtd. Inf.

YANDLE, James - Pvt. - Peak's Co. - Lindsay's Rgt. TN Mtd.

YANDLE, James W. - Pvt. - Peak's Co. - 2nd TN Mtd. Inf.

YANDLE, John - Pvt. - Peak's Co. - Lindsay's Rgt. Tn Mtd.

YANDLE, John - Pvt. - Peak's Co. - 2nd TN Mtd. Inf.

YARBERRY, Henry - Pvt. - Boyd's Co. - 2nd TN Mtd. Inf.

YARBERRY, Henry - Pvt. - Powell's Co. - Lindsay's Rgt. TN Mtd.

YARBERRY, James - Pvt. - Powell's Co. - Lindsay's Rgt. TN Mtd.

YARBERRY, William - Pvt. - Parham's Co. - 1st TN Mtd. Inf.

YARBERRY, William - Pvt. - Powell's Co. - Lindsay's Rgt. TN Mtd.

YARBERRY, William - Pvt. - Boyd's Co. - 2nd TN Mtd. Mil.

YARBOREREGH, Henry T. - Pvt. - Wallace's Co. - 3rd Btn. TN Inf.

YARDLEY, Thomas N. - Pvt. - Yoakum's & McLin's Co. - 1st TN Inf.

YARNEL, Joseph - Pvt. - 2nd Mtd. Rgt. TN

YATES, Eli - Pvt. - Hickey's Co. - 1st TN Inf.

YATES, John - Pvt. - Vernon's Co. - 1st TN Mtd. Inf.

YATES, William - Pvt. - Ferris' Co. - Lauderdale's Btn. TN Mtd. Inf.

YEARWOOD, Thomas - Corp. - Prigmore's Co. - 1st TN Mtd. Mil.

YEARWOOD, William - Pvt. - Prigmore's Co. - 1st TN Mtd. Mil.

YOAKUM, Henderson - Capt. - Yoakum's Co. - 1st TN Inf.

YOKELEY, I. I. H. - Pvt. - Netherland's Co. - 3rd TN Mtd. Mil.

****

YOKELY, Adam S. - Pvt. - Netherland's Co. - 3rd TN Mtd. Mil.

YORBER, Henry T. - Pvt. - Wallace's Co. - 3rd Btn. TN Inf.

YOUNG, Edward P. - Pvt. - Boyd's Co. - 1st TN Inf.

YOUNG, Hiram - Pvt. - Dodson's Co. - Lindsay's Rgt. TN Mtd.

YOUNG, James - Pvt. - Feazell's Co. - 1st TN Inf.

YOUNG, James A. - Pvt. - Campbell's Co. - 1st TN Mtd. Inf.

YOUNG, John - Pvt. - Scrugg's Co. - 3rd TN Mtd. Mil.

YOUNG, John F. - Pvt. - Campbell's Co. - 1st TN Mtd. Inf.

YOUNG, Mordecai - Pvt. - Cherry's Co. - Lauderdale's Btn. TN Mtd. Inf.

YOUNG, William - Pvt. - Hickey's Co. - 1st TN Inf.

www.ingramcontent.com/pod-product-compliance
Lightning Source LLC
LaVergne TN
LVHW061246100826
845148LV00008B/1043
9780788485077